Pfadfinden

Eckart Conze · Matthias D. Witte (Hrsg.)

Pfadfinden

Eine globale Erziehungs-
und Bildungsidee
aus interdisziplinärer Sicht

Herausgeber
Eckart Conze,
Matthias D. Witte,
Marburg, Deutschland

ISBN 978-3-531-18138-7   ISBN 978-3-531-94133-2 (eBook)
DOI 10.1007/978-3-531-94133-2

Die Deutsche Nationalbibliothek verzeichnet diese Publikation in der Deutschen Nationalbibliografie; detaillierte bibliografische Daten sind im Internet über http://dnb.d-nb.de abrufbar.

Springer VS
© VS Verlag für Sozialwissenschaften | Springer Fachmedien Wiesbaden 2012
Das Werk einschließlich aller seiner Teile ist urheberrechtlich geschützt. Jede Verwertung, die nicht ausdrücklich vom Urheberrechtsgesetz zugelassen ist, bedarf der vorherigen Zustimmung des Verlags. Das gilt insbesondere für Vervielfältigungen, Bearbeitungen, Übersetzungen, Mikroverfilmungen und die Einspeicherung und Verarbeitung in elektronischen Systemen.

Die Wiedergabe von Gebrauchsnamen, Handelsnamen, Warenbezeichnungen usw. in diesem Werk berechtigt auch ohne besondere Kennzeichnung nicht zu der Annahme, dass solche Namen im Sinne der Warenzeichen- und Markenschutz-Gesetzgebung als frei zu betrachten wären und daher von jedermann benutzt werden dürften.

Einbandentwurf: KünkelLopka GmbH, Heidelberg

Springer VS ist eine Marke von Springer DE.
Springer DE ist Teil der Fachverlagsgruppe Springer Science+Business Media
www.springer-vs.de

Inhalt

Pfadfinder Hilfsfond e.V.
Vorwort 7

Eckart Conze und Matthias D. Witte
Pfadfinden. Interdisziplinäre Betrachtungen eines Erziehungs- und
Bildungskonzepts 11

Geschichte der Pfadfinderpädagogik im 20. Jahrhundert

Christoph Schubert-Weller
Internationale Orientierung und nationale Aufgabe: Pfadfinderpädagogik
der Gründungsphase 25

Jürgen Reulecke
»Führen oder Wachsenlassen«: Zum jugendbewegten Männerbund in den
Jahren um und nach dem Ersten Weltkrieg 37

Arndt Weinrich
Hitler-Jugend und Pfadfinderbewegung. Schnittmengen und Differenzen
am Beispiel des Langemarck-Gedenkens 53

Eckart Conze
»Pädagogisierung« als Liberalisierung. Der Bund Deutscher Pfadfinder
(BDP) im gesellschaftlichen Wandel der Nachkriegszeit (1945-1970) 67

Pfadfinderpädagogik zu Beginn des 21. Jahrhunderts

Matthias D. Witte
Globalisierung als Herausforderung für die Pfadfinderpädagogik 85

Bettina Suthues
Mädchen bei den Pfadfindern. Zugehörigkeit, Gemeinsamkeit und
Geschlecht 101

Peter Becker
Am Lagerfeuer und auf Fahrt. Fiktive und reale Abenteuer als zwei
Medien jugendlicher Autonomiebestrebung 121

Yvonne Niekrenz
Gemeinschaft und Traditionen als Anachronismen? Pfade finden und sich
verorten jenseits der Moderne 144

Jörgen Schulze-Krüdener
Pfadfinden in der Krise? Zur Zukunftsfähigkeit eines Jugendverbandes 160

Autorinnen und Autoren 185

Vorwort

Pfadfinder Hilfsfond e.V.

Vor mehr als 100 Jahren begann die Geschichte einer Bewegung, die das Pfadfinden zum Schlüssel einer aktiven Kinder- und Jugendarbeit machte und heute weltweit mehr als 38 Millionen Heranwachsende zu ihren Mitgliedern zählt. Seit Robert Baden-Powell im Jahr 1907 das erste experimentelle Pfadfinderlager durchführte, fanden seine Ideen ihren Weg in mehr als 200 Länder.

Die Pfadfinderbewegung ist heute eine internationale, weltanschaulich und politisch unabhängige Erziehungsbewegung für Kinder und Jugendliche, die für Menschen aller Nationalitäten und Glaubensrichtungen offen steht. Sie hat das Ziel, die Persönlichkeitsentwicklung junger Menschen und ihr gesellschaftliches Engagement zu fördern und im Wege des »Learning by Doing« eine sinn- und wertvolle Alternative zur kommerziellen Freizeitgestaltung anzubieten.

Von archivarischen Materialstudien und der Sammlung detailgenauer Erlebnisberichte abgesehen steht jedoch eine wissenschaftlich fundierte Auseinandersetzung mit dem Pfadfindertum, seinen pädagogischen Grundkonzepten und den geschichtlichen Wandlungsprozessen bislang weitgehend aus.

Angeregt wurde die Fachtagung durch ein Positionspapier des Gründers und heutigen Ehrenvorsitzenden des *Pfadfinder Hilfsfond e.V.* (PHF), Hansdieter Wittke, der dem Vorstand des PHF im Herbst 2008 seine Vorstellungen im Zusammenhang mit dem hundertjährigen Bestehen der deutschen Pfadfinder vorlegte. Darin stellte er unter anderem fest, der PHF könne und solle »etwas in Bewegung setzen, was die Pfadfinderinnen und Pfadfinder in Deutschland so bisher noch nicht geleistet haben: Die Grundlagen und Entwicklungen der deutschen Pfadfinder wissenschaftlich aufzuarbeiten«. Weiterhin begründet er aus jahrzehntelangem direktem Einblick in die Pfadfinderszene, »dass die Pfadfinder ihre Jugendarbeit unterschiedlich gut machen, überzeugt von der Richtigkeit ihres Tuns. Oftmals mit herausragendem Engagement, manchmal auch, weil es immer so gemacht wurde. Mit den Inhalten ihres Tuns, den erzieherischen Vorgängen, deren umfassender Bedeutung etc. befassen sie sich eher weniger, arbeiten mehr intuitiv und mehr oder weniger ›grundlagenorientiert‹ organisatorisch, bündisch oder pfadfinderisch. Kaum aber wissenschaftlich, hinterfragend, bewertend und öffentlich«. Ferner sei zu fragen: »Sind die Pfadfinder nicht interessiert an ihrem durchaus bemerkenswerten Erziehungssystem? Können oder wollen sie sich mit den aktuellen oder historischen Fragen und Problemen nicht auseinandersetzen? Scheuen sie gar Offenheit und Klarheit oder die Öffentlichkeit? [...] Dies aufzuhellen, intellektuell zu bearbeiten und zu dokumentieren, hat die deutsche ›Pfadfinderei‹ offensichtlich versäumt, auf jeden Fall nicht angemessen und gezielt begonnen oder zusammengeführt [...]. Unschwer ist zu erkennen, dass hier ein äußerst spannendes Kapitel deutscher unerschlossener Jugendkultur existiert und der Erweckung bedarf [...]. Die zielgerichtete Herangehensweise der Träger deutscher pfadfinderischer Jugendarbeit an dieses Thema ist eine Herausforderung, deren Annahme von ihrer Bedeutung her von herausragendem eigenen Interesse ist«.

Diesem Gedankenentwurf hat sich der PHF letztlich angeschlossen. Als bundesweit tätiger Förderverein der Pfadfinderarbeit hat er sich deshalb im Jubiläumsjahr der deutschen Pfadfinderbewegung zur Aufgabe gemacht, mit einer ersten Fachtagung als Impulsveranstaltung diese wissenschaftliche Auseinandersetzung in Gang zu setzen. Die Universität Marburg, Prof. Dr. Eckart Conze und Prof. Dr. Matthias D. Witte als wissenschaftliche Leiter sowie der Ring junger Bünde in Hessen (RjBH), der gemeinsam mit dem PHF die Organisation und Finanzierung übernahm, konnten – auch durch persönliche Verbindungen und Vorbereitungen von Hansdieter Wittke – für diese Idee gewonnen werden.

Es ist sicher sinnvoll und gesellschaftspolitisch lohnend, sich mit der Bedeutung der pfadfinderischen Arbeit, ihren besonderen Entwicklungen und deren Auswirkungen wissenschaftlich deutlich intensiver zu befassen, als dies nach unserer Wahrnehmung in Deutschland bisher geschehen ist. Eine systematische Aufarbeitung dieser Form von Jugendarbeit ist überfällig. Sie zu erforschen, hat für die Erkenntnis der Vergangenheit, aber auch für die Position heute aktiver Pfadfinderinnen und Pfadfinder gleichermaßen besondere Bedeutung im Hinblick auf Bestandsaufnahme, bewusste Weiterentwicklung und eine Verstärkung ihrer gesellschaftlichen Wahrnehmung und Akzeptanz. Die gesellschaftliche Bedeutung dieser Jugendarbeit zu erfassen, könnte den Boden für ihre Akzeptanz verdichten.

Die Ergebnisse der ersten Fachtagung, die vom 12. bis 14. März 2010 in Wolfshausen bei Marburg stattfand, halten Sie mit diesem Buch in der Hand. Die Fachtagung »100 Jahre Pfadfinderpädagogik« mit ihrer interdisziplinären Ausrichtung hat dazu beigetragen, das historische und erziehungswissenschaftliche Wissen über diese weltumspannende Bewegung zu bündeln, Ergebnisse aus der Forschung zu systematisieren und zukünftige Forschungsfelder aufzuzeigen. Sie hat Geschichte, Gegenwart und Zukunft der Pfadfinderpädagogik betrachtet und dabei sowohl deren historische Entwicklung vor dem Hintergrund der Dynamik gesellschaftspolitischer Rahmenbedingungen als auch deren Gestalt zu Beginn des 21. Jahrhunderts beleuchtet. Sie hat exemplarisch herausgearbeitet, wie sich die Pfadfinderpädagogik über ein Jahrhundert entwickelte und veränderte, aus welchen unterschiedlichen Ideenwelten und Vorstellungen sich der erzieherische

Vorwort

Anspruch und das erzieherische Handeln der Pfadfinderbewegung seit ihrer Entstehung vor 100 Jahren speisten und wie schließlich zu unterschiedlichen Zeiten verschiedene politische, gesellschaftliche und sozialkulturelle Rahmenbedingungen die pädagogischen Vorstellungen und das pädagogische Handeln beeinflussten. Folgende Fragen bestimmten das Programm und wurden im Rahmen der Veranstaltung diskutiert:

1. Wie prägt sich eine Pädagogik der Pfadfinder strukturell aus?
2. Welche Etappen der Pfadfinderpädagogik sind beobachtbar und woran waren sie konzeptuell orientiert?
3. Welchen Einfluss nehmen die jeweiligen gesellschaftspolitischen Rahmenbedingungen auf die Pfadfinderpädagogik?
4. Ist die Pfadfinderpädagogik eine zeitgemäße Bildungsform?

Die Fachtagung richtete sich an Personen, die sich im Rahmen ihrer wissenschaftlichen Ausbildung und Tätigkeit der Pfadfinderpädagogik sowie dem erlebnis- und handlungsorientierten Erfahrungslernen in der Natur widmen. Sie zielte gleichermaßen ab auf aktive Pfadfinderinnen und Pfadfinder – vorzugsweise in Führungsfunktion von Bünden –, die zeitgemäße Pfadfindererziehung praktizieren und weiterentwickeln, allzu häufig jedoch ohne hinreichende Kenntnis der sie prägenden historischen und pädagogischen Grundlagen.

Als Initiator der ersten Fachtagung sind wir Eckart Conze und Matthias D. Witte außerordentlich dankbar, dass sie unsere Anregungen aufgenommen und durch die Programmgestaltung insbesondere den interdisziplinären Dialog angestoßen haben. So ergab sich eine ausgesprochen fruchtbare Zusammenarbeit zwischen der wissenschaftlichen Leitung einerseits, der organisatorischen Leitung durch den PHF und den RjBH andererseits. Sehr dankbar sind wir den Referenten, die durch ihre fachlich fundierten Vorträge aus ihrem jeweiligen Forschungsgebiet die Aufmerksamkeit der Teilnehmer gewonnen und immer wieder zu lebhaften Diskussionen angeregt haben.

Dank schließlich auch den 80 Teilnehmern, die durch interessiertes Zuhören und lebhafte Diskussionen zum Gelingen der Tagung beigetragen haben.

Pfadfinder Hilfsfond e.V., im Februar 2011
Martin Lochter, Vorsitzender

Die Finanzierung der Tagung und dieser Schrift war wegen geringer Teilnehmergebühren nur möglich durch die großzügige finanzielle Förderung seitens des PHF und des RjBH.

Pfadfinden. Interdisziplinäre Betrachtungen eines Erziehungs- und Bildungskonzepts

Eckart Conze und Matthias D. Witte

Der Titel dieses Bandes weist das Pfadfinden als ein Erziehungs- und Bildungskonzept aus. Leicht könnte die Idee aufkommen, es handele sich dabei um ein geschlossenes, ein kompaktes und deshalb klar bestimmbares Konzept. Doch gerade einer solchen Betrachtungsweise will dieses Buch entgegenwirken. Ihm liegt kein statisches, sondern ein historisch-dynamisches Verständnis sowohl der internationalen Pfadfinderbewegung als auch ihrer Pädagogik zugrunde. Seine Beiträge analysieren zunächst in geschichtswissenschaftlicher Annäherung, wie sich die »Pfadfinderpädagogik« seit ihren Anfängen in Großbritannien in den ersten Jahren nach 1900 über ein Jahrhundert entwickelte und veränderte, aus welchen unterschiedlichen Ideenwelten und Vorstellungen sich der erzieherische Anspruch und das erzieherische Handeln der Pfadfinderbewegung seit ihrer Entstehung vor 100 Jahren speisten und wie schließlich zu unterschiedlichen Zeiten unterschiedliche politische, gesellschaftliche und sozialkulturelle Rahmenbedingungen die pädagogischen Vorstellungen und das pädagogische Handeln beeinflussten.

Das ist indes nicht nur ein historischer Befund, sondern auch eine gegenwartsbezogene Erkenntnis. Pfadfinderpädagogik ist auch in der Gegenwart, im beginnenden 21. Jahrhundert, in permanentem Wandel begriffen, sie sieht sich immer wieder neuen Herausforderungen gegenüber, angesichts derer sie sich adaptiert und transformiert. Genau diese Prozesse der Adaption und Transformation verlangen jedoch nach präziser Analyse, die in sinnvoller Weise nur in interdisziplinärer Zuwendung erfolgen kann. Geschichtswissenschaft und Erziehungswissenschaft müssen zusammenwirken, um aus der historischen Entwicklung der Pfadfinderbewegung und ihrer Pädagogik heraus eine Standortbestimmung für die Gegenwart vornehmen und, zumindest in Ansätzen, auch Perspektiven für die Zukunft entwickeln zu können. Dieser Prämisse folgte die Tagung in Marburg/Wolfshausen (Hessen) im März 2010, deren Ergebnisse dieser Band dokumentiert. Die intensive Kooperation von Erziehungs- und Geschichtswissenschaft schon im Vorfeld der Tagung hat sich dabei als überaus fruchtbar erwiesen, weil sich die Erkenntnisinteressen und Fragestellungen aus den beiden Disziplinen konstruktiv ergänzten. In gewisser Weise gaben die geschichtswissenschaftlichen Beiträge den eher gegenwartsbezogenen erziehungswissenschaftlichen historische Tiefenschärfe und setzten sie ins Kontinuum längerer historischer Entwicklungen. Umgekehrt verdeutlichten die erziehungswissenschaftlichen Beiträge, dass es sich beim Gegenstand der Tagung nicht um ein historisch abgeschlossenes Kapitel handelt, sondern um Themen und Fragen von erheblichem Gegenwartsbezug, ja großer Gegenwartsrelevanz.

Einen Anlass zur Durchführung der Wolfshauser Tagung bildete zweifellos der 100. Jahrestag der Gründung der Pfadfinderbewegung in Deutschland. Am 18. Januar 1911, wahrlich nicht zufällig am Tag der Reichsgründung von 1871, wurde der Deutsche Pfadfinderbund (DPB) gegründet, die erste Pfadfinderorganisation in Deutschland. Das 100. Jubiläum dieser Gründung motivierte zum Rückblick, der aber nicht in historischen Betrachtungen verharren, sondern programmatisch geschichtswissenschaftliche Analyse und gegenwartsbezogene Auseinandersetzung miteinander verknüpfen sollte. Auch sollte es nicht darum gehen, die komplexe, ja verworrene Organisationsgeschichte der deutschen Pfadfinderbewegung aufzuarbeiten, auch wenn der Forschungsbedarf in diesem Zusammenhang durchaus groß ist. Vielmehr rückte die Pfadfinderpädagogik ins Zentrum der Überlegungen: Zum einen konstituiert die Pfadfinderpädagogik trotz ihres permanenten Wandels einen roten Faden in der Geschichte der deutschen – und im Übrigen auch der internationalen – Pfadfinderbewegung, der gleichsam quer zu den organisationsgeschichtlichen Entwicklungen verläuft und in diesem Sinne eine Perspektive darauf öffnet, was jenseits organisatorischer und gruppenbezogener Spezifika die deutsche Pfadfinderbewegung verbindet. Zum anderen aber führt der Blick auf die Pfadfinderpädagogik in Geschichte und Gegenwart über eine Betrachtung der Gruppen, Bünde und Verbände im engeren Sinne weit hinaus und erzwingt geradezu eine zum Gesellschaftlichen hin geöffnete Analyse. Pfadfinderpädagogik existierte – wie die Pfadfinderbewegung insgesamt – zu keinem Zeitpunkt im luftleeren Raum. Ein Blick auf die historische Entwicklung der Pfadfinderpädagogik liefert daher auch Aufschlüsse über die die Pfadfinderbewegung umgebende Gesellschaft, ihre Ordnungsvorstellungen, Wertorientierungen und prägenden Ideen, ganz gleich, ob Erziehungsanspruch und Erziehungshandeln der Pfadfinderbewegung diese nun aufnahmen oder sich von ihnen absetzten.

Pfadfindergeschichte, verstanden als Geschichte der deutschen und der internationalen Pfadfinderbewegung, verstanden als die Geschichte einzelner Gruppen und Organisationen, verstanden aber auch als die Geschichte pfadfinderischer Erziehungskonzepte und Erziehungsziele, ist bislang kein breit in der Wissenschaft verankertes Forschungsgebiet. Entsprechend problematisch ist die Literaturlage. Eine Darstellung (und Dokumentation) wie die des Marburger Erziehungswissenschaftlers Karl Seidelmann steht mehr oder weniger für sich

(1977, 1980, 1991). Der 100. Jahrestag der deutschen Pfadfindergründung hat zu einer Intensivierung der geschichtswissenschaftlichen Zuwendung zur historischen Entwicklung der Pfadfinderbewegung geführt. Das Archiv der deutschen Jugendbewegung auf Burg Ludwigstein hat der Geschichte der Pfadfinderbewegung eine Tagung gewidmet, aus der ein Band des Jahrbuchs des Archivs der deutschen Jugendbewegung hervorgegangen ist (Reulecke/Moyzes 2010). Gelegentlich fiel auch in der Beschäftigung mit der Geschichte der deutschen Jugendbewegung der Blick auf die Pfadfinder beziehungsweise auf einzelne Pfadfindergruppen oder -bünde, die insbesondere in der Zwischenkriegszeit dem Spektrum der Jugendbewegung oder dem von der Jugendbewegung in ihrer Meißner-Tradition geprägten bündischen Spektrum zuzurechnen sind. Doch Pfadfindergeschichte geht in der Geschichte der Jugendbewegung nicht auf. Auch das wird deutlich, wenn man den Blick konzentriert auf die Pfadfinderpädagogik richtet. Darüber hinaus haben schließlich auch die Gruppen, Bünde und Verbände der deutschen Pfadfinderbewegung selbst sich immer wieder mit einzelnen Aspekten ihrer Geschichte beschäftigt, was oftmals einen lokalen oder gruppenbezogenen Fokus hatte. Solche Arbeiten folgen nicht immer wissenschaftlichen Standards, erweisen sich aber als wertvoll für jede weitergehende Auseinandersetzung mit der Geschichte der deutschen Pfadfinderbewegung.

Aus erziehungswissenschaftlicher Perspektive ist die Forschungslage zur Pfadfinderpädagogik schnell umrissen: Bis auf punktuelle Einzelstudien (z.B. Gerr 2009) ist die Pfadfinderpädagogik als eigenständiges Konzept weithin unerforscht. Auch wenn man den Blick weiter öffnet und die aktuelle wissenschaftliche Literatur zur Jugendverbandsforschung betrachtet, zeigt sich ein ähnlicher Befund: Jugendverbände als Orte der Bildung und Sozialisation, der Identitätsentwicklung und Kompetenzaneignung spielen in der Jugendforschung eine vergleichsweise periphere Rolle. Dies kann man recht gut am »Handbuch Kindheits- und Jugendforschung« von Heinz-Hermann Krüger und Cathleen Grunert (2010) belegen. In diesem über 1.000 Seiten starken Standardwerk sucht man vergeblich nach einem Stichwort »Jugendverbände«. Jugendverbände werden dort in der Sammelkategorie »sozialpädagogische Institutionen« oder in Verbindung mit der Kirche eher oberflächlich oder exemplarisch besprochen. Unter den »ausgewählten Gebieten« der Jugendforschung wird vor allem dem Verhältnis der Jugendlichen zu diversen anderen gesellschaftlichen Institutionen nachgegangen: Familie, Schule, Ausbildung, Studium, Freizeitsphäre, Medien, Politik und Recht. Dem Desinteresse der Jugendforschung an Jugendverbänden fehlt allerdings die empirische Rechtfertigung. Die im Jahr 2006 veröffentlichte Studie »Realität und Reichweite von Jugendverbandsarbeit« (Fauser et al.) – eine der größten Jugendstudien in der Geschichte der Bundesrepublik Deutschland – belegt, dass Jugendverbandsarbeit deutlich mehr als die Hälfte aller Jugendlichen im Alter zwischen 10 bis 20 Jahren erreicht. Vor dem Hintergrund dieser Daten unterliegt Jugendverbandsarbeit keiner empirisch abgesicherten Abwertung. Vielmehr unterstreichen sie ihre Selbstverortung als »drittes Sozialisationsfeld« neben Familie und Schule. Aus erziehungswissenschaftlicher Perspektive ist die Sicht auf Jugendverbände als ein eigenständiges und entsprechend forschungsrelevantes Sozialisationsfeld im Bildungsanspruch der Jugendverbandsarbeit und in ihren Beiträgen für die Alltags- bzw. Lebensbewältigung junger Menschen begründet: Jugendliche verbringen ihre Freizeit im Rahmen einer pädagogisch begleiteten Jugendgruppe, setzen sich mit den Werten der Verbandsideologie auseinander, engagieren sich als Ehrenamtliche, werden in demokratische Entscheidungsprozesse einbezogen und können dadurch Wissen, formale Fähigkeiten und subjektive Weltdeutungen im Rahmen informeller und non-formeller Bildungsprozesse entwickeln. Wie diese Prozesse sich konkret bei den Pfadfindern ausprägen, ist ein Thema für zukünftige Forschungen.

Die unter unserer wissenschaftlichen Leitung organisierte Fachtagung im März 2010 »100 Jahre Pfadfinderpädagogik: Geschichte – Gegenwart – Zukunft« beleuchtete zunächst unter der Leitfragestellung nach der Pfadfinderpädagogik die Entstehung der pfadfinderischen Erziehungsmethode in den Jahren vor dem Ersten Weltkrieg. Den vor- und paramilitärischen Erziehungszielen und -methoden des englischen Scoutismus (Baden-Powell) stand die frühe deutsche Pfadfinderbewegung (DPB) deutlich näher als dem gesellschaftskritischen Aufbruch des Wandervogels. Erst nach dem verlorenen Ersten Weltkrieg, nach Revolution und Gründung der ersten deutschen Demokratie, öffnete sich die Pfadfinderbewegung in ihren verschiedenen Organisationen Einflüssen aus der Jugendbewegung. Wie politisch – in der extrem politisierten Gesellschaft der Weimarer Republik – war zwischen 1918 und 1933 die Pfadfinderpädagogik? In welchem Verhältnis zur Demokratie stand sie? Wie offen war sie für rechtsradikales, für völkisches, für nationalsozialistisches Gedankengut? Welche politischen Dispositionen schuf beziehungsweise verstärkte sie?

Die NS-Zeit von 1933 bis 1945 sah zwar ein Ende der Pfadfinderbewegung und ihrer Organisationen, doch nicht notwendigerweise ein Ende der durch das Pfadfindertum vertretenen Erziehungsmethode. Bediente sich die HJ pfadfinderischer/jugendbewegter Erziehungsmethoden, um ihre politischen und ideologischen Ziele zu erreichen? Verlor die Pfadfinderpädagogik ihre Unschuld, indem sie dazu verwandt wurde, eine Generation künftiger »Herrenmenschen« heranzuziehen? Vergleichbare Fragen ließen sich durchaus auch an die Geschichte der FDJ in der DDR nach 1949 herantragen, auch wenn dieser Band dazu keinen Beitrag liefern kann.

In der frühen Bundesrepublik Deutschland scheint in der Erziehungsarbeit der nach 1945 wieder entstandenen Pfadfinderbewegung zum einen ein

Rückgriff auf Weimarer Traditionsbestände stattgefunden zu haben – ganz im Einklang mit der allgemeinen politischen und sozialkulturellen Entwicklung in der Bundesrepublik dieser Jahre. Zugleich aber dürfte der Einfluss der Besatzungsmächte und hier insbesondere der USA nicht ohne Wirkung geblieben sein. Vor diesem Hintergrund ist nicht zuletzt danach zu fragen, wie sich die von der jüngeren Zeitgeschichtsforschung herausgearbeiteten Prozesse gesellschaftlicher und kultureller Liberalisierung auf die Pfadfinderpädagogik auswirkten. Diese Frage richtet sich auch, wenngleich nicht ausschließlich, auf den Einfluss der »68er-Bewegung« auf den pädagogischen Anspruch und die pädagogische Praxis der Pfadfinderverbände. Kaum eine Frage wurde in den späten 1960er- und den 1970er-Jahren intensiver und kontroverser diskutiert als die nach den Erziehungszielen der Pfadfinderbewegung. Der interkonfessionelle Bund Deutscher Pfadfinder (BDP), einer der größten westdeutschen Pfadfinderverbände, ist an diesen Diskussionen zerbrochen, und gerade hier wird der Zusammenhang zwischen der Entwicklung der Pfadfinderpädagogik einerseits und der Geschichte der Pfadfinderbewegung (als Geschichte ihrer Verbände und Organisationen) andererseits unmittelbar evident.

Die Jugendforschung bezeichnet das 20. Jahrhundert auch als das »Jahrhundert der Jugend«. Das liegt vor allem daran, dass sich mit Beginn des vergangenen Jahrhunderts die Jugendphase als soziales Konstrukt auf immer mehr Bevölkerungsgruppen auszudehnen begann. Einen entscheidenden Anteil an der Entwicklung des 20. Jahrhunderts zum »Jahrhundert der Jugend« haben die Jugendbewegungen, zu denen auch die Pfadfinder gehören. Sie entstanden zu Beginn des 20. Jahrhunderts und folgten der Idee eines eigenständigen Jugendlebens und einer Jugendkultur, die den erstarrten Verhältnissen der Erwachsenenwelt überlegen sind. Die bürgerlichen Jugendbewegungen standen in Verbindung zu den lebens- und kulturreformerischen Bewegungen der Jahrhundertwende. Ihnen ging es um das Selbstbestimmungsrecht der Jugend, um das Vermitteln von Gruppen- und Gemeinschaftserfahrungen und um Naturerlebnisse. Für die psychologischen und pädagogischen Jugendtheorien des frühen 20. Jahrhunderts waren die Jugendbewegungen ein zentraler Bezugspunkt. Die pädagogischen Konzepte, aber auch Organisationsformen und Praktiken der Jugendbewegungen waren nicht zuletzt Ausgangspunkt für die Entstehung der außerschulischen Jugendarbeit von Erwachseneninstitutionen (Kirchen, Parteien und Gewerkschaften).

Die Pfadfinderbewegung ist heute eine internationale, weltanschaulich und politisch unabhängige Erziehungsbewegung für Kinder und Jugendliche und verfolgt das Ziel, die Persönlichkeitsentwicklung junger Menschen sowie ihr gesellschaftspolitisches Engagement zu fördern. Aus erziehungswissenschaftlicher Sicht muss eine Bestandsaufnahme der Pfadfinderpädagogik nicht nur nach deren Konzepten fragen, sondern auch nach dem Einfluss aktueller gesellschaftspolitischer Rahmenbedingungen. Die humanistische Grundidee des Pfadfindens betont den Schonraum, den Jugendliche benötigen, um den Übergang in die Erwachsenenwelt zu bewältigen. Was wird angesichts zunehmender Ökonomisierung verschiedener Lebensbereiche und der Betonung von Leistung im Bildungs- ebenso wie im Freizeitbereich aus dem Moratoriumskonzept? Ist die Pfadfinderpädagogik noch eine zeitgemäße Bildungsform? Die hier skizzierten Fragehorizonte fordern die Erziehungswissenschaft, die Geschichtswissenschaft, Soziologie, Psychologie und angrenzende Disziplinen auf, sich mit dem Pfadfinden als Forschungsfeld auseinanderzusetzen. Die Pfadfinderpädagogik bedarf nicht nur der Forschung, sondern verdient sie auch. Dieser Band will einen Beitrag dazu leisten und zugleich ein Anstoß sein für zukünftige wissenschaftliche Beschäftigung mit diesem Themenkomplex.

Zum Aufbau des Bandes

Der vorliegende Band geht der »Pfadfinderpädagogik« aus den Perspektiven von Geschichts- und Kulturwissenschaft, Soziologie, Psychologie, Erziehungs- und Sportwissenschaft grundlegend und mit breit gefassten Schwerpunkten nach. Interdisziplinär ausgerichtet, nimmt er Geschichte, Gegenwart und Zukunft des Pfadfindens in den Blick und fokussiert dabei dessen Entwicklung und jeweilige Gestalt vor dem Hintergrund der Dynamik gesellschaftspolitischer Rahmenbedingungen. Die einzelnen Beiträge eröffnen jeweils in sich und auch untereinander einen Diskussionsraum und ein Spannungsfeld, das einerseits die Breite an relevanten Forschungsergebnissen abbildet, andererseits auf Fragen für weitere Forschung verweist. Das Buch ist in zwei Kapitel gegliedert und geht zunächst der Pfadfinderpädagogik im 20. Jahrhundert nach, um anschließend die Pfadfinderpädagogik zu Beginn des 21. Jahrhunderts in den Blick zu nehmen.

Das erste Kapitel besteht aus vier Beiträgen, die die Pfadfinderpädagogik im zeitlichen Verlauf des 20. Jahrhunderts, gleichsam mit Blick auf gesellschaftspolitische Wandlungen analysieren. Zunächst betrachtet *Christoph Schubert-Weller* das Pfadfinden in der Gründungsphase im Spannungsfeld zwischen dessen internationaler Orientierung und nationaler Aufgabe: Freiheitlichkeit, Weltoffenheit und Friedfertigkeit sind im Scouting von vornherein angelegt, obwohl die Pfadfinderbewegung zu Beginn des 20. Jahrhunderts zunächst einen wenig autonomen und wenig freiheitlichen Weg geht. Die Anfänge der Pfadfinderbewegung sind nämlich eingebettet in eine jeweilige Form militärischer Jugendertüchtigung mit nationalem Pathos. In Deutschland gibt es seit 1890 entsprechende jugendpflegerische Ansätze; die hiesige Pfadfinderbewegung wird von diesen Ansätzen stark beeinflusst. Erst nach dem Ersten Weltkrieg kommt es

Einleitung: Pfadfinden 17

zu einer wirklich autonomen Entwicklung. Beim Scouting geht es in dessen Anfängen unübersehbar um Disziplinierung, um die Erziehung der »Jugend« zu gesellschaftlicher Konformität und schließlich um die Ertüchtigung zu nationaler Verteidigungsbereitschaft. Gleichzeitig darf bei der Erziehung ein ausreichendes Maß an Abenteuer eine Rolle spielen. Das Menschenbild im Scout-Modell ist, so der Autor, trotz der militärpädagogischen Herkunft des Modells und bei mancher Anfälligkeit für fragwürdige politische Indienstnahme ein grundsätzlich aufgeklärtes Menschenbild. Es sei damit auch ein breit anwendbares, gewissermaßen internationales Erziehungsmodell.

Der Beitrag von *Jürgen Reulecke* fokussiert die Zeitspanne in den Jahren um den und nach dem Ersten Weltkrieg. Bei den vielfältigen Strategien des Einwirkens auf die Heranwachsenden im frühen 20. Jahrhundert, in erster Linie auf die männlichen, war die 1927 von Theodor Litt auf den Punkt gebrachte Alternative »führen oder wachsen lassen« (zugespitzt: Jugendpflege vs. Jugendbewegung) von erheblicher Bedeutung. Bezogen auf den jugendbewegten Jungmännerbund bedeutet das: In den beiden großen Gelöbnissen aus jugendbewegten Kreisen – der »Meißnerformel« der Freideutschen Jugend und Wandervögel vom Oktober 1913 und dem Gelöbnis der Neupfadfinder auf Schloss Prunn vom August 1919 – standen sich beide Auffassungen zunächst deutlich gegenüber. Hieß es auf dem Hohen Meißner, man wolle »aus eigener Bestimmung, vor eigener Verantwortung, mit innerer Wahrhaftigkeit sein Leben gestalten«, so lautete der Kernsatz von Schloss Prunn: »Wir wollen unseren Führern, denen wir vertrauen, Gefolgschaft leisten.« Nach 1919 kam es dann in der sich aus der Wandervogeltradition einerseits und der Pfadfinderei andererseits heraus entwickelnden »Bündischen Jugend« zu vielerlei Annäherungen, aber auch unterschiedlichen Ausprägungen der Art und Weise, wie in den jugendbewegten Gruppen und Bünden insbesondere die Jungen »auf Fährte gesetzt« wurden. Der Beitrag von Jürgen Reulecke zeigt, wie im Verlauf der 1920er-Jahre dem Heranwachsenden zwei unterschiedliche Perspektiven in den verschiedenen Gruppen bzw. im jeweiligen »Bund« angeboten wurden: zum einen die Treue zum (charismatischen) Führer, der dem Einzelnen in der Zeit seiner Adoleszenz das Finden des richtigen Pfades nahe bringt, und zum anderen die nachdrückliche Aufforderung zu einer individuellen »Selbsterringung«, d.h. zu einer selbstständigen Pfadsuche.

Arndt Weinrich diskutiert in seinem Beitrag die ideologischen und pädagogischen Schnittmengen zwischen der bürgerlichen Jugendbewegung des Kaiserreichs und der Weimarer Republik, zu der auch die Pfadfinderbewegung zu zählen ist, einerseits und der Hitlerjugend andererseits. In diesem Zusammenhang reflektiert der Autor auch die erst 2010 in der Presse veröffentlichten Kontakte Baden-Powells zu höheren HJ-Führern. An einem konkreten Beispiel, der

Rezeption des Langemarck-Mythos in den Jahren 1924-1940, werden die vielfältigen Kontinuitäten vertieft und zugleich die wesentlichen Differenzen illustriert. So kann auf der einen Seite kein Zweifel daran bestehen, dass ›Langemarck‹ als Schlüsselmythos zuerst der bürgerlich-bündisch-akademischen Traditionspflege und später der Hitler-Jugend exemplarisch für wichtige mentalitätsgeschichtliche Brücken steht, die von der Weimarer Republik ins Dritte Reich führen. Auf der anderen Seite treten in der Langemarck-Gedenkpraxis der 1920er- und 1930er-Jahre aber auch die entscheidenden Differenzen in der erzieherischen Umsetzung der für die gesamte Jugendbewegung (und für die Hitler-Jugend sowieso) verpflichtenden soldatischen Werte zutage.

Eckart Conze schließt die Betrachtungen zur Pfadfinderpädagogik im 20. Jahrhundert mit einem Beitrag ab, der den Bund Deutscher Pfadfinder (BDP) im gesellschaftlichen Wandel der Nachkriegszeit von 1945 bis 1970 unter die Lupe nimmt. Der Autor geht aus von der »Wolfshausener Erklärung«, die das Bundesthing des Bundes Deutscher Pfadfinder (BDP) 1967 verabschiedete. Dort heißt es: »Unser Ziel ist der kritisch verantwortungsbewusste Mensch, der bereit ist, sich zu engagieren und der sich in der Gesellschaft zurechtfindet. Hierdurch ist die Einheit der pfadfinderischen Erziehung bestimmt«. In der Rückschau, vor allem beim Blick auf die Nachfolgeorganisationen des BDP, ist die »Wolfshausener Erklärung« oftmals als Beginn einer »Umfunktionierung« des Bundes bewertet worden. Die »Pädagogisierung« des BDP sei Teil seiner politischen Unterwanderung und Radikalisierung gewesen. Dem stellt Eckart Conze zwei Thesen entgegen. Der Autor charakterisiert zum einen die »Pädagogisierung« beziehungsweise das, was als solche bezeichnet – und bekämpft – wurde, als einen wichtigen Strang der Entwicklung von Jugend- beziehungsweise Jungenbünden zu Jugendverbänden in den Jahrzehnten nach 1945. Zum anderen deutet Conze die »Pädagogisierung«, so wie sie uns in der »Wolfshausener Erklärung« begegnet, als Teil größerer politischer und soziokultureller Wandlungs- und Liberalisierungsprozesse in Westdeutschland, die seit Beginn der 1960er-Jahre auch die Pfadfinderbewegung erfassten.

Das zweite Kapitel versammelt unter der Überschrift »Pfadfinderpädagogik zu Beginn des 21. Jahrhunderts« fünf Beiträge, die die aktuelle Gestalt des Pfadfindens sowohl theoretisch als auch empirisch genauer in den Blick nehmen.

Der Beitrag von *Matthias D. Witte* untersucht das Verhältnis zwischen Globalisierungsprozess und Pfadfinderbewegung und betrachtet Globalisierung als Herausforderung für die pfadfinderische Kinder- und Jugendarbeit. Als globale Jugendbewegung macht das Pfadfindertum deutlich, dass Globalisierung keineswegs ein neues Phänomen ist. Schon zu Beginn des 20. Jahrhunderts wurden die Grundlagen für ein globalisiertes Pfadfindertum gelegt. Heute zählt die Bewegung mehr als 41 Millionen Kinder und Jugendliche aus über 200 Ländern. Die

Pfadfinderpädagogik, so könnte man meinen, ist damit gut gerüstet für die Anforderungen in einer globalisierten Welt. Jedoch steht die pfadfinderische Kinder- und Jugendarbeit im Zeitalter der Globalisierung neuen Herausforderungen gegenüber, mit denen sie umgehen muss. Der Autor greift vier Bereiche der Pfadfinderpädagogik heraus, um an ihnen das Konzept des Pfadfindens als eine Antwort auf die Anforderungen in einer globalisierten Welt zu verdeutlichen: (1) Learning by Doing, (2) fortschreitende Selbsterziehung, (3) das Abenteuer im Bildungsprozess und (4) das Unterwegssein in der Natur. Dabei wird ersichtlich, dass Globalisierung und Pfadfinden nur scheinbar zusammenpassen. Die Pfadfinderbewegung stellt eher ein Kontrastprogramm zur Globalisierung dar, wenn Globalisierung hier verstanden wird als ein vom Motor der Wirtschaft vorangetriebener Prozess. Daher darf die Pfadfinderpädagogik nicht in die Falle einer ökonomisierten Bildungsperspektive tappen, auch wenn messbare Leistung und in Zertifikaten dokumentierbarer Erfolg im internationalen Bildungswettbewerb immer bedeutsamer werden. Das Pfadfinden muss ein Schonraum bleiben, in dem Kinder und Jugendliche sich ausprobieren, sich entwickeln können, um ihre eigene Lebenslinie und -gestalt zu finden.

Bettina Suthues fokussiert in ihrem Beitrag das Spannungsverhältnis von Verbands- und Geschlechtszugehörigkeit. Pfadfinderverbände und -bünde haben zumeist eine männlich geprägte Geschichte. Auch in den Mitgliederstatistiken finden sich in der Regel mehr männliche als weibliche Pfadfinder. Dennoch greift der Schluss auf eine gleichbleibende Bezugnahme auf eine männlich geprägte Geschlechterordnung zu kurz, auch Mädchen sind Mitglieder und begreifen sich als Zugehörige. Gleichwohl handelt es sich nicht um einen statischen Zustand, die Geschlechtszugehörigkeit wird ebenso wie die Verbandszugehörigkeit in der Praxis immer wieder neu ausgehandelt. Um der Binnenperspektive von Mädchen bei den Pfadfindern näher zu kommen, rekonstruiert die Autorin Schriften der Deutschen Pfadfinderschaft Sankt Georg (DPSG) und analysiert Interviews mit Pfadfinderinnen. Die exemplarische Analyse der pädagogischen Schriften der DPSG zeigt, dass der Verband einerseits die Verschiedenheit von Jungen und Mädchen betont und damit die Geschlechtszugehörigkeit dramatisiert. Andererseits versucht er, mit dem Konzept des »partnerschaftlichen Miteinanders« zu einer unproblematischen Praxis zu kommen, in der Geschlecht keine Rolle spielt. Die Auswertung qualitativer Interviews mit Mädchen aus der DPSG zeigt, dass die Pfadfinderinnen ebenfalls in einer dramatisierten Weise auf die Geschlechterordnung Bezug nehmen. Dabei werden Mädchen und Jungen deutlich unterschieden, aber nur eine spezifische Art der Weiblichkeit wird anerkannt. Diese Deutung von Weiblichkeit versucht, die angenommenen Unterschiede zwischen Jungen und Mädchen zu minimieren und Geschlecht zu entdramatisieren. Dies gelingt jedoch nicht immer, da den Mädchen oftmals ein

Sonderstatus zugeschrieben wird, der zu ihrer individuellen oder kollektiven Ausgrenzung führen kann.

Peter Becker befasst sich in seinem Beitrag mit zwei grundlegenden Praxisformen der Pfadfinderpädagogik: mit dem Lagerfeuer und der Fahrt. Lagerfeuer und abenteuerliche Fahrt sind zwei »Urszenen« der Jugendbewegung ebenso wie der Abenteuerpädagogik. Ihre ungebrochene Faszination für Kinder und Jugendliche und ihre konzeptionelle Attraktivität für die Abenteuerpädagogik gewinnen sie als Medien, die im Rahmen des entwicklungspsychologischen Ablösungsprozesses vor allem in der letzten Phase der Jugendentwicklung einen spielerischen Beitrag zur Autonomieförderung übernehmen können. Zu den gemeinschaftsfördernden Aktivitäten um das Feuer gehören das Vorlesen fiktiver und das Erzählen real erlebter Abenteuer, die die Phantasie der Zuhörenden anregen und damit einen intermediären Raum im Sinne Winnicotts schaffen, in dem die eigenen Grenzen imaginär überschritten und Subjektentwürfe durchgespielt werden können. Auf Fahrt zu gehen heißt, reale Abenteuer zu bestehen. Die im abenteuerlichen Unterwegssein zwingend notwendige Auseinandersetzung mit einer widerständigen Welt voller Überraschungen lässt jene Habitusformation erfahrbar machen, die die jugendlichen Autonomieansprüche fundiert. Unter diesen Aspekten sind Lagerfeuer und Fahrt entgegenkommende Praxisformen, in denen grundlegende Voraussetzungen der Subjektentfaltung von Kindern und Jugendlichen in einer vom gesellschaftlichen Alltag zwar nicht befreiten, aber weitgehend entlasteten Sphäre ungezwungen erfahren werden können.

Der Beitrag von *Yvonne Niekrenz* fragt danach, wie Gemeinschaft, Traditionen und das Pfadfinden mit der Moderne verknüpft sind und welche Rolle Gemeinschaft und Traditionen heute, in einer Zeit jenseits der Moderne auch für das Pfadfinden spielen. Die Autorin geht von der Koexistenz-These aus, der zufolge Tradition und (Post-)Moderne Seite an Seite bestehen und sich gegenseitig verstärken. Aus dieser Dynamik resultiert ein Wandel der Traditionen, die nun fragmentiert und dekontextualisiert, rationalisiert und kommerzialisiert oder unverändert fortleben. Traditionen sind der Kitt für Vergemeinschaftungen und daher auch für die Pfadfinderbewegung zentral. Traditionen transportieren Werte, stehen für Stabilität und Verbindlichkeit und werden von Generation zu Generation weitergegeben. Pfadfinder bilden traditional orientierte Vergemeinschaftungen, deren Gruppenkohäsion mithilfe von Traditionen (wieder-)belebt wird. Sie gehen auf selbstverständliche Weise mit rationalisierten, kommerzialisierten und dekontextualisierten »Posttraditionen« um, adaptieren und überführen sie teilweise in »ihre« Traditionen. Pfadfinder heute leben kein »Entweder-oder«, sondern ein »Sowohl-als auch«. Ein spielerisches, kreatives und innovatives Nebeneinander von Traditionen und deren posttraditionaler Adaption deutet auf die notwendige Dynamik von traditional orientierten Vergemeinschaftungen. Die Pfadfinderbewegung ist darauf angewiesen, Vergangenheit, Gegenwart und Zukunft im Heute zu verbinden. Mit der Fokussierung auf eigene Traditionen bewahrt sie Identität und verbindet Gegenwart und Vergangenheit; mit der Integration neuer Technologien und einem erfindungsreichen Umgang mit populärkulturellen Mustern verweist sie auf die Zukunft der mehr als 100 Jahre alten Bewegung.

Nach der Zukunftsfähigkeit der Pfadfinderpädagogik fragt auch *Jörgen Schulze-Krüdener* in seinem Beitrag und antwortet zugleich auf der Grundlage aktueller Ergebnisse einer empirischen Studie. Ausgangspunkt seiner Untersuchung ist die viel zitierte »Krise der Jugendarbeit«: Auch für die Pfadfinder ist »Nachwuchsbeschaffung« zusehends schwieriger. Hinzu kommt, dass sich immer weniger erwachsene Pfadfinder für Leitungsaufgaben finden lassen. Dennoch zeichnen die Ergebnisse ein positiv gefärbtes Bild: Die Deutsche Pfadfinderschaft Sankt Georg ist für viele Pfadfinderinnen und Pfadfinder ein biografisch bedeutsamer Lebensort. Die Gruppen bieten, so der Autor, sicheren Rückhalt mit vielfältigen Erfahrungs- und Sozialisationsqualitäten und eröffnen weitreichende Gelegenheitsstrukturen. Auch wenn Pfadfinden sozialisatorisch wirkt, bedeutet dies aber nicht, dass der Jugendverband kein Modernitätsdefizit hätte – die Zeichen der Zeit stehen auf Veränderung hin zu einem zeitgemäßen Pfadfindertum. Hierbei geht es nicht nur um die Erfindung völlig neuer Dinge, sondern auch um die Übersetzung der Traditionen. Die Kluft z.B. besitzt für Pfadfinderjugendliche wieder einen großen Stellenwert. Hatte sich in der Vergangenheit der Pfadfinderverband von Symbolen dieser Art eher distanziert, eignet sich die heutige Pfadfindergeneration diese Symbole wieder an. Das Aufleben der symbolischen Pfadfinderwelt, die die Gruppenidentifikation, die Gruppenorientierung und ihre Demonstration sowie Abgrenzung nach außen immer mehr zu bestimmen scheint, geht einher mit der internationalen Orientierung der Pfadfinderbewegung in einer globalisierten Welt.

Der vorliegende Band ist durch die zuverlässige und engagierte Mitarbeit der hier versammelten Autorinnen und Autoren zustande gekommen, wofür wir ihnen herzlich danken. Für die organisatorische Unterstützung und die finanzielle Absicherung der Fachtagung sowie für die finanzielle Hilfe bei der Realisierung dieses Bandes sind wir dem Pfadfinder Hilfsfond e.V. außerordentlich dankbar. Layout, Lektorat und Korrektur des Manuskripts haben auf kenntnisreiche und gewissenhafte Weise Horst Haus, Eva Daub und Saskia Hoyer übernommen, wofür auch ihnen unser Dank gilt.

Literatur

Fauser, Katrin/Fischer, Arthur/Münchmeier, Richard (2006): »Man muss es selbst erlebt haben ...« Ergebnisse einer empirischen Untersuchung der Evangelischen Jugend. Jugend im Verband. Band 2. Opladen/Farmington Hills: Barbara Budrich.

Fauser, Katrin/Münchmeier, Richard/Fischer, Arthur (2006): Jugendliche als Akteure im Verband. Ergebnisse einer empirischen Untersuchung der Evangelischen Jugend. Band 1. Opladen/Farmington Hills: Barbara Budrich.

Gerr, Hans E. (2009): Einführung in die Pfadfinderpädagogik. Ein Handbuch für Leiterinnen und Leiter. 2. Auflage. München: GRIN.

Krüger, Heinz-Hermann/Grunert, Cathleen (Hg.) (2010): Handbuch Kindheits- und Jugendforschung. 2., aktualisierte und erweiterte Auflage. Wiesbaden: VS.

Reulecke, Jürgen/Moyzes, Hannes (2010): Historische Jugendforschung. Jahrbuch des Archivs der deutschen Jugendbewegung, NF, Bd. 6/2009, Hundert Jahre Pfadfinden in Deutschland. Schwalbach/Ts.: Wochenschau.

Seidelmann, Karl (1977): Die Pfadfinder in der deutschen Jugendgeschichte. Teil 1: Darstellung. Hannover: Hermann Schroedel.

Seidelmann, Karl (1980): Die Pfadfinder in der deutschen Jugendgeschichte. Teil 2,1: Quellen und Dokumente aus der Zeit bis 1945. Hannover: Hermann Schroedel.

Seidelmann, Karl (1991): Die Pfadfinder in der deutschen Jugendgeschichte. Teil 2,2: Quellen und Dokumente von 1945 bis in die Gegenwart. Halle/Freiburg: Pädagogisches Verlagskontor.

Geschichte der Pfadfinderpädagogik
im 20. Jahrhundert

Internationale Orientierung und nationale Aufgabe: Pfadfinderpädagogik der Gründungsphase

Christoph Schubert-Weller

Einleitung

Ein tibetisches Sprichwort lautet: »Um Zweifeln an der Echtheit der Lehre und der Übermittlung zu begegnen, soll man die Linie und die Geschichte vorweisen« (vgl. Wangyal Rinpoche 2001, S. 9). Meine »Linie« im Blick auf die Pfadfinderbewegung ist meine Mitgliedschaft in der »Deutschen Pfadfinderschaft Sankt Georg«, der DPSG, der ich als Jugendlicher zwischen 11 und 18 Jahren angehörte, sowie meine Tätigkeit als Referent für Öffentlichkeitsarbeit in der Bundeszentrale des VCP im Jahr 1978, mit Weiterführung dieser Aufgaben auch in den Jahren 1981 bis 1983. Was die »Geschichte« angeht, so habe ich diese als Schüler von Ulrich Herrmann in Tübingen in meinen einschlägigen Veröffentlichungen aufzuarbeiten versucht. Hier geht es vor allem um den militärischen Gehalt der Pfadfinderarbeit,[1] um die Einbettung der Pfadfinderarbeit in die vormilitärische Jugenderziehung (vgl. Schubert-Weller 1988; 1998).

Schaut man auf das, was »Pfadfinderpädagogik« heute ist, so bekommt man zum Beispiel zu hören: »Ich bin Pfadfinder, weil mich als Jugendlicher die abenteuerlichen Freiräume mit den eigenen Gestaltungsmöglichkeiten zusammen mit Freundinnen und Freunden reizten, weil mich als junger Erwachsener die Erkenntnisse der hervorragenden Pfadfinderpädagogik formten und forderten, weil mich Menschen ähnlicher Lebenshaltung in meiner Entwicklung begleiteten, weil mich als Erwachsener meine durch Pfadfinden gemachten Erfahrungen aufforderten, einen kleinen Teil zur Entwicklung dieser überzeugenden Kinder- und Jugendarbeit beizutragen. Am Pfadfinden mag ich: Erlebnisse, Herausforderungen, Verantwortung erleben und wahrnehmen, Freundinnen und Freunde, Verlässlichkeit, Gemeinschaft, Ziele verfolgen, in Bewegung sein, die Natur erleben können«.[2]

---

1 Der hier vorgelegte geschichtliche Abriss der pfadfinderischen »Gründerjahre in Großbritannien und im Deutschen Reich vor dem Ersten Weltkrieg« folgt in mancherlei Hinsicht meinem »Scouting als vormilitärische Erziehung« (Christoph Schubert-Weller 2010).
2 So der VCP-Bundesvorsitzende Hans-Jürgen Poppek. www.vcp.de (Zugriff am 10.03.2010).

Auf der Website des VCP-Lechrain wird erklärt:
»*Learning by doing* ist einer der wichtigsten Grundsätze der Pfadfinderpädagogik. Nur wer die Dinge selbst in die Hand nimmt, ausprobiert, wer Situationen erlebt, erzielt Lernerfolge. Leiterinnen und Leiter begleiten die Kinder und Jugendlichen. Wichtig ist, dass alle Sinne angesprochen werden. Im Gegensatz zur Schule kommt es nicht darauf an, allein mit dem Kopf zu lernen. Erlebnisse werden durch Reflexion Erfahrungen und vermehren das Wissen. *In kleinen Gruppen* ist es leichter, alle Gruppenmitglieder intensiv kennenzulernen, sich mit deren Charakter auseinanderzusetzen und Vertrauen aufzubauen. Die Zusammenarbeit in der Gruppe fördert den Respekt vor Anderen. Im Zusammenspiel zwischen kleinen Gruppen und großer Gruppe übernehmen die Kinder und Jugendlichen Pflichten und lernen Verantwortung. Letztlich fördert es, dass Pfadfinderinnen und Pfadfinder zu selbstbewussten Persönlichkeiten heranwachsen.

Kinder und Jugendliche entscheiden, was sie wie und wann machen wollen. Sie vertreten ihre Interessen in Versammlungen, in denen die Leitungen der Pfadfinderstämme gewählt werden. Leiterinnen und Leiter helfen dabei, Entscheidungen vorzubereiten und umzusetzen. Kinder und Jugendliche lernen also beim Pfadfinden sehr früh, wie Demokratie funktioniert. Sie lernen, eine Meinung zu bilden, Stellung zu beziehen, Kompromisse zu schließen. Und sie erfahren, dass sie verantwortlich für ihre Entscheidungen sind.

Frieden kann man lernen. Pfadfinden bringt Kindern, Jugendlichen und Erwachsenen den Frieden nah. Das kann heißen ..., dass man sagt, wenn man wütend und enttäuscht ist; ... dass man auf Menschen zugeht, die alleine stehen; ... dass man lieber zweimal hinschaut als wegzuschauen; ... dass man Meinungen respektiert, auch wenn man sie nicht teilt; ... dass man mitleiden und helfen kann, wenn es anderen schlecht geht. Frieden muss man von klein auf lernen, am eigenen Leib, in kleinen Gruppen. Das ist eine der wichtigsten Aufgaben des Pfadfindens« (http://www.vcp-lechrain.de/data/Methoden.html).

Das klingt alles und vor allem freiheitlich, friedfertig, neugierig, autonom. Dies alles ist in der Pfadfinderei von vornherein angelegt, obwohl die Pfadfinderbewegung in England zu Beginn des 20. Jahrhunderts und wenige Zeit später auch in Deutschland zunächst einen wenig autonomen, wenig freiheitlichen und nicht einmal sonderlich friedfertigen Weg gegangen ist. Die Anfänge der Pfadfinderbewegung sind eingebettet in eine jeweilige Form militärischer Jugendertüchtigung mit nationalem Pathos. Baden-Powell, der Gründer der Pfadfinderbewegung in England, arbeitet wenige Jahre vor dem eigentlichen Beginn des Scouting ein sehr *»scout-nahes«* Übungsprogramm für die »Boys' Brigades« aus, eine straff militärisch geführte britische Jugendorganisation. Die Übernahme des Scout-Modells im Wilhelminischen Deutschland ist ihrerseits von vornherein Teil der vormilitärischen Jugenderziehung.

1. Ideale, Natur und die zivilisationsabgewandte Seite der Gesellschaft – zu einigen pädagogischen Rahmenbedingungen des Scoutings

Dennoch ist bereits in diesen Anfangsjahren vor dem Ersten Weltkrieg im englischen Grund-Modell der letztlich internationale und friedensorientierte Ansatz zu ahnen. Es mag offen bleiben, ob der Gründer der Pfadfinderbewegung, Baden-Powell, von vornherein an eine solche Entwicklung gedacht hat, die entsprechende Saat wurde schon im Grund-Modell gelegt. Es bedurfte allerdings der Katastrophe des Ersten Weltkrieges und, was Deutschland betraf, auch der Katastrophe des Nationalsozialismus und des Zweiten Weltkrieges, bevor diese Saat wachsen konnte.

Der geniale Kniff des Scout-Modells ist, dass es in seiner Pädagogik auf einer zivilisationsabgewandten Seite von Wirklichkeit und Gesellschaft ansetzt, nämlich im Erlebnis und in der Erfahrung der Natur. Die Natur liefert Baden-Powell nicht nur einen ausdrücklich religiösen Überbau, sondern sie ist genau der Ort, wo sich der Pfadfinder, der junge *Scout* lernend bewähren kann, wo er praktische Lebens- und Überlebens-Kunst entfaltet, und wo er zugleich seine Lust auf Abenteuer, auf Erweiterung des Horizonts befriedigen kann. In diesem Feld lernt der Jugendliche nicht nur praktisch-technische Fertigkeiten, sondern er lernt auch selbstständiges Handeln und zugleich Verantwortung gegenüber sich selbst und gegenüber den Gleichaltrigen in seiner kleinen Gruppe. So ausgerüstet, kann nach dem britischen *Scout*-Modell der Junge gleichsam in die Gesellschaft, in die Zivilisation zurückkehren, gewissermaßen erwachsen geworden, mit der Fähigkeit zur selbstständigen Lebensführung und in einer gesellschaftsdienlichen Grundhaltung.

An dieser Stelle einige Gedanken zu den Idealen von Generationen. Alle Entwürfe sind zeitgebunden, sind eingebunden in eine jeweilige Kultur, eine jeweilige Zeit, sie werden von einer ihrerseits entsprechend eingebundenen Generation gefunden und formuliert. Das gilt auch für die Idealvorstellungen eines jeweiligen Entwurfs. Ein Ideal ist nun einerseits ebenfalls zeit- und kulturgebunden; andererseits ragt es aber auch hinein in einen überzeitlichen Zusammenhang. Nun ist es so, dass das, was für die eine Generation »Ideal« war, oft für die nächste Generation Anlass zum »Fremdschämen« bietet. Was die Väter aufrichtig, aber gebunden in ihrer Zeit, vertreten haben, dafür schämen sich die Söhne. Und sie entwickeln ihre eigenen, ganz anderen Ideale. Und erst wenn die Söhne ihrerseits wieder Kinder haben, entwickelt sich so etwas wie Nachdenklichkeit, entwickelt sich Verständnis für die Zeitgebundenheit der Väter – ein Verständnis, das nicht zur Rechtfertigung der Väter führt, das aber dennoch eine zugewandte Haltung möglich macht und das zugleich zu einer zugewandten Nachdenklichkeit gegenüber den eigenen Idealen führen kann.

Die Natur, die wesentlich für das Scout-Modell ist, hat ihre eigenen Gesetze. Der Wirkmächtigkeit der Natur kann man letztlich nicht entrinnen, und Natur lässt sich einfach nicht völlig für diese oder jene Ideologie in Dienst nehmen. Wenn man sich auf die Natur einlässt, kommt man schließlich auf ganz andere Gedanken. Der Wandervogel hatte das in Deutschland seit der Wende zum 20. Jahrhundert erfahren. Auf Wanderungen entfernte man sich gewissermaßen eigenmächig von den Orten der gesellschaftlichen Kontrolle und zog »durch Wald und Feld«. An sich war der Wandervogel bürgerlich, so wie der Rest der wilhelminischen Gesellschaft. Diese allerdings war über das Auftreten der Wandervögel entsetzt. Die Wandervögel waren eben auch jung. In unschuldiger Abenteuerlust probierte man etwas Neues aus. Die Meißner-Formel von 1913 betonte denn auch die »eigene Bestimmung«, das Recht auf eigene authentische Erfahrung. Politisch war der Wandervogel auf der einen Seite harmlos, auf der anderen Seite war er nicht weit entfernt von den Idealen militärischer Jugendertüchtigung, wie sie seit 1890 nach und nach im Wilhelminischen Reich Platz griff. Was der Wandervogel entdeckt hatte, war die Eigenverantwortung und zugleich die Verantwortung für den Mitmenschen, wenn man wandernd in einer Gruppe unterwegs war. Das war ein Mittel zur Selbsterziehung, aber auch der Erziehung zu vaterländischer Zuverlässigkeit – und das ganz ohne Entfremdung, ohne den pädagogischen Zeigefinger und ohne Übergriffe vonseiten der Erwachsenen!

2. Scouting for Boys – das britische Modell

Betrachten wir nun mit Blick auf die pfadfinderischen Anfänge in Deutschland zunächst das Modell des *Scoutings*, wie es Baden-Powell in England entworfen hat.[3] Sehr vieles von dem englischen *Scout*-Modell wurzelt in der Biografie von Baden-Powell selbst. Selbstständigkeit, Praxisorientierung, praktische Phantasie, Beobachtungsgabe, Engagement für Menschen als im weitesten Sinn soziales und erzieherisches Engagement – das waren Fähigkeiten, die sich Baden-Powell durch die Erziehung im eigenen Elternhaus und in den Freiräumen seiner Jugend erwarb und die er unter dem disziplinarischen Druck seiner späteren militärischen Ausbildung und des militärischen Dienstes zu verteidigen und weiterzuentwickeln verstand. Genau diese Fähigkeiten fanden als praktische und moralische Erziehungsziele schließlich Eingang in das Modell des *Scoutings*. Dazu gehörte auch Spähen, Kundschaften, dazu gehörten Waldläuferfertigkeiten. Alles, was damit zusammenhängt, integrierte Baden-Powell später als technisch-praktischen Ausbildungsteil in das *Scout*-Modell. Das Spurenlesen entwickelte Baden-

---

3 Referat und Zitate in diesem Abschnitt nach Schubert-Weller 1998 und Baden-Powell 1908.

Powell im Sinn des *Scouting* von einer waldläuferischen Technik weiter zu einem praktischen Prinzip des sozialen Lebens: Aus dem, was der *Scout*, der Pfadfinderjunge, im alltäglichen Leben beobachtete, sollte er praktische und moralische Schlüsse ziehen und entsprechend tätig werden. Um diese Fähigkeit zu schulen, fängt auch der jugendliche Pfadfinder mit den eigentlichen waldläuferischen Techniken an. Seinen Sinn erhält dieses ganze Ausbildungs- und Erziehungsmodell durch eine staats- und königstreue Grundgesinnung, die durch die Anwendung dieses Modells gebildet, gefördert und in praktischen Nutzen für das Vaterland umgesetzt werden soll. Absicht und Methode des *Scouting* war nach Baden-Powell *good citizenship through woodcraft* – »gute staatsbürgerliche Gesinnung durch Waldläuferfertigkeiten«.

So wie Baden-Powell sein Modell entwarf, sind dessen praktische und moralische Anteile untrennbar miteinander verknüpft: Die reine Waldläufertechnik bleibt erfolglos, wenn sie nicht auch in moralisch guter Gesinnung, guter Absicht angewandt wird. Und die beste Absicht, dem Vaterland zu dienen, lässt sich nicht verwirklichen, wenn es an praktischen Fertigkeiten und Techniken mangelt. Der pädagogische Trick des Modells besteht, wie schon angedeutet, vor allem darin, dass es den zu erziehenden Jungen auf einer ganz zivilisationsabgewandten Seite seines Wesens anzutreffen sucht, da wo er eben nach der zeitgenössischen Vorstellung ganz »Junge« sein darf, frei von elterlichen und schulischen Zwängen. Hier erkennen wir die innere Nähe des britischen *Scoutings* zum deutschen Wandervogel. Auf dieser zivilisationsabgewandten Seite entwirft das Modell nun eine Reihe von Ritualen – Gesetz, Pfadfindergelübde, Grußformen, Pfadfindertracht usw. Es entwirft zugleich Techniken für die komplette Lebensbewältigung unter freiem Himmel und führt so, entsprechend der Absicht *good citizenship through woodcraft*, den Jungen zum durchaus zivilen, bürgerlichen Erziehungsziel.

Baden-Powell ging von einem natürlichen Drang Jugendlicher aus, sich in der freien Natur zu bewegen und zu bewähren. Er, der ehemalige Kolonialoffizier, hatte viele Beispiele solchen Lebens in freier Natur vor Augen, Beispiele indigener Völker und Stämme in Indien und Afrika. Sein Postulat, dass der Jugendliche *keen for adventures and open-air life* sei, war die anthropologische Grundlage seines *Scout*-Entwurfs: Ein Mensch, den es nicht reizt, sich in der freien Natur zurechtzufinden, ist für Baden-Powell schlechthin nicht denkbar. In seiner Schrift »Rovering to Success« versuchte Baden-Powell, diese Sehnsucht religiös zu deuten: Gott hat den Menschen neben der Bibel auch das große Buch der Natur zu lesen gegeben; durch die Natur kann man zu Gotteserfahrung gelangen, und so findet Baden-Powells Anthropologie auch noch eine religiöse Grundlegung.[4] Baden-Powell brachte ein allgemeines christliches Ver-

---

4 Hier referiert nach einer deutschsprachigen Ausgabe von »Rovering to Success«: Baden-Powell: o.J. S. 159f.

ständnis von Religion mit, auf dessen Hintergrund die Gotteserfahrung durch die Natur etwas ungewöhnlich erscheint. Aber bezieht man diesen Gedanken von der Gotteserfahrung durch die Natur auf das Ziel und die Praxis des *Scoutings,* so zeigt sich, dass Baden-Powell letztlich Gott selbst zum Zeugen für seine Zielvorgabe anruft: die »Heranbildung guter Staatsbürger durch Betätigung in der freien Natur«. Gotteserkenntnis in der Natur legitimiert die Ziele und Ansätze des *Scoutings* theologisch. Die freie Natur freilich wird ganz in den Dienst der staatsbürgerlichen Erziehung gestellt.

Natur ist genau derjenige Freiraum, in dem sich die natürliche Befähigung des Jungen zum (staatskonformen) Erziehungsziel entfalten kann. Natur wird in einem doppelten Sinn als die bestmögliche gesellschaftliche Erziehungsinstitution ausgewiesen: sowohl in der Unerbittlichkeit, mit der sie wirkt, als auch durch die Unbill, die sie bereitet. Die darwinistische Vorstellung vom Kampf ums Dasein wird im *Scouting* unmittelbar zur Erziehungsidee. Wer mitten in der Natur lebt, ist stets zur Findigkeit, zur Vorsicht, zur Phantasie genötigt. Aber andererseits erzieht die Natur auch durch ihren Zauber *(charm),* der, lässt man ihn nur lange genug auf sich wirken, hohe moralische Qualitäten freisetzt, die Treue zur Fahne des Vaterlandes mit inbegriffen.

Zuvor aber bedarf es, damit man lernt, sich in der Natur zurechtzufinden, eines langen Trainings. Der Zauber der Natur wird erst durch den intensiven und angemessenen, gekonnten Umgang mit der Natur spürbar und erfahrbar. Solches Training und solcher Umgang ist nicht etwas für wenige Freizeitstunden. Seinem Wesen nach ist *Scouting* keine Freizeitbeschäftigung, soll sich jedenfalls nicht auf die freie Zeit beschränken. Vielmehr soll *Scouting* das Leben der Jungen durchdringen und auch ihren Alltag prägen. Dazu muss der *Scout*-Entwurf auch einen Rahmen bereitstellen, in dem *Scouting* als spezifische Alltagsgestaltung erprobt werden kann.

Der Ort, solchen Alltag zu erproben, einzuüben und verbindlich zu leben, ist das Pfadfinderlager. Das Lager ist im Entwurf des *Scoutings* nicht bloß der Ort, an dem übernachtet wird, sondern er wird mit den Mitteln der Natur, die jeweils zuhanden sind *(on the spot),* zu einer wohnlichen Stätte, zu einem Zuhause eingerichtet, in dem mehr geschieht als nur die Befriedigung schlichtester Bedürfnisse. Der richtige Scout versteht es, auch unterwegs und im Lager *to make himself comfortable by a hundred little dodges* (Baden-Powell 1908, S. 121).

So allerdings wirkt im *Scouting* ungeachtet aller jugendpflegerischer und vormilitärischer Indienstnahme ein zukunftweisender ziviler Impuls. *Scouting* ist eine Art von in Gruppen organisierter Selbsterziehung. Dennoch ist der Ansatz des *Scoutings* zumindest in seinem technischen Teil weitgehend militärisch. Das *Scouting* entspricht in weiten Teilen der Infanteristen-Ausbildung beim Militär. Geländeaufklärung und Überlebenstechniken spielen hier wie dort eine entscheidende Rolle, ebenso Patrouillieren, Nachtübungen, Signalisieren, Pioniertätigkeit, Depeschenlauf, Lagerleben, Spurenlesen, Sinnesschulung. Aber auch das Ethos des *Scoutings* – das Prinzip der strikten Loyalität, des unbedingten Gehorsams, der unbedingten Disziplin – beruht auf militärischen Normen. Dasselbe gilt für die Organisationsformen, von der kleinen Gruppe (englisch: *patrol* – die »Patrouille«) bis zu den größeren Einheiten, denen erwachsene *Officers* vorstehen. Über die unmittelbaren militärischen Erfordernisse und Zielsetzungen hinaus aber erzieht das *Scouting* zu Tatkraft, Verantwortungsbereitschaft, Entschlussfreudigkeit, Initiative und Ausdauer.

Das Ziel ist die Erziehung zu gesellschaftlicher Konformität, die Ertüchtigung zu nationaler Verteidigungsbereitschaft. Auf diesem Weg aber spielen nicht zuletzt Selbstständigkeit und Selbstverantwortung eine Rolle, ebenso Findigkeit, Neugier, Unabhängigkeit, geistige und körperliche Wendigkeit. Das *Scouting* lehrt gewiss Disziplin und Einordnung. Aber es erzieht auch mit Sicherheit nicht zum willenlosen Untertan. *Scouting* vor dem Ersten Weltkrieg ist nicht revolutionär, aber es ist unter den damaligen Umständen weltoffen und modern, ohne »modisch« zu sein. Wenn man so will: Das Menschenbild im Scout-Modell ist, trotz der militärpädagogischen Herkunft des Modells und bei aller Anfälligkeit für fragwürdige politische Indienstnahme im Einzelnen, von Anfang an ein grundsätzlich aufgeklärtes Menschenbild. Das *Scouting* ist damit auch ein breit anwendbares, gewissermaßen internationales Erziehungsmodell. Heute sind »Internationalität« und »Interkulturelles Lernen« aus der Pfadfinderarbeit nicht mehr wegzudenken.

Die Herkunft des Modells einerseits und die Möglichkeiten, die aus ihm folgen, andererseits lassen fragen, was denn das eigentlich Bedeutsame an diesem Modell ist. Wir haben oben schon gesagt, dass letztlich jede Generation ihre eigenen Ideale, ihre eigenen Ideen und Vorstellungen entwickelt. Gerade im *Scout*-Modell kommt es natürlich darauf an, dass die Köpfe und die Herzen möbliert werden. *Wie* und *mit welchen Möbeln* die Köpfe und die Herzen ausgestattet werden, ob sozusagen mit Ikea oder mit Gelsenkirchener Barock, versucht jede Generation auf eigene Weise zu beantworten. Darüber sagt das *Scout*-Modell letztlich nichts. Es verweist vielmehr auf einige anthropologische Universalien – Verantwortung, Disziplin, Zugewandtheit, Freundlichkeit usw. Vor allem aber geht es beim *Scout*-Modell darum, zu erkennen und zu lernen, dass Kopf und Herz überhaupt möbliert werden können.

3. Pfadfinderei im Wilhelminischen Reich am Beispiel des Bayerischen Wehrkraftvereins

Die Idee des *Scoutings* trifft in Deutschland auf verwandte jugendpflegerische Bestrebungen. Dabei geht es um die vormilitärische Ertüchtigung der Jugend, die seit 1890 politisch betrieben und gestaltet wird und die im Jugendpflege-Erlass des preußischen Kultusministers von 18. Januar 1911 gipfelt. Allerdings gibt es zwischen dem englischen Konzept des *Scoutings* und dem entsprechenden deutschen Entwurf (Lion 1909; 1911) erhebliche Unterschiede. Baden-Powell entwickelt die Ansätze und Erziehungsziele des *Scoutings* in einer spezifischen Welt des Jungen. Zwar soll der Junge sicher durch die gefährliche und labile Phase des Jugendalters geleitet werden, aus ihm soll ein national gesinnter Erwachsener werden, der seinen Mann zu stehen weiß. Doch im *Scouting* steckt zugleich eine Menge Anerkennung der angemessenen Befindlichkeit eines Jungen: Um aus dem Jungen einen »guten Staatsbürger« zu machen, einen konformen Erwachsenen, muss man ihn erst einmal als Jungen annehmen und anerkennen. Derartige Überlegungen findet man in der deutschen Übertragung von Baden-Powells *Scouting for Boys*, im *Pfadfinderbuch* von 1909 nicht. Hier ist das Jugendalter von vornherein die delinquenzverdächtige Lebensphase, das »moralisch und körperlich so gefährdete Alter von 12-18 Jahren«. Baden-Powell nimmt einen Blick auf die Jugend aus der entwicklungspsychologischen und pädagogischen Perspektive seiner Zeit. Die deutsche Übertragung von *Scouting for Boys* nimmt die Perspektive des Jugendstaatsanwaltes ein. Die Anerkennung für die Befindlichkeit des Jungen wird so von vornherein zurückgenommen.

In der deutschen Übertragung des Pfadfinderbuchs wird auch vermerkt, dass bestimmte Dinge aus dem englischen Original »ausgemerzt« worden seien, weil sie dem deutschen Volkscharakter fremdartig erschienen seien. Was als gewissermaßen »undeutsch« gestrichen worden war, waren die Rituale und Formen, war im Grunde die ganze Eigenständigkeit einer jungenhaften Welt. Ausgemerzt war nahezu auch das Prinzip der kleinen Gruppe, ausgemerzt waren Begeisterung und Freude, die auch zur Sache gehören sollten. Ausgemerzt war letztlich das, was den jugendlichen Freiraum andeutete, dem im britischen *Scouting* – selbst wenn ihm eine gesellschaftliche Integrationsfunktion zugedacht war – ein eigener Wert zukam. Die deutsche Übertragung lässt nirgendwo erkennen, dass dieser pädagogische Kniff des britischen *Scout*-Modells auch nur erahnt worden wäre, nämlich einen Freiraum zu sichern und auszubauen, um ein letztlich gesellschaftskonformes Erziehungsziel zu erreichen.

Baden-Powell hatte sein Modell zunächst in mehreren Durchgängen und über manche Jahre hin erprobt, bevor er *»Scouting for Boys«* niederschrieb und zur Programmschrift britischer Jugendertüchtigung machte. Diese Erprobung fehlte der deutschen Übertragung. Sie sollte allerdings bald nachgeholt werden.

Zu nennen ist hier der 1909 in Berlin ins Leben gerufene *Verein Jugendsport in Feld und Wald* sowie vor allem der *Bayerische Wehrkraftverein*, ursprünglich im November 1909 von 40 jungen Offizieren der Münchner Garnison als *Verein Wehrkraft* gegründet. Offiziell begann der Verein Wehrkraft am 12. März 1910 in einer Feierstunde in der Aula der kaufmännischen Fortbildungsschule. Gleich nach der Feier, noch am selben Tage, wanderten sechs Gruppen des Vereins Wehrkraft hinaus, womit die praktische Arbeit begann. In der Phase der praktischen Erprobung der Pfadfinderideen wurde pädagogisch manches nachgeholt, was in der Übertragung des *Pfadfinderbuchs* zunächst verloren gegangen bzw. »ausgemerzt« worden war.

Die Initiatoren vor allem des Wehrkraftvereins waren äußerst flexibel. Die Offiziere, die den Wehrkraftverein führten, vermochten es, ihre Jungen, in der Regel Fortbildungsschüler, die bereits in der Lehre standen, dort abzuholen, wo sie sich nun einmal gerade befanden. Das Programm des Wehrkraftvereins war kein geschlossenes System, doch wurde es von einem einheitlichen Gedanken getragen, nämlich, die Jugend im nationalen und militärischen Geist zu erziehen und zu ertüchtigen.

Im Bayerischen Wehrkraftverein wurde die nationale und militärische Gesinnung nicht mehr einfach als Ideal und Angebot von Älteren, Eltern und Vorgesetzten vermittelt, sondern von einem Berufsstand, jungen Offizieren, die sich selbst noch als »jugendlich« oder doch zumindest »jugendnah« verstanden. »Jugend«, wenn man so will, war nicht nur die Bezeichnung eines Lebensalters, nicht nur Name des »Objektes«, dem die erzieherischen Bemühungen schon gestandener Männer galten, sondern Jugend war auch schon ein gewisser eigener Wert, und damit war »Jugend« zugleich als pädagogisches Konzept geboren, mit dessen Hilfe man Gesinnung zu transportieren und Erziehungsziele leichter zu erreichen gedachte.

Das Ideal der Jugend mischte sich freilich eng mit dem Ideal des Militärischen. Auch das Militärische, sofern es nur »frisch« war, war jugendgemäß in einem doppelten Sinn: Einerseits dachte man sich die Jugend so, dass sie das Militärische gern und freudig als für sich passend akzeptieren würde, andererseits betonte man den formenden und erzieherischen Wert des Militärischen.[5]

Eine gewisse Flexibilität und Zufälligkeit des Ausbildungsprogramms machte sich einerseits geltend, andererseits aber seine genaue Organisation und Durchführung. Es gab Offiziere, die sich einerseits mit ihren Jungen »herumtummelten«, die aber andererseits Disziplin und Ordnung verlangten. Güte

---

5   Vgl. dazu Giehrl 1912. Giehrl war einer der maßgebenden Münchner Wehrkraft-Offiziere.

einerseits, Straffheit andererseits, die ganze Realisierung der militärischen Jugendertüchtigung im Wehrkraftverein machte so einen etwas widersprüchlichen Eindruck; und paradox ist die gleichsam liebenswürdige und eben »jugendgemäße« Verpackung so ernster Dinge, wie es Genauigkeit, Disziplin und Straffheit im Kleinen, nationaler und militärischer Geist im Großen sind. Durchaus wurde den Jungen etwas abgefordert, aber dies geschah vor allem mit Blick auf die Jungen selbst und nicht so sehr mit Blick auf ein streng durchzuführendes, genaues Schema – es geschah in ganz engem Kontakt mit den Jungen selbst, der von Zuwendung geprägt war. »Die Jugend gewinnt auf Dauer nur derjenige, der ihr sein Herz zu schenken versteht«, erklärte der Wehrkraftoffizier Giehrl ebenso schlicht wie treffend (Giehrl 1912, S. 9). Er vermerkte ausdrücklich, dass jeder, der sich bislang mit der Jugend beschäftigte, etwas mehr oder weniger Egoistisches von ihr wollte. Die Jungen müssten erkennen, dass den Führern im Wehrkraftverein egoistische Absichten fernlägen und dass die Führer ihnen eine Freude bereiten wollten, ohne jede Entlohnung

Hinter dieser scheinbar altruistischen Haltung stand freilich die nationale Erziehung (ebd., S. 10-13). Was man mit den Jungen vorhatte, wurde in den Publikationen des Wehrkraftvereins deutlich genug zum Ausdruck gebracht – Schriften freilich, die von den Jungen selbst wohl meistens gar nicht zur Hand genommen wurden. Alexander Lion, der Herausgeber des »Pfadfinderbuchs«, nannte in einer Schrift über die Pfadfinder- und Wehrkraftbewegung als notwendige Aufgabe einer »starken nationalen Jugendbewegung«, dass sie den Schulentlassenen »den nötigen Halt« geben müsse, und vermerkte dann noch einmal alle Lernziele: Ertüchtigung des Körpers, Ertüchtigung der Sinne, Ertüchtigung des Geistes, Veredelung des Handelns, Denkens und Wollens bis hin zur Liebe für Vaterland und Kaiser (Lion 1913, S. 12).

Neu war hier, dass die Offiziere und Jugendausbilder im Wehrkraftverein nicht mit erhobenem Zeigefinger arbeiteten, sondern mit Zugewandtheit, Liebenswürdigkeit und mit Herz. Aber Zugewandtheit und Liebenswürdigkeit waren nicht gleichzusetzen mit Nachgiebigkeit oder gar Nachlässigkeit. Straffer Führungsstil und Güte waren gleichwertig. Die Offiziere wollten durchaus ihre Ideale an die Jugend weitergeben, die Ideale einer national gesinnten, reichskonformen Erwachsenenwelt, die Ideale körperlicher Gewandtheit und militärischer Gesinnung. Und sie taten das durchaus mit einem gewissen Druck, mit einem Appell an das Pflichtgefühl der Jungen und mit moralischen Vorhaltungen. Aber es gelang ihnen, die Freundschaft der Jungen zu erwerben, sie hatten keine Berührungsängste, sie traten den Jungen nicht als potenzielle Gegner entgegen, und sie drohten nicht mit der Strafgewalt irgendeiner Sozialisationsinstanz. Man ließ Schwierigkeiten und Krisen zu, man versuchte, Überzeugungsarbeit zu leisten, und ließ sich auf die Prozesse schrittweiser Einsicht und Klärung ein (vgl. Giehrl 1912, S. 15). Die Inhalte der Erziehung hatten sich keineswegs geändert, wohl aber der methodische Ansatz. Ganz offenkundig hatte dieses behutsame Vorgehen im Wehrkraftverein sowohl bei den Jungen als auch bei der Lehrerschaft, die ja die Wehrkraftjungen täglich in der Schule erlebten, äußerst positive Folgen (vgl. ebd., S. 13).

4. Ausblick

Die Arbeit im »Bayerischen Wehrkraftverein«, ab 1911 die inhaltlich und methodisch entsprechende Arbeit im »Deutschen Pfadfinderbund«, die auf dem preußischen Jugendpflege-Erlass vom 18. Januar 1911 beruhte, die Übernahme der Wehrkraft- und der Pfadfindermethoden für die vormilitärische Ertüchtigung im Dachverband, dem »Jungdeutschland-Bund«, prägte die Jugendpflege des Wilhelminischen Reichs in der bis zum Beginn des Ersten Weltkrieges verbleibenden Zeit. Letztlich führte der Weg »aus grauer Städte Mauern« eben nicht »in Wald und Feld«, in die Natur, sondern ins Gelände, »ins Feld« im militärischen Sinn. Neue Impulse waren unter diesen Bedingungen nicht zu erwarten. Die »Jugendkompanien« in den ersten Jahren des Ersten Weltkriegs und der Vaterländische Hilfsdienst ab Dezember 1916 wiesen in eine ganz andere Richtung, und erst nach dem Ende des Ersten Weltkrieges konnten an die Stelle der vormilitärisch orientierten Wehrkraft- und Pfadfinderarbeit neue Orientierungen treten.

Franz Ludwig Habbel, im Ersten Weltkrieg Offizier und Führer im Bayerischen Wehrkraftverein, der gegen Kriegsende innerhalb des Wehrkraftvereins eine Neuorientierung der Jugendarbeit versuchte und schließlich eine Sezession und die Gründung der Neupfadfinder einleitete, stellte noch 1961 dem Wehrkraftverein ein insgesamt sehr positives Zeugnis aus:

> »Er bekam ein vorzügliches Entrée, indem der alte und wegen seiner spartanischen Lebensführung als Jugendvorbild sehr geeignete Prinzregent Luitpold das Protektorat übernahm [...]. Mit dem Prinzen an der Spitze war das Unternehmen von Anfang an sozusagen hoffähig, und man konnte sich mit einem Zusammenarbeitsvertrag mit dem Deutschen Pfadfinderbund und korporativen Beitritt zum Jungdeutschland-Bund die Handlungsfreiheit im eigenen Land erhalten und doch im ganzen eine recht glückliche und, soweit man wollte, einflussreiche Rolle spielen. Der Wehrkraftverein war trotz seines Namens wenig militärisch und durch seine sehr jugendnahe Führerschaft fähig, ein zugkräftiges Erziehungsbild hinzustellen« (Habbel 1961).

Letztlich wurde aber die deutsche Pfadfinderei zu genau dem, was das britische Scouting gar nicht sein wollte: Ertüchtigungsprogramm zur erziehlichen Freizeitbewältigung für gefährdete Jugendliche. Freilich war die deutsche Pfadfinderei auch in ihrer reduzierten Form noch immer eine willkommene Abwechslung. Was man bis dahin auf Turnmärschen und bei Volks- und Jugendspielen eher zurückhaltend und nur stundenweise gemacht hatte, die Erfahrung mit und in der Natur, im Gelände, wurde nun durch die Einbringung von *Scout*-Techniken in die deutschen Ausbildungsprogramme vertieft und erweitert. Dies war selbst unter den reduzierten deutschen Bedingungen gegenüber ödem Exerzieren und Turnen hochwillkommene Abwechslung. Das war eine Bereicherung und Auflockerung, das motivierte die Jugendlichen, und der Erfolg bei den Jungen war garantiert. Freilich, die Möglichkeiten des Scout-Modells waren, wie die Geschichte der bündischen und pfadfinderischen Ansätze nach dem Ersten Weltkrieg zeigte, noch lange nicht ausgeschöpft.

Literatur

Baden-Powell, Robert S.S. (1908): Scouting for Boys. A Book for Instruction in Good Citizenship. London.

Baden-Powell, Robert S.S. (o.J.): »Rovering to Success«. Glück auf die Lebensfahrt. Ein Buch für junge Männer. Zürich.

Giehrl, Hermann E. (1912): Der Offizier im Dienst der Jugendpflege. Vortrag gehalten im Künstlerhause zu Berlin am 11. Dezember 1911. Berlin.

Habbel, Franz Ludwig (1961): Der Pfadfinder in der deutschen Jugendbewegung. In: Almanach der weißen Lilie. München, ohne Seitenzählung.

Lion, Alexander (1909): Das Pfadfinderbuch. Nach General Baden-Powells »Scouting for Boys« unter Mitarbeit von Hauptmann M. Bayer, Prof. Dr. Ludwig Kemmer, Hauptmann C. Frhr. von Seckendorff, Oberleutnant Graf Robert von Bothmer, Hauptlehrer H. Steinmetz und anderen Offizieren und Schulmännern.

Lion, Alexander (1913): Die Pfadfinder- und Wehrkraftbewegung und ihre Ursachen. München.

Lion, Alexander (Hg.) (1911): Das Pfadfinderbuch. Nach General Baden-Powells »Scouting for Boys« unter Mitwirkung von Offizieren und Schulmännern. 2., neubearb. Aufl. München.

Schubert-Weller, Christoph (1988): So begann es. Scouting als vormilitärische Erziehung. Baunach.

Schubert-Weller, Christoph (1998): »Kein schönrer Tod ...«. Die Militarisierung der männlichen Jugend und ihr Einsatz im Ersten Weltkrieg 1890-1918. Weinheim/München.

Schubert-Weller, Christoph (2010): Historische Jugendforschung. In: Jahrbuch des Archivs der deutschen Jugendbewegung. Hundert Jahre Pfadfinden in Deutschland. NF Band 6/2009. Schwalbach/Ts., S. 50-60.

Wangyal Rinpoche, Tenzin (2001): Übung der Nacht. Tibetische Meditationen in Schlaf und Traum. Kreuzlingen/München.

»Führen oder Wachsenlassen«: Zum jugendbewegten Männerbund in den Jahren um und nach dem Ersten Weltkrieg[1]

Jürgen Reulecke

Um mit einem vielleicht etwas überraschenden Hinweis zum Titel meines Beitrags zu Ihrer Tagung einzusteigen: Bei der Vorbereitung darauf ist mir eigentlich erst richtig klar geworden, dass das am meisten herausfordernde Wort in diesem Titel das Wörtchen »oder« ist. Warum das meines Erachtens so ist und was das auch und nicht zuletzt mit der Pfadfinderpädagogik zu tun hat, wird im Folgenden eine nicht unerhebliche Rolle spielen. Vorweg aber noch eine eher persönliche Anmerkung: Ende Oktober 2009 hat auf Burg Ludwigstein mit großer Resonanz ebenfalls eine Tagung zum Thema »100 Jahre Pfadfinden in Deutschland« stattgefunden.[2] Als jemand, der sich bereits etwas intensiver mit der Geschichte des berühmten Treffens der Freideutschen Jugend im Oktober 1913 auf dem Hohen Meißner und der dort formulierten »Meißnerformel« beschäftigt hat, war ich eingeladen worden, diese Formel mit dem Pfadfindergelöbnis von Schloss Prunn bei Regensburg von Anfang August 1919 zu vergleichen. Schon in diesem Kontext habe ich aus erfahrungs- und generationengeschichtlichem Blickwinkel eine Reihe von durchaus faszinierenden, weil bisher wenig beachteten Hinweisen auf die allgemeine deutsche Mentalitätsgeschichte des frühen 20. Jahrhunderts gefunden, denen ich jetzt noch einige weitere hinzufügen möchte. Selbstverständlich gilt auch hier, dass es sich bei Rekonstruktionsversuchen solcher Art immer um den Versuch handelt, den in einer konkreten Vergangenheit in eine für sie offene Zukunft hinein planenden und handelnden Menschen einigermaßen gerecht zu werden und sie nicht – wie es häufig geschieht – mit moralischen Urteilen aus heutiger Sicht vorschnell zu

---

1   Der folgende Text beruht im Wesentlichen auf dem Vortragsmanuskript meines Beitrags vom 3. März 2010 zur Tagung »100 Jahre Pfadfinderpädagogik« in Wolfshausen/Weimar (Reulecke 2010).
2   Die bei der Ludwigsteintagung gehaltenen Vorträge sind inzwischen veröffentlicht worden; s. den Band NF 6/2009 des Jahrbuchs des Archivs der deutschen Jugendbewegung (Historische Jugendforschung), Schwalbach/Ts. 2010, S. 7-249. Einige Teile meines dort auf S. 61-75 abgedruckten Beitrags mit dem Titel »Hie Wandervogel – hie Pfadfinder« werden im Folgenden in zum Teil anderen Kontext wieder aufgegriffen.

be- oder gar zu verurteilen – dies entsprechend dem Zuruf von Friedrich Nietzsche an uns, die Nachlebenden: »Ihr seid nicht klüger; ihr kommt nur später!«

Stichwort »oder«: Die in meinem Titel mit dem Gegensatz »Führen oder Wachsenlassen« angesprochene Dialektik bezieht sich – so meine Ausgangsthese – nicht nur auf eine in der Pädagogikszene jener Zeit, allen voran von dem Philosophen und Erziehungswissenschaftler Theodor Litt (1880-1962) im Jahr 1927 auf den Punkt gebrachte Grundsatzdebatte eher abstrakter Art. Sie betrifft auch ganz unmittelbar und handfest die gegenseitigen Wahrnehmungen der beiden damaligen Strömungen der Jugendbewegung mit ihren Menschenbildern, nämlich der Wandervögel und Freideutschen einerseits, der deutschen Pfadfinderei andererseits. Vor allem aber: Die Auseinandersetzungen mit dieser Polarität und die dabei ins Auge gefassten Denk- und Handlungshorizonte waren für die Erlebniswelten vieler damaliger Jugendlicher höchst prägend und oft langfristig wirksam – mit Auswirkungen zum Teil bis heute! Platt und simpel auf den Punkt gebracht: Es geht um das den Heranwachsenden mehrerer Altersgruppen in deren Adoleszenzphase im frühen deutschen 20. Jahrhundert vermittelte Menschenbild und um die Art und Weise, wie dieses ihnen nahe gebracht worden ist.

Zunächst ein Überblick über die historische Entwicklung der Ideenwelt der Pfadfinder – gespiegelt an der Gegenseite, das heißt den Wandervögeln und der Freideutschen Jugend, ehe dann im zweiten Teil meines Beitrags eine weitere Präzisierung des Titels »Führen oder Wachsenlassen« erfolgen soll. In den Jahren unmittelbar vor dem Ausbruch des Ersten Weltkriegs war die entstehende Pfadfinderei von den Wandervögeln und Freideutschen zwar durchaus neugierig, aber doch insgesamt recht abständig zur Kenntnis genommen worden. Manches, was auch die Pfadfindergruppen trieben, hieß es, hätten – wie zum Beispiel das Auf-Fahrt-Gehen – die Wandervögel auf ihre Weise bereits vorher erfunden, und Kameradschaftlichkeit im Sinne der von den Pfadfindern geforderten Ritterlichkeit gehöre sowieso grundsätzlich zum Wandervogelethos. Noch lange Zeit, so hat Walter Laqueur geschrieben, hätten deshalb die Pfadfinder als die »armen Verwandten der Jugendbewegung: von Erwachsenen geleitet, auf paramilitärische Ausbildung spezialisiert«, gegolten: Man habe sie folglich eher an der Peripherie bzw. »außerhalb des Stromes der Bewegung« verortet (Laqueur 1983, S. 141). Besonders störten die Wandervögel der militärische Drill, die Schulmeisterei der oft schon betagten Feldmeister, das »Arztspiel« und die stark ausgeprägte hierarchische Ordnung. Hinzu kam weiterhin die Ablehnung des, wie es hieß, massiven »moralischen Beigeschmacks« der Pfadfindererziehung.[3] Da diese aber im Sinne einer allgemeinen Jugendpflege aus einem heranwachsenden Jungen einen »allzeit anständigen, ehrlichen, höflichen, bescheidenen, tüchtigen

---

3 S. dazu Dokumentation der Jugendbewegung, Bd. III, hg. von Werner Kindt, Düsseldorf 1974, S. 779, sowie »Wandervogel« (= Gelbe Zeitung), Jg. 1911, Heft 12.

Kerl« machen wolle, begrüßte man die Pfadfinder ohne Konkurrenzgefühle, da man sich selbst als »Jugendbewegung« und nicht als »Jugendpflege« deutete. Einzelne Sprecher der Vorkriegsjugendbewegung wie Hans Paasche sahen in der Pfadfinderei zwar die Möglichkeit, jugendbewegte Kerngedanken in einer von »Sedanfeiern, klirrenden Medaillen auf dem Gehrock, Gebrüll, Gefeier und Getrommel, Biergeruch und Rauch« geprägten Gesellschaft zu verbreiten und so engagiert dazu beizutragen, dass eine neue Jugend eine »neue Zeit« einläutet – dies allerdings, kritisch auf die Pfadfinderei bezogen, ohne deren ständige »Wehrkraftspielerei« (Paasche 1912, zit. n. Habbel 1919, S. 35f.)! Und in einem Aufsatz mit dem Titel »Herbstschau 1913« hat Hans Breuer, der Verfasser des berühmten Liederbuchs »Der Zupfgeigenhansl«, sogar pathetisch geschrieben, die Zeit sei nun reif, die auf dem Hohen Meißner sichtbar gewordene »jungdeutsche Gesinnung« als eine Art Sauerteig in der Welt zu verbreiten – dies »mit dem Geiste frischer Offensive, immer druff! wie der olle Blücher anno 1813«, nicht aber »mit dem Charakter der Defensive à la boy scout« (Breuer, zit. n. Flitner/Kudritzki 1984, S. 277).

Doch der dann beginnende Weltkrieg – zunächst von vielen begeistert zur Fahne und in die Schlachten eilenden jungen Männern geradezu als eine Art Initiationsritus im Kontext der jungmännlichen Frontkameradschaft erlebt – forderte dann millionenfach seinen Tribut: Viele Führungspersonen der aktiven Jungmännerkreise – von den Wandervögeln, Freideutschen und Pfadfindern über die konfessionellen Jugendvereinigungen bis hin zur Arbeiterjugend – fielen an den Fronten. Ihnen setzte 1916 Walter Flex mit seinem Bestseller »Der Wanderer zwischen beiden Welten«, in dem der dann später viel gesungene Text des Liedes »Wildgänse rauschen durch die Nacht« einleitend auftaucht, ein Denkmal (s. Reulecke 2011, S. 151-164). So fiel zum Beispiel 1917 der damals 45-jährige Reichsfeldmeister des 1911 gegründeten DPB, Maximilian Bayer. Besonders den jüngeren aus dem Krieg Zurückgekommenen aus dem Bereich der unterschiedlichen Jugendbünde war nach 1918 klar, dass man nun erheblichen Erneuerungsbedarf hatte: Überall kam es zu Auseinandersetzungen zwischen Traditionalisten und jüngeren Reformern, manchmal auch radikalen Revolutionären. Spaltungen und diverse Neuaufbrüche waren die Folge. Dass der DPB davon nicht verschont bleiben konnte, liegt auf der Hand: Im Laufe der nächsten zwei bis drei Jahre gewann die Pfadfinderei in Deutschland aber dann doch eine weitgehend neue Ausgangsbasis, und einer der Reformer, der junge Verleger und Herausgeber der Zeitschrift »Der Weiße Ritter« aus Regensburg, Franz Ludwig Habbel, meinte sogar schon 1919, kurz nach dem Treffen auf Schloss Prunn (s.u.): »Vielleicht hat jetzt erst die Pfadfinderbewegung begonnen« (zit. n. Dokumentation III, S. 393).

Mit dem 25-jährigen Habbel (1894-1964), vierundzwanzig Jahre jünger als Alexander Lion (1870-1962), der Initiator der Pfadfinderbewegung in Deutschland, ist eine Person genannt, die am nun beginnenden Neuaufbruch der Pfadfinder seit 1919 entscheidenden Anteil hatte. Eine zweite maßgebliche Person war der evangelische Berliner Pfarrer Martin Voelkel (1884-1950). Beide hatten zunächst unabhängig voneinander – Habbel zusammen mit seinem vier Jahre jüngeren Freund und Verlagsmitgründer Ludwig Voggenreiter (1898-1945) – seit Ende 1918 begonnen, die überkommene Pfadfinderidee zwar noch nicht grundsätzlich, aber doch im Hinblick auf ihre eigenen Vorstellungen von Erziehungsstilen und -zielen infrage zu stellen. Die Kritik dieser Reformer am bisherigen Miteinanderumgehen reichte von Äußerlichkeiten – so zum Beispiel daran, dass man sich bei den Treffen der Feldmeister mit »sehr geehrte Herren« anredete, strammstand und sich siezte – bis hin zu der programmatischen und entscheidenden Frage nach dem Unterschied zwischen Jugendpflege und Jugendbewegung, mit anderen Worten: ob man »zu einer wahren Jugendbewegung werden oder in der Jugendpflege ersticken« wolle.[4] Regensburger und Münchner Pfadfinderkreise luden deshalb »die Pfadfinder aller deutschen Stämme« zur Diskussion und Klärung dieser Frage zu einem Pfadfindertag Anfang August 1919 auf Schloss Prunn im Altmühltal bei Regensburg ein: Man wolle, so hieß es, sich von »Lüge und Finsternis« befreien und zu »Gesinnungspfadfindern« werden. Und die Schlussaufforderung der Einladung lautete dann ganz simpel und programmatisch: »Werdet eine Jugendbewegung!«

Zunächst hatte die Führung des DPB unter Carl Freiherr von Seckendorff nichts gegen diesen Aufbruch einzuwenden: Auch er kam zu dem Treffen in Prunn, wo sich etwa 250 vor allem bayerische, aber auch österreichische und einzelne Pfadfinder aus verschiedenen Regionen Deutschlands, vor allem aus Sachsen und Hessen trafen.[5] Die Initiatoren des Treffens machten klar, dass sie den Stil der bisherigen Pfadfinderei, deren paramilitärische Formen, deren Patriotismus und das aus dem Geist des Wilhelminismus stammende Pathos, vor allem aber die Unjugendlichkeit des gesamten inneren Gefüges des DPB ablehnten. Es ging hoch her: Wollte man nun eine jugendpflegerische Massenorganisation sein oder eine Bewegung von »Gesinnungspfadfindern« ohne jene fest gefügte hierarchische Befehlsstruktur, über die von oben quasi als Beamte eingesetzte Feldmeister wachten? In diesem Kontext kam es dann zur Favorisierung eines Kernbegriffs, der von nun an eine Fülle von Debatten auslösen sollte, nämlich des Begriffs »Führer«. Man kann ab jetzt geradezu von einer krassen Entgegensetzung der beiden Typen Feldmeister hier und Führer dort sprechen. In

---

4 Aus der Einladung zum Treffen auf Schloss Prunn,, zit. in 1. Heft (Juli 1919) der Zeitschrift »Sächsisches Pfadfindertum«, S. 8f.
5 Zum Folgenden s. Dokumentation III, S. 389ff., außerdem Siefert 1963, bes. S. 34ff. Vgl. auch Seidelmann 1977.

dem schließlich auf Vorschlag der Österreicher von den sich von nun an »Neupfadfinder« nennenden Gruppen angenommenen Gelöbnis hieß es deshalb:

> »Wir Pfadfinder wollen jung und fröhlich sein und mit Reinheit und innerer Wahrhaftigkeit unser Leben führen. Wir wollen mit Rat und Tat bereit sein, wo immer es gilt, eine gute und gerechte Sache zu fördern«. Daran schloss der dritte Satz programmatisch an: »Wir wollen unseren Führern, denen wir vertrauen, Gefolgschaft leisten«.

Von Feldmeistern war nun keine Rede mehr. Ludwig Voggenreiter hat diese zwar für die Wandervogelbewegung relativ selbstverständliche, für Pfadfinder jedoch etwas Neues darstellende Formulierung für einen entscheidenden Fortschritt gehalten:

> »Endlich einmal ist der Irrtum offen klargelegt, der in Führerabstufungen, Führerernennungen und ähnlichen naturwidrigen Maßnahmen liegt. Es ist unmöglich, einen zum Führer zu machen, wenn er keiner ist, denn er muss dazu geboren sein. Unsinnig ist es, den Ehrgeiz anzustacheln, um gute Führer zu bekommen. Wer Führer ist, wird sich trotz aller Hemmungen durchsetzen.«[6]

Da – wie berichtet wird (Dokumentation III, S. 395) – in Prunn bei den Verfechtern des bisherigen Pfadfindertums immer deutlicher eine breite »Missstimmung« aufkam, bemühte sich Habbel, den Eindruck zu zerstreuen, die Neupfadfinder im DPB seien auf eine Spaltung aus: Es liege den Erneuerern fern, betonte er, »irgendjemanden zu verletzen oder eine wüste Revolution zu machen«; man wolle stattdessen innerhalb des DPB nachdrücklich für die Erneuerungsideen werben. Aber: Der Stein war nun ins Wasser geworfen, und die dadurch ausgelösten Wellenringe breiteten sich rasch aus. Hans Riedel, sächsischer Pfadfinderführer und Sympathisant der Reformer, brachte es dann folgendermaßen auf den Punkt: »Möchte es wahr werden, was wir glauben, noch mehr aber wünschen: Schloss Prunn als Geburtsstätte eines erneuerten, besseren Pfadfindertums«[7].

---

6 Hier zit. nach Siefert 1963, S. 35. Um 1920 begann in nahezu allen jugendbewegten Kreisen eine intensive Debatte um das Bild des Führers und seine Rolle, wobei dann Hans Blüher die wohl umfassendste Deutung lieferte: Die Anhänglichkeit der Gefolgschaft beruhe auf Seelenharmonie, Freundschaft und freiwilliger Treue (die allerdings jederzeit aufgekündigt werden konnte, J.R.), denn die Art, wie ein charismatischer Führer sich seine Jünger erwählte, sei ein Mysterium, bei dem Eros (die emotionale Zuneigung) und Logos (das überzeugend vorgelebte Wertesystem zusammenwirkten (s. dazu Blüher 1924, S. 7).

7 Sächsisches Pfadfindertum, 2. Heft (September 1919), S. 3. Übrigens war als 17-jähriger Gruppenführer der später als Physiker berühmt gewordene Werner Heisenberg (1901-1976) mit seiner Pfadfindergruppe Teilnehmer des Treffens.

Vor weiteren Informationen darüber, wie es nach Prunn konkret weiterging, ist jedoch noch auf einen zweiten Aspekt hinzuweisen, der ab jetzt in Pfadfinderkreisen neben der Frage nach dem Sinn des Führertums breit diskutiert wurde und sich auf einen Vergleich mit der Meißnerformel der Freideutschen Jugend von 1913 bezog. Auf dem Hohen Meißner hatte einer der Hauptredner des Treffens, Knud Ahlborn, in seiner Feuerrede nachdrücklich betont:

»Klar und unzweideutig sind die Grundsätze, auf die die Freideutsche Jugend sich geeinigt hat: Nach eigener Bestimmung, vor eigener Verantwortlichkeit, in innerer Wahrhaftigkeit ihr Leben zu gestalten und für diese innere Freiheit unter allen Umständen geschlossen einzutreten« (zit. n. Mogge 1988, S. 289-292).

Das Gelöbnis der Pfadfinder hebe dagegen, so hieß es auf Schloss Prunn, nicht nur das für deren Neuaufbruch Kennzeichnende hervor, sondern beseitige auch »einen inneren Widerspruch, der in der Meißner-Formel« stecke: Es gebe nämlich Leute,

»die mit ihrer inneren Wahrhaftigkeit nicht die eigene Bestimmung vereinbaren können. Und warum sollten die keine Pfadfinder sein können? Das Wesentliche am Pfadfindertum ist ja nicht der Weg, den jeder beschreitet. Das Ziel ist es ja, der Menschheit näher zu kommen, Menschenliebe, Glaube an das Gute im Menschen« (Sächsisches Pfadfindertum, 1. Heft (Juli 1919), S. 10).

Es ging also nicht um ein »Pfadsuchen« mit noch unbestimmtem Ziel, sondern um das Pfadfinden mit klarer Richtung. Und so lauteten folglich die favorisierten Kernbegriffe der Neupfadfinder in der Folgezeit »Hilfsbereitschaft, Gemeinsinn, Pflichttreue und Arbeitsfreude«. Das sind zunächst einmal recht vage Begriffe, wie Kritiker auch sofort anmerkten, doch ist mit dieser Abgrenzung gegenüber der Meißnerformel ein geradezu fundamentales Kernproblem angesprochen, das weit über den jugendbewegten Kontext und die damaligen Zeitumstände hinausweist. Hier schon einmal kurz und noch verallgemeinernd als Frage formuliert: Sollte es in der Jugendbewegung (und in der Jugenderziehung insgesamt) vor allem um Impulse zur Formung eines reifen Selbst des Individuums für dessen weiteren Lebensweg gehen oder ging es in erster Linie um die Einbindung des Einzelnen in die Gesellschaft und dessen Befähigung, sich für das »Gute« (was auch immer das im Einzelnen war) unter deutlicher Zurückstellung der jeweils »eigenen Bestimmung« einzusetzen? Auf zwei zugespitzte Begriffe gebracht, lauteten die in der Folgezeit dann zu verführerischen, zum Teil geradezu demagogisch hochstilisierten Gegenpositionen: individuelle Erziehung zu einem unabhängigen »Selbst« versus Bereitschaft zur gesellschaftlichen Einfügung bis schließlich sogar hin zur »Selbstaufopferung« für das Ganze. Dass hier am

Beispiel der inneren Spannungen in der Jugendbewegung unmittelbar nach dem Ersten Weltkrieg ein exemplarischer Spannungsbogen sichtbar wird, der in der Folgezeit die gesamte deutsche Jugend- und Generationengeschichte in ganz erheblichem Ausmaß bestimmen sollte, liegt auf der Hand. Doch zunächst sollen noch kurz einige Hinweise gegeben werden, wie es nach dem Prunner Treffen weiterging. Im Herbst 1919 und dann in Eisenach kam es zu weiteren Führertagen des DPB, auf denen sich die Traditionalisten scheinbar behaupten konnten; so wurde u.a. Freiherr von Seckendorff in seinem Amt bestätigt. Doch die Auseinandersetzungen begannen zu eskalieren, sodass es im Mai 1920 bei einem allgemeinen Feldmeister- und Führertag in Naumburg schließlich doch zum Bruch kam. Dort hatte sich auch eine andere Erneuerergruppe aus dem Berliner Raum eingefunden, die sich »Jungdeutsche Pfadfinderschaft« nannte und von dem jungen Pfarrer Martin Voelkel geleitet wurde: Sie trat nun mit Habbel und seinen Leuten in engere Verbindung. Voelkels charismatische Persönlichkeit und sein Auftreten in Naumburg – er war damals 36 Jahre alt – faszinierten die etwa zehn bis fünfzehn Jahre jüngeren Neupfadfinder: »Da hatte keiner mehr Zeit, über Unterschiede und Richtungen nachzudenken. Da war zum erstenmal unter den Jünglingen der jünglinghafte Mann, und was hätten sie anders tun können, als ihm zu verfallen?« fragte Habbel aus der Rückschau (Dokumentation III, S. 401). Gleichzeitig tauchte eine sächsische Gruppierung unter Hans Fritzsche auf, die sich Ringpfadfinder nannte und in der für alle Beteiligten zunächst chaotischen Situation in Naumburg zu vermitteln versuchte. Fast wären die Erneuererkreise ohne Ergebnis und ohne eine neue Basis abgereist, und auch Voelkel saß gegen Ende des Treffens an einem Hang und barg – so Habbel – »erschüttert seinen Kopf in den Händen«. Doch dann kam es doch noch zu einer Wende infolge der spontanen Idee eines Freundes von Habbel, der diesen aufforderte, den abseits sitzenden Voelkel zu fragen: »Willst du unser Führer sein?« Voelkel antwortete auf Habbels Frage: »Wir wollten's zusammen sein« und meinte damit Habbel und Hans Riedel. Was dann folgte, soll mit Habbels Worten wiedergegeben werden, weil darin ein völlig anderer Stil des Miteinanderumgehens sichtbar wird:

> »Da sagte ich: Ich will Dir dienen, Martin Voelkel! Und das Herz wurde mir leicht, da ich die Last von meinen Schultern genommen sah und unser heißester Wunsch in Erfüllung gegangen war. Da bildeten die andern einen Kreis um uns, voll Glück über ihre Führer und huldigten ihnen. Unzählig waren die Händedrücke und die tiefen Blicke, die sich ineinander bohrten, Treue gelobend. (…) Und da sprach Hans Fritzsche zu mir, der ich unser Volk zu diesem Tag gerufen hatte, und dankte mir durch ein Heil. (…) Das wusste auch ich ihm zu danken und schloss ihn in meine Arme, als er dem Kreis um den Holzstoß den Heilruf gebot …« (Habbel zit. n. Der Weiße Ritter, 11./12. Heft [Juli/September 1920], S. 226).

Das ist zwar gefühlvolles Pathos, drückt aber eine offenbar mitreißende Gefühlslage aus, die von nun an mit den in spezifischer Weise aufgewerteten Begriffen »Führer«, »Bund« und »Treue« verbunden war. Die Erneuerungsbewegung trat jetzt in eine neue Phase: Im Oktober 1920 wurde der »Bund der Neupfadfinder« (BND) als eigenständiger Bund gegründet, woraufhin die Spitze des DPB Voelkel und Habbel ausschloss.

Mit dieser Skizzierung (zum Folgenden s. Seidelmann 1977, S. 57ff. u. 65ff.) der äußeren Entwicklung wäre die Polarität zwischen der Meißnerformel und dem Prunner Gelöbnis allerdings nur recht oberflächlich erschlossen. Deshalb soll im Folgenden in einem zweiten Schritt der darüber hinausgehende Versuch unternommen werden, das bisher geschilderte Geschehen abständig einzuordnen und zukunftsweisende, aber zum Teil auch fragwürdige Aspekte der beiden Konzepte vom Hohen Meißner 1913 und von Schloss Prunn 1919 zu identifizieren. Ausgangspunkt soll die erste umfassendere Selbstdefinition der Neupfadfinder bei einem Führertag in Potsdam Anfang Oktober 1920 sein, der etwas mehr als ein Jahr nach dem Prunner Treffen stattfand. Dort wurde folgende Maxime formuliert:

> »Wir Neupfadfinder streben nach Erneuerung unseres inneren und äußeren Lebens im Glauben an eine kommende deutsche Kultur. Sie bedarf eines neuen Menschen, und sie führt in ein neues Reich. Wir wollen daher ritterlich ringen um wahres Menschentum im persönlichen und gemeinschaftlichen Leben, dessen Anfang und Ende die Liebe, dessen Schild die Reinheit, dessen Rüstzeug die immer wache Hilfsbereitschaft für den anderen ist. Die Neupfadfinderschaft ruht auf den Säulen brüderlicher Gemeinschaft, treuer Gefolgschaft, verantwortungsfreudigen Führertums. Unsere Lebensweise sei herb und kraftvoll. Der neue Mensch und das neue Reich stehen als Ziel vor ihr« (zit. n. Pross 1964, S. 206).

Siebenmal wird hier das Neue bzw. die Erneuerung beschworen – dies in Zusammenhang mit der Zielsetzung »neuer Mensch« und »neues Reich«, »kommende deutsche Kultur« und »verantwortungsfreudige Führerschaft« in brüderlicher Gemeinschaft. Wenn man die damaligen konkreten Lebensverhältnisse und die politische sowie soziokulturelle Gesamtlage in Deutschland in den ersten Jahren nach Kriegsende bedenkt, dann ist ein solches Programm in dieser Zeit wegen der darin angesprochenen optimistischen Horizonte aus der Rückschau geradezu verblüffend. Schließlich handelte es sich um eine Zeit mit extremen Herausforderungen – Stichworte: Spartakus-Aufstand, Versailler Vertrag, kommunistische Aufstände im Ruhrgebiet, Nationalversammlung und Weimarer Verfassung, Wahl des Reichspräsidenten Ebert, Freikorpskämpfe und diverse politisch motivierte Morde, Kapp-Putsch, Rheinlandbesetzung, rasanter Währungsverfall usw.! Von all diesem ist in den allermeisten damaligen Zeitschriften aus jugendbewegten

Kreisen und in den überlieferten Reden von jugendbewegten Führern nahezu nichts zu lesen. Was sich an Zeitanalysen in diesen Schriften findet, ist fast ausschließlich recht allgemein-abstrakter Art, dürfte aber wohl, wie das Beispiel der Neupfadfinder zeigt, wegen der zwar eher noch vagen, aber doch zukunftsweisenden Programmatik bei den nach Klarheit suchenden jungen Menschen recht wirksam gewesen sein. Dabei ging es vor allem auch um massive Schuldzuweisungen an die wilhelminische Vätergeneration. Jetzt – um 1919/22 – waren es deren um 1890/1900 geborene Söhne, die sich massiv zu Wort meldeten. Den Hauptvorwurf, der auf schuldhaftes Versagen und Charakterlosigkeit der »Wilhelminer« (also der Altersgruppe Wilhelms II, geboren um 1860) hinauslief, formulierte in der Zeitschrift »Junge Menschen« ein anonymer Autor 1922 folgendermaßen:

> »Die Generation unserer Väter übernahm 1890 ein herrlich blühendes Reich, dessen Adler seine Schwingen zur Weltmacht ausbreitete. Dieses Erbe von 1890 haben die Herren in wenigen Jahrzehnten verwirtschaftet. Was sie uns hinterlassen haben ist – Konkurs« (Junge Menschen, 3. Jg., H. 4, Februar 1922, S. 51).

Da ist von »bankrotter Generation« die Rede sowie von einer wie nie zuvor vorhandenen unüberbrückbaren Spannung zwischen zwei Generationen, nämlich »der Generation der Kriegsschuldigen und der Kriegsteilnehmer«, und der Autor beendete schließlich seine Philippika auf die Väter mit dem Ruf nach einer neuen »Führerjugend«, der gleichzeitig ein Ruf nach wegweisenden Führern dieser Jugend war.

Vor solchen Hintergründen und unter den oben angesprochenen Umständen besaßen die Erneuerungspläne und Aufbruchbestrebungen der Neupfadfinder eine bemerkenswerte exemplarische Bedeutung, zumal es von nun an auch darum ging, innerhalb des Spannungsbogens Wandervogel/Freideutsche/Meißnerformel hier – Prunner Gelöbnis/Naumburg/Neupfadfinderschaft dort eine klarere und möglichst gemeinsame Linie zu finden und sich als »Bewegung« von der allgemeinen und damals intensivierten öffentlichen Jugendpflege des Staates und der großen Jugendverbände[8] abzusetzen. Tatsächlich kam es, ohne dass dies hier näher ausgeführt werden könnte, zu einer raschen Annäherung zwischen den beiden bürgerlichen Jugendbewegungsfeldern, die dann 1926 unter anderem zur Gründung der Deutschen Freischar führte. In jugendbewegten Kreisen, insbesondere um Martin Voelkel und den 1925 gegründeten und von ihm angeführten Großdeutschen Pfadfinderbund herum, kam es nun in deutlicher Abgrenzung zu allen Arten von öffentlicher Jugendpflege zu einer Reihe von speziellen Ausprägungen, die – zugespitzt – auf folgenden Ideen beruhten:

---

8 S. dazu exemplarisch Steinacker 2007 sowie Köster 1999.

- Charismatisches Führertum mit treuer Gefolgschaft,
- Neuaufbruch eines »neuen Menschen« in Richtung auf ein »neues Reich«,
- elitäre Auslese bzw. jugendbewegte Elitebildung,
- opferbereite Treue zum »Bund«,
- »vagierende Religiosität« in einer »arteigenen Religion« (zum Beispiel unter Heranziehung des Gralsmythos)[9]
- und nicht zuletzt radikale Profilierung von Jungmannschaft und Jungmännerbund mit klar formulierten »männlichen Werten«.

Zugegeben: Das sind arg vereinfachende Hinweise, doch wäre es kein Problem, sie in vielfältiger Weise mit zeitgenössischen Zitaten zu belegen.

Wie lassen sich diese Feststellungen im Hinblick auf die damalige Um- und Aufbruchzeit verallgemeinernd einordnen? Vor allem aber: Welche erfahrungsgeschichtlichen Wirkungen hatten die angesprochenen Perspektiven? Zunächst noch einmal zu den beiden Gelöbnissen vom Hohen Meißner und von Schloss Prunn: Das erste stellte fast ausschließlich die Selbst- und Reifwerdung des Individuums in den Mittelpunkt, das zweite dagegen die Verpflichtung des Einzelnen, sich für die Gesellschaft bzw. – wie es dann hieß – für die »Volksgemeinschaft«, für ein »neues Reich« u.ä. einzusetzen und bereit zu sein, dafür auch deutliche Opfer zu bringen. »Selbsterringung« lautete in der Jungenschaft dj.1.11 Eberhard Koebel-tusks um 1930 ein entscheidendes Stichwort, während die Deutsche Freischar, in die die Neupfadfinderschaft Voelkels dann einmündete, eher einen Mittelweg verfolgte. Auf die Spitze getrieben konnte das im ersten Fall auf einen völligen Rückzug in eine sich nach außen abschottende Gemeinschaft, zur »Flucht in die Wälder«, zu einem sektiererischen, evtl. sogar esoterischen Abkapseln führen. Im zweiten Fall war man der Verführung ausgesetzt, seinem gesamten Handeln und Denken zunächst völkische, schließlich dann rassistische Deutungen zu geben, sich diesen immer ausschließlicher auszuliefern und in entsprechenden radikalen Organisationen bis hin zur HJ mit ihrem Slogan »du bist nichts, dein Volk ist alles« aufzugehen. Die Ära des »Weißen Ritters« sei vom Ansatz her in diesen zweiten Entwicklungsstrang einzuordnen und insofern als deutlich »negative Phase in der Geschichte der Jugendbewegung« zu beurteilen, lautet ein kritisches Urteil Walter Laqueurs: Jugendlichen Idealismus, persönliche Integrität und *Élan vital* habe es dort zwar im Überfluss gegeben, aber all dies sei in »einem Schwall verschwommener Phrasen, überspannter und nebelhafter Romantik« untergegangen:

---

9 S. dazu Franz. 2009, darin bes. das Kapitel zu Martin Voelkel und zum »Weißen Ritter«, S. 448ff.

> »Weder vorher noch nachher ist die deutsche Jugend verleitet worden, sich so weit von den Realitäten zu entfernen. Selten waren klares Denken und gesunder Menschenverstand mit so auffälliger Nichtachtung gestraft worden« (Laqueur 1983, S. 159).

Welche rückblickenden und sich dem NS-Regime anbiedernden Deutungen der Jugendbewegungsgeschichte vor 1933 nach der »Machtergreifung« aus diesen Kreisen in die Welt gesetzt wurden, kann man in dem von Will Vesper 1934 herausgebrachten Band »Deutsche Jugend« nachlesen, so besonders in den Beiträgen von Kurt Mattusch, Arnold Littmann und dem oben erwähnten Hans Fritzsche. Hier wurde versucht, die Jugendbewegung als Ideenlieferanten und – zwar noch unvollständigen – Vorläufer der NS-Bewegung zu interpretieren, was allerdings dann Baldur von Schirach mit Blick auf »seine« HJ zurückgewiesen hat: Die HJ sei ausdrücklich nicht bündisch, sondern heroisch, lautete sein Urteil (Kost 1934, S. 107). Doch wie bereits angedeutet: In den Älterenkreisen der Deutschen Freischar in den späten 1920er-Jahren und auch in vielen ihrer Einzelgruppierungen wurden nicht zuletzt unter dem mäßigenden Einfluss des neuen Bundesführers Ernst Buske solche Höhenflüge und extreme Spiritualisierungen im Geist Martin Voelkels zurückgedrängt, ehe dann die ideologisch stark aufgeheizte Atmosphäre seit 1930 das Entstehen neuer Extreme rechts und links beförderte. Immerhin hatte zur Mitte der 1920er-Jahre der damals 21-jährige Philosophiestudent und dann Führer in der Deutschen Freischar, Friedrich Kreppel, seine Altersgenossen aufgefordert, endlich eine geistige Aufbauarbeit im deutschen Volk zu leisten, die an den Realitäten orientiert sei. Seine Generation müsse mehr und mehr von der »Nacktheit des Geistes und der Kälte des Bewusstseins« ergriffen werden; weder melancholische Versenkung noch Pathos seien dabei angebracht (Kreppel, zit. n. Kindt 1963, S. 436f.). Entsprechend sollten die Führer auch ihre Gruppen führen.

An dieser Stelle bietet es sich an, auf das von Theodor Litt 1927 mit seinem Buchtitel *»Führen oder Wachsenlassen. Eine Erörterung des pädagogischen Grundproblems«* auf den Punkt gebrachte Kernthema und die zeitgenössische Debatte darüber zurückzukommen. Diese Schrift, die seinerzeit Anregungen des Pädagogen Jonas Cohn in dessen ein Jahr vorher veröffentlicher Publikation »Befreien und Binden« aufgegriffen und weitergeführt hatte, gilt als eine der umfassendsten Positionierungen der Rolle des Erziehers und der Aufgabe der Erziehung. Hier nur so viel: Der Jugendbewegung der Wandervögel, Freideutschen und Pfadfinder bescheinigte Litt in der zweiten Hälfte der 1920er-Jahre, dass sie sich inzwischen durchaus von dem anfangs vehement vertretenen Prinzip des individuellen Wachsenlassens abgewandt habe. Ein solches Wachsenlassen sollte zwar weiterhin eine wichtige Rolle im Erziehungsprozess spielen, aber nicht irgendwie ziellos, sondern zielgerichtet in eine sich von einer »verworrenen Gegenwart« und Vergangenheit abwendenden Zukunft (Litt 1967, S. 20). Hier kommt nun der Führer bzw. das Führen ins Spiel: Der Führer, so Litt, sei es günstigenfalls der, der in der Lage sei, den Blick auf das zu richten,

> »was als Verheißung der Zukunft vor ihm auftaucht, und reißt die Jugend, die ihm anvertraut ist, sich nach und dem lockenden Ziel entgegen. Denn eben dies ist es doch, was den ›Führer‹ zu dem macht, was sein Name besagt: Er weiß, wo das Ziel liegt; er kennt den Weg, auf dem man zum Ziel gelangt, und schreitet kraft dieser Überlegenheit denen voran, die solchen Wissens ermangeln«.

Jene Jugend – so Litt weiter –, die kurz vor dem Ersten Weltkrieg den rigiden Erziehungsstil im Kaiserreich mit seinen Formen massiven Zwangs bekämpft und das Recht auf ein selbstbestimmtes Heranwachsen eingefordert habe, beginne sich jetzt darauf zu konzentrieren, ein Führertum zu favorisieren, das »die kommende Gestalt des Lebens aus eigener Verantwortung in die Wirklichkeit überführen werde«. Der Führer, so könnte man demnach im Anschluss an Litt etwas ironisch sagen, sollte also so etwas wie ein begeisternder »*Über*führer« in eine selbstbestimmte »Selbstverwirklichung« sein. Ein solches Verständnis des Führens verwandelte also letztlich das »oder« im Titel seines (übrigens noch 1967 in 13. Auflage nachgedruckten) Buches in ein differenzierendes »und«.

Litt hatte in erster Linie die Erscheinungsformen der bürgerlichen Jugendbewegung im Blick, doch auch in der gleichzeitig stark expandierenden Arbeiterjugendbewegung wurden die Alternativen Jugendpflege versus Jugendbewegung und die Führerfrage intensiv diskutiert. Hier wurde jedoch jene idealistische Sinnzuweisung an das Führertum mit dessen speziellem Ethos vor allem deshalb deutlich abgelehnt, weil es auf die Formierung von Eliten hinauslief, während man selbst eine Massenorganisation werden wollte. »Den Luxus genialer Führer« im freideutschen Sinn – so schrieb zum Beispiel 1923 der Herausgeber der Zeitschrift »Arbeiter-Jugend«, Karl Korn,[10] – dürfe sich eine Massenbewegung niemals gestatten, und irgendeine Art des zieloffenen »Wachsenlassens« kam erst recht nicht infrage: Die Wirkung des führenden Einzelnen müsse aller mystischen Qualitäten entkleidet werden! Man müsse sie »rationalisieren, d.h. kontrollieren, berechnen und planmäßig herbeiführen«. Und er fuhr dann pointiert fort:

> »Kurz, die proletarische Jugendbewegung ersetzt die Qualität des Eros durch die Rationalität der Organisation, und sie ersetzt den vergötterten und vergotteten Führer des Wandervogelschwarms oder des freideutschen Problematikerklubs, der

---

10 S. zum Folgenden Korn 1923, S. 152f. und S. 172.

immer einen unberechenbaren Einzelfall, einen Zufall, mag sein: einen Glücksfall bedeutet, durch den Funktionär, der sich schulen lässt«.

Das war also die Führervorstellung von »links«. Dass parallel dazu eine vergleichbare Festlegung auch im rechten Lager immer krasser vertreten wurde, zeigt, dass jenes »und«, das bei Litt angedacht war und wohl auch das Führerbild in den Kreisen der Deutschen Freischar bestimmt, keine Chance auf eine längerfristige Wirkung hatte, nachdem der Gegenpol – das hinter der Meißnerformel stehende Ziel des Wachsenlassens eines »Selbst«, des »Selbsterringens« also ohne Einflussnahme älterer Führer – nur noch in kleineren jugendbewegten Kreisen wie zum Beispiel in der Jungenschaft Eberhard Koebel-tusks, der »dj.1.11«, vertreten wurde.

Mit dem Schlachtruf »Macht Platz, ihr Alten« (Gregor Strasser) drängte in jener Treibhausatmosphäre Ende der 1920er-Jahre der nationalistische Flügel der Frontsoldatengeneration, angeführt von Hitler, an die Macht. Nur diese Altersgruppe, jetzt etwa 35 bis 40 Jahre alt, sei dazu berufen – so hieß es –, die nationale Führeraufgabe zu übernehmen und Deutschlands Ehre und Macht in der Welt wieder herzustellen. Einzelne klingende Sätze aus dem Kriegsbuch von Walter Flex' »Wanderer zwischen beiden Welten« aus dem Jahr 1916/17 wurden nun ständig zitiert, vor allem der Satz: Nur wer »beherzt« an der Front die ganze Grauenhaftigkeit des Krieges erlebt habe, »dem erschließt das Volk seine heimlichen Kammern, seine Rumpelkammern und seine Schatzkammern. Wer mit hellen und gütigen Augen durch diese Kammern hindurchgegangen ist, der ist wohl berufen, unter die Führer des Volkes zu treten«. Dies seien Sätze, so hat es Karl Rauch (1897-1966), Teilnehmer auf dem Hohen Meißner und späterer Neupfadfinder ausgedrückt, als er sich 1933 der NSDAP andiente, »wie wir sie in solcher Schlichtheit der Erkenntnis und solcher Demut des Führertums erst sehr viel später wieder vernehmen: bei der Machtübernahme des Nationalsozialismus«, wobei er ausdrücklich Hitler als Führerfigur im Auge hatte (Rauch 1933). Im Hinblick auf Hitler wurde nun im Vergleich zum bisherigen Führerbild der Jugendbewegung das Bild eines »Massenführers« propagiert, der versprach, die krassen Notlagen zu beseitigen, in der sich die Nation als ganze und viele Menschen befanden, sofern er nur intensiv geliebt werde. Alexander und Margarete Mitscherlich haben später darauf hingewiesen, dass mit einer solchen »Verliebtheit in den Führer« unter den damaligen extremen Bedingungen die Individuen zu dem Glauben kommen konnten, bei entsprechender Bereitschaft zur Hörigkeit ein Stück ihres eigenen Ich-Ideals durch eine Art Verschmelzung mit dem idealisierten Massenführer verwirklichen zu können. Eine solche »Form der hörigen Liebe« unterscheide sich allerdings »von einer reiferen, in der das kritische Ich seine Funktionen aufrechterhält.«[11] Dass es in der Jugendbewegung in deutlichem Gegensatz zur Kreation des NS-Massenführers darum ging, letztlich ein solches »reifes« Verhältnis dem jugendbewegten Führer gegenüber zu entwickeln, weist darauf hin, dass man nicht, wie es in der Vergangenheit öfter geschehen ist, die jugendbewegten Formen und Denkhorizonte als Vorläufer der NS-Strategien interpretieren kann, sondern eher von einer »Piraterie« sprechen muss, mit der die Nationalsozialisten diverse Elemente der Jugendbewegung aufgegriffen und in ihrem Sinn umgemünzt und dann umgesetzt haben. Die extremen linken und die extremen rechten Kreise wollten in der Endphase der Weimarer Republik mit ihren Organisationen zunächst auf eine von der Masse getragene Revolution hinaus, um dann nach dem Sieg (des Kommunismus hier, des Nationalsozialismus dort) den von ihnen jeweils favorisierten Menschentyp zu erzeugen. Die jugendbewegten Strategien gingen dagegen von der genau umgekehrten Reihenfolge aus: Hier sollte in der Kombination von »Führen und Wachsenlassen« zunächst ein »pfadsicheres« humanes Individuum herangebildet werden, das dann, so hoffte man, in diesem »Jahrhundert der Jugend« in der Lage sein werde, eine bessere zukünftige Gesellschaft zu schaffen als die, in die man hineingeboren worden war.

Ein Fazitversuch: Die angesprochenen Pole – »Führen oder (bzw. und) Wachsenlassen« (Litt), »Befreien und Binden« (Cohn), Meißnerformel der Freideutschen Jugend und das Pfadfindergelöbnis von Schloss Prunn, Jugendbewegung und Jugendpflege im zeitgenössischen Gewand des frühen 20. Jahrhunderts – benennen grundsätzliche, vielleicht geradezu anthropologische Konstellationen, die auf die möglichen Formen des Welterlebens der Heranwachsenden in ihrer Adoleszenzphase verweisen. »Betwixt and between« hat der britische Ethnologe Victor Turner diesen altersspezifischen Schwellenzustand mit seinen Schwellenritualen und seiner »Liminalität« genannt (Eckert 2008, S. 25-40). Auf das Pfadfindertum bezogen zitiert Karl Seidelmann in seiner Darstellung der Pfadfindergeschichte in Deutschland zustimmend eine entsprechende Beurteilung dieser grundlegenden Polarität in der Adoleszenzphase von Hartmut von Hentig: »Angelegt, d.h. möglich und aktualisierbar« seien in dieser Lebensphase gleichzeitig immer das Bedürfnis nach Realität *und* nach Verzauberung, das nach Schutz *und* nach Abenteuer, nach Gemeinschaft *und* Fürsichsein, aber auch das nach Autorität *und* nach Aufbegehren. Hinzu kämen zu diesen Bedürfnissen außerdem noch »gleichermaßen Neugier *und* Scheu vor Neuem, Tätigkeitsdrang *und* Faulheit, Offenheit *und* Geschlossenheit«. Von Hentig kommt dann zu dem Schluss (der auch eine Art Fazit des vorliegenden Beitrags ist), dass eine alle ihre Möglichkeiten nutzende positive Entwicklung in der Zeit der Adoleszenz

---

11 Mitscherlich/Mitscherlich 1968; s. bes. das Kapitel »Die Verliebtheit in den Führer«, S. 71-77.

auf ein reifes »Selbst« hin letztlich nur die sei, welche zwischen beiden Polen oszilliert: »ein ständiger Übergang« bzw. – um den Psychoanalytiker (und ehemaligen Wiener Pfadfinder) Heinz Kohut zu zitieren – die Basis für die Entstehung eines »gesunden Narzissmus« also![12]

Literatur

Blüher, Hans (1924): Führer und Volk in der Jugendbewegung. Jena.
Eckert, Roland (2008): Gemeinschaft, Kreativität und Zukunftshoffnungen. In: Historische Jugendforschung (= Jahrbuch des Archivs der deutschen Jugendbewegung), NF Band 5, S. 25-40.
Flitner, Wilhelm/Kudritzki, Gerhard (Hg.) (1984): Die deutsche Reformpädagogik. Die Pioniere der pädagogischen Bewegung, 4., unv. Aufl. Stuttgart.
Franz, Sandra (2009): Die Religion des Grals. Entwürfe arteigener Religiosität im Spektrum von völkischer Bewegung, Lebensreform, Okkultismus, Neuheidentum und Jugendbewegung (1871-1945). Schwalbach/Ts.
Habbel, Franz Ludwig (1919): Jung-Deutschland einst und jetzt. In: Der Weiße Ritter, 2. Heft (November 1919), S. 35f.
Habbel, Franz Ludwig (1920): Naumburg. In: Der Weiße Ritter, 11./12. Heft (Juli/September 1920), S. 221-228.
Hentig, Hartmut von (1954): Artikel in »Vorgänge« Nr. 7, S. 64.
Junge Menschen, 3. Jg., Heft 4 (Februar 1922), S. 51.
Kindt, Werner (1974): Dokumentation der Jugendbewegung, Bd. III: Die deutsche Jugendbewegung 1920 bis 1933. Düsseldorf.
Kindt, Werner (Hg.) (1963): Grundschriften der deutschen Jugendbewegung. Düsseldorf/Köln.
Kohut, Heinz (1979): Die Heilung des Selbst. Frankfurt a.M.
Korn, Karl (1923): Die Arbeiterjugendbewegung, Teil II. Berlin.
Kost, Walther (1934): Die bündischen Elemente in der deutschen politischen Gegenwartsideologie. Diss. Greifswald.
Köster, Markus (1999): Jugend, Wohlfahrtsstaat und Gesellschaft im Wandel. Westfalen zwischen Kaiserreich und Bundesrepublik. Paderborn.
Kreppel, Friedrich (1923): Nie wieder Langemarck (Rede). In: Kindt, Werner (Hg.): Grundschriften der deutschen Jugendbewegung, Düsseldorf/Köln 1963, S. 436f.
Laqueur, Walter Z. (1983): Die deutsche Jugendbewegung. Eine historische Studie, 2. Aufl. Köln.

---

12 Zit. n. Seidelmann, Teil 1, S. 159f., nach einem Beitrag Hartmut von Hentigs in der Zeitschrift »Vorgänge« Nr. 7 (1954), S. 64. Zur Frage der Entstehung des »reifen Selbst« und der Entwicklung eines »gesunden Narzissmus« in der Kleinkind- und Adoleszenzphase s. Kohut: 1979. Kohut (1913-1981) war Schüler Sigmund Freuds und wurde nach seiner Emigration 1938 als jüdischer Wissenschaftler aus Wien in die USA der Begründer der selbstpsychologischen Richtung der Psychoanalyse.

Litt, Theodor (1927): Führen oder Wachsenlassen. Eine Erörterung des pädagogischen Grundproblems. Leipzig/Berlin.
Litt, Theodor (1967): Führen oder Wachsenlassen. 13. Aufl. Stuttgart.
Mitscherlich, Alexander/Mitscherlich, Margarete (1968): Die Unfähigkeit zu trauern. Grundlagen kollektiven Verhaltens, München.
Mogge, Winfried /Reulecke, Jürgen (Hg.) (1988): Hoher Meißner 1913. Der Erste Freideutsche Jugendtag in Dokumenten, Deutungen und Bildern. Köln.
Paasche, Hans (1912): Jungdeutschland. In: Der Vortrupp. 1. Jg., Heft 1 (Februar 1912)
Pross, Harry (1964): Jugend, Eros, Politik. Die Geschichte der deutschen Jugendverbände. Bern.
Rauch, Karl (1933): Schluss mit »junger Generation«. Leipzig.
Reulecke, Jürgen (2010): Hie Wandervogel – hie Pfadfinder. In: Jahrbuch des Archivs der deutschen Jugendbewegung (Historische Jugendforschung). Schwalbach/Ts., S. 61-75.
Reulecke, Jürgen (2011): Eine junge Generation im Schützengraben. »Der Wanderer zwischen beiden Welten« von Walter Flex (1916/17). In: van Laak, Dirk (Hg.): Literatur, die Geschichte schrieb. Göttingen, S. 151-164.
Sächsisches Pfadfindertum, 1. Heft (Juli 1919), S. 10.
Sächsisches Pfadfindertum, 2. Heft (September 1919), S. 3.
Seidelmann, Karl (1977): Die Pfadfinder in der deutschen Geistesgeschichte, Teil 1: Darstellung. Hannover.
Siefert, Hermann (1963): Der bündische Aufbruch 1918-1923. Bad Godesberg.
Steinacker, Sven (2007): Der Staat als Erzieher. Jugendpolitik und Jugendfürsorge im Rheinland vom Kaiserreich bis zum Ende des Nazismus. Stuttgart.
Vesper, Will (1934): Deutsche Jugend. 30 Jahre Geschichte einer Bewegung. Berlin.
Voelkel, Martin (2009): Artikel zum »Weißen Ritter«. In: Franz, Sandra (Hg.): Die Religion des Grals. Schwalbach/Ts., S. 448-463.

Hitler-Jugend und Pfadfinderbewegung.
Schnittmengen und Differenzen am Beispiel des Langemarck-Gedenkens

Arndt Weinrich

»Das, was man früher als deutsche Jugendbewegung bezeichnete, ist tot« (Schirach 1934, S. 13). Mit dieser Feststellung begann Reichsjugendführer Baldur von Schirach das erste Kapitel seines Buches *Die Hitler-Jugend. Idee und Gestalt*, das 1934 programmatisch die Ziele und Methoden der HJ-Erziehung fixierte. Zwar konzedierte er, dass »mancher Gedanke und die Lebensform der Jugendbewegung Voraussetzungen mitgeschaffen [haben], auf denen auch die HJ aufbaut«. Hierzu gehörte für ihn z.B. »die Idee der Selbstführung der Jugend, die Kampfansage gegen die Auffassungen der bürgerlichen Gesellschaft, [der] Willen zum Volkstum, zur Heimat und zur Kameradschaft«. Insgesamt jedoch war für ihn klar: Diese positiven Elemente stammten allesamt schon aus der Jugendbewegung der Vorkriegszeit. Von den Bünden der Nachkriegszeit, und dazu können hier angesichts der Fusionierungstendenzen von Jugend- und Pfadfinderbewegung (Deutsche Freischar, Großdeutscher Bund) auch die Pfadfinderverbände der Weimarer Republik gezählt werden, (vgl. z.B. Laue 2009, S. 76-91) wollte Schirach sich dagegen abgrenzen. Die Jugendorganisation der Partei des ›unbekannten Gefreiten‹ stellte sich daher primär in eine andere Traditionslinie und stilisierte sich zur Nachfolgerin der ›Front des Weltkrieges‹ und der rund zwei Millionen gefallenen deutschen Soldaten: »Von der Jugendbewegung von einst übernahm die HJ die eine oder andere Form, aus der Front des Weltkrieges gewann sie durch Adolf Hitler ihren Inhalt« (Schirach 1934, S. 15).

Nun verfolgte der Reichsjugendführer mit seiner Distanzierung vom bündischen Verbandsmilieu der 1920er-Jahre ganz offensichtlich politische Ziele. Zum einen ging es ihm darum, der exemplarisch in dem von Will Vesper (1934) herausgegebenen Sammelband *Deutsche Jugend* zutage tretenden Neigung einer ganzen Anzahl von Jugendführern entgegenzutreten, die bürgerliche Jugendbewegung geradezu zum Vorläufer des NS zu stilisieren und sich auf diese Art dem Regime anzudienen. Zum anderen galt es, das Verbot der bündischen Konkurrenz der HJ, dem ja bereits am 17.6.1933 als Erstes der Großdeutsche Bund – also die Vereinigung von u.a. DPB, Deutscher Freischar, Freischar deutscher Nation – zum Opfer gefallen war, zu legitimieren und den aggressiven Monopolisierungskurs der Parteijugend als gerechtfertigt darzustellen. Die Selbstcharakterisierung der HJ als Jugendorganisation eigener Art sollte vor diesem Hintergrund daher nicht allzu ernst genommen werden. Die Hitler-Jugend ist hinsichtlich Ideologie und Praxis nur im Kontext der heroisch-›bündischen‹ Jugendkultur der 1920er- und 1930er-Jahre zu verstehen (vgl. z.B. Rusinek 2002, S. 171-198; Hafeneger/Fritz 1992).

Die ideologischen Schnittmengen, Kontinuitäten und Konvergenzen, die die Hitlerjugend an das Spektrum der bürgerlichen Jugendbewegung anbanden, sind schon vielfach herausgearbeitet worden: Antirationalismus, Führer- und Kameradschaftsideologie, ein Konglomerat nationaler bzw. nationalistischer und sozialistischer Überzeugungen und ein paramilitärischer Habitus lassen die Hitler-Jugend ideologisch als Kind ihrer Zeit erscheinen, auch wenn ihr radikaler Antisemitismus wohl nur für den völkischen Flügel der Jugendbewegung (also z.B. für die Artamanen, die Adler und Falken und die Geusen) anschlussfähig war.[1]

Mit Blick auf das Thema des vorliegenden Bandes stellt sich in diesem Zusammenhang die Frage nach der pädagogischen Umsetzung ideologischer Grundpositionen in der HJ. Inwieweit ging hier die NS-Jugend eigene Wege? Inwieweit baute sie auf der pädagogischen Praxis der Jugendbewegung, insbesondere der Pfadfinderbewegung auf? In einem ersten Teil sollen hier im Folgenden die pädagogischen Vorstellungen der HJ-Spitze skizziert werden. Dabei wird deutlich werden, dass die »Gebrauchspädagogik« (Giesecke 1993, S. 217) von Schirachs sich in ihrem Kern an reformpädagogischen, aus der Jugendbewegung stammenden Leitlinien entlang bewegte. Anspruch und Praxis jedoch waren zweierlei. In dem Maße, in dem es der HJ in den Jahren 1933/35 tatsächlich gelang, zur monopolistischen Freizeitagentur der Jugend im Dritten Reich aufzusteigen, hatte sie zunehmend Aufgaben innerhalb der NS-Volksgemeinschaft zu erfüllen. Jugend wurde zwar nach wie vor von Jugend geführt, wie man überspitzt formulieren kann, ihr Dienst fand aber zunehmend in der organisierten Öffentlichkeit NS-Deutschlands statt und wurde damit pädagogisch entwertet.

Am Beispiel des Langemarck-Gedenkens in der Bündischen Jugend und in der HJ lässt sich diese Kolonisierung des Jugendlebens durch die kommunikativen Zwänge der Volksgemeinschaft besonders gut veranschaulichen. Langemarck, also jene verlustreiche Schlacht im November 1914, in der überdurchschnittlich viele, schlecht ausgebildete Kriegsfreiwillige, unter ihnen viele Angehörige der bürgerlichen Eliten (Studenten, Wandervögel) in einem operativ vollkommen belanglosen Gemetzel ums Leben gekommen waren, war in den 1920er-Jahren der populärste Schlachtenmythos in Deutschland geworden (vgl. zusammenfassend Krumeich 2001, S. 292-309). Insbesondere für die bündische

---

[1] Einen guten Überblick über die Forschungsliteratur zum Thema Jugendbewegung und Nationalsozialismus bietet Jürgen Reulecke (2001), S. 151-176.

Jugend und das studentische Milieu gehörte das Gedenken an ›jene von Langemarck‹ zum Kernbestand ihrer bildungsbürgerlichen Identitätspflege. Nach 1933 übernahm die HJ sukzessive das Langemarck-Gedenken. Die von ihr organisierten großen Langemarck-Kundgebungen unterschieden sich hinsichtlich der transportierten Werte nicht wesentlich von den Langemarck-Feiern der ›Bündischen‹ zuvor. Der ganze Unterschied lag im Rahmen: Wo die bündischen Feiern – jedenfalls in der Tendenz – auf Vergemeinschaftung der Kleingruppe setzten und damit auf Verinnerlichung abzielten, stand bei den riesigen Zentralfeiern der HJ maximale Außenwirkung im Vordergrund.

1. HJ-Pädagogik – Ziele, Theorie und Praxis

Die politischen Zielvorgaben, an denen sich die HJ orientieren musste bzw. aus eigener Initiative orientierte, markierten als solche keinen kategorialen Unterschied zu den im gesamten Spektrum der bürgerlichen Jugendbewegung angestrebten Zielen. Wenn das strategische Kernziel der HJ-Sozialisation ganz ohne Zweifel die vormilitärische Ausbildung der Jugend bzw. ihre körperliche wie mentale Vorbereitung auf den Krieg der Zukunft gewesen ist (vgl. Buddrus 2003), so bewegte sie sich damit eindeutig im Kontinuum weithin konsensfähiger Vorstellungen von Jugendertüchtigung, die bis ins 19. Jahrhundert zurückgehen und vor allem im und nach dem Ersten Weltkrieg virulent waren (Stein 2010, S. 71-94). Die Pfadfinderbewegung hat in diesem Prozess der Militarisierung jugendlicher Lebenswelten sicher eine nicht unbedeutende Rolle gespielt (vgl. hierzu und zum Folgenden: Schubert-Weller 1998, S. 104-126 sowie Eby 1987, S. 61-85). Schließlich entwickelte Baden-Powell seine pädagogischen Vorstellungen vom *Scouting* vor dem Hintergrund seiner Erfahrungen als britischer Offizier im Burenkrieg. Sein Ansatz, die männlichen Jugendlichen »auf der zivilisationsabgewandten Seite [ihrer] Sehnsüchte« (Schubert-Weller 1998, S. 114) abzuholen und ihnen Freiräume in der Natur einzuräumen, war kein Selbstzweck, sondern verfolgte eine klare paramilitärische Agenda. Die charakterbildenden Wert- und Normvorstellungen, die die jugendliche Zielgruppe in den zivilisationsfreien, »komplexen Lebensvollzügen« (ebd.) der Kleingruppe internalisieren sollten, und die sich auch im Pfadfinderversprechen bzw. den Pfadfindergesetzen niederschlugen (Baden-Powell 1908, S. 26, 34-36), Dienst- und Opferbereitschaft, Treue, Gehorsam und Hilfsbereitschaft, waren als Sekundärtugenden funktional für die Vorbereitung auf den Militärdienst, und genau dies erklärt auch die Förderung der Scout-Bewegung durch staatliche Stellen in England und ihre internationale Diffusionsfähigkeit, z.B. ins Deutsche Reich, wo sich im Kontext der seit 1911 intensivierten vormilitärischen Jugendertüchtigung

(Gründung des Jungdeutschland-Bundes im Jahr 1911) eine spezifische, eher an jugendpflegerischen Ansätzen orientierte Rezeption des Pfadfinder-Konzeptes durchsetzte (vgl. Schubert-Weller 1998, S. 127-156).

Die HJ-Führung war sich der ›Leistungen‹ der Pfadfinderbewegung allgemein und insbesondere der britischen Scouts im Kontext der Nationalisierung und Militarisierung der Jugend vor dem Ersten Weltkrieg durchaus bewusst. Reichsjugendführer Baldur von Schirach zum Beispiel betonte anlässlich eines Treffens mit Baden-Powell in der deutschen Botschaft London ausdrücklich den Vorbildcharakter der Boy-Scouts für die Hitler Jugend.[2] Und auch Obergebietsführer Helmut Stellrecht, als »Beauftragter des Reichsjugendführers für die Wehrertüchtigung der deutschen Jugend« und Leiter der Abteilung »Körperliche Ertüchtigung« einer der Organisatoren der systematischen Wehrerziehung der männlichen Jugend, verwies in seinem programmatischen Vortrag »Soldatentum und Jugendertüchtigung« vor der prestigeträchtigen »Deutschen Hochschule für Politik« auf die englische Pfadfinderbewegung, als er die Notwendigkeit frühmilitärischer Erziehung begründete:

> »Es gibt eine Parallele zu der preußisch-deutschen Turnbewegung, die nicht weit zurückliegt. Es ist die Sportbewegung in England in der Vorkriegszeit [...], dann die englische Boyscout-Bewegung, die aus dem Burenkrieg entstand und durch die die neuzeitlichen Grundsätze der Kriegführung zum erstenmal in die Jugend hineingetragen wurden. England hatte seine junge Mannschaft am besten auf den Krieg vorbereitet. Die englische Sportbewegung und die englische Boyscout-Bewegung waren die Voraussetzungen, daß die Kitchener-Armee 1915/16 ins Feld geschickt werden konnte. Niemals wäre es sonst England möglich gewesen, so rasch eine so große und kampfbereite Armee aufzustellen«.[3]

Neben der deutschen Turnbewegung und der englischen »Sportbewegung« werden die (englischen) Pfadfinder explizit als Vorbild für die von der Hitler-Jugend angestrebte Wehrerziehung genannt. Dass ihnen dabei von Stellrecht eine regelrecht kriegsentscheidende Bedeutung beigemessen wird, mag eine bewusste Übertreibung des HJ-Führers sein, dem es schließlich gerade darauf ankam, die strategische Bedeutung der vormilitärischen Ausbildung für den modernen Krieg zu betonen und damit seine eigene Position zu stärken. Dennoch deutet der Verweis auf die »neuzeitlichen Grundsätze der Kriegführung« an, dass sich Stellrecht durchaus über die Besonderheiten des Scout-Konzeptes – gerade auch im Unterschied zur Praxis der konventionellen Formationserziehung etwa im

---

2   Vgl. Hillcourt 1964, S. 392; zuvor hatte sich schon Mussolini, den Baden-Powell in Rom traf, in Bezug auf die Ballila-Jugend ähnlich geäußert; vgl. ebd., S. 391; vgl. auch Jeal, 1995, S. 543ff.
3   Stellrecht 1935, S. 12f; zur Biografie Stellrechts vgl. Buddrus 2003, S. 1216 f.

Bund Jungdeutschland – im Klaren war. Für den Weltkriegs-Veteranen Stellrecht stellte der moderne Krieg nämlich ganz besondere Ansprüche an den ›Frontsoldaten‹: Neben soldatischen Tugenden wie Härte, Opferbereitschaft und Tapferkeit waren es konkret u.a. die Fähigkeit, sich als Kleingruppe oder einzelner Soldat ohne Kontakt zur übergeordneten Führungsebene, d.h. letztlich autonom, im Gelände zu orientieren und dabei die sich bietende Deckung optimal auszunutzen, die es dem Typus des »neuen Soldaten« erlaubte, auf dem von Maschinengewehr und Artillerie beherrschten Schlachtfeld zu überleben (Stellrecht 1935, S. 15-17). Im Unterschied zu der auf Drill ausgelegten vormilitärischen Ausbildung im Wilhelminischen Deutschland erschienen Stellrecht in diesem Zusammenhang gerade die Prinzipien des »woodcraft« als besonders geeignet. Nicht umsonst sprach er in seinem 1936 erschienenen Buch *Die Wehrerziehung der deutschen Jugend,* der wohl maßgeblichen Schrift für die vormilitärische Ausbildung der Hitler-Jugend, an verschiedenen Stellen von »Spähern« – dem deutschen Wort für Scout.[4]

Um die zahlreichen mentalitätsgeschichtlichen Brücken, die aus dem Ersten Weltkrieg und den 1920er-Jahren ins Dritte Reich führten, soll es hier nicht weiter gehen. Auch die Frage des Verhältnisses zwischen Hitler-Jugend und bürgerlicher Jugend- bzw. Pfadfinderbewegung im In- und Ausland soll ausgeklammert werden.[5] Stattdessen gilt es zu fragen, ob und wenn ja, wie sich die NS-Parteijugend in ihrer Erziehungspraxis an ›bündischen‹ Lebensformen orientierte.

Vor 1933, also während der sog. Kampfzeit, kann selbst im weiteren Sinne von so etwas wie einem pädagogischen Konzept der Hitler-Jugend keine Rede sein. Nicht nur aufgrund ihres sozialrevolutionär-proletarischen Charakters unterschied sich die NS-Jugend deutlich von der bündischen Jugend. Auch ihr politisch-agitatorischer Stil passte nur sehr bedingt zu ihren bürgerlichen Konkurrenzverbänden. So etwas wie ein jugendgemäßes Eigenleben hat es in der HJ in dieser Phase nicht gegeben. Alles war dem politischen Kampf der NS-Bewegung untergeordnet, in deren Binnenraum die HJ aufging. Die Richtlinien für die Arbeit der Hitler-Jugend, die der Völkische Beobachter im September 1926 abdruckte, legten dementsprechend den Schwerpunkt auf Aktivitäten, die instrumentell waren: die politisch-weltanschauliche »Durchbildung« der Jugendlichen und ihre paramilitärisch-wehrsportliche Ertüchtigung. Einzig jüngere HJ-Mitglieder sollten – die Formulierung ist bezeichnend – »mehr Jugendbewegung

---

4 Stellrecht 1936, S. 59, 70, 77; zur Bedeutung des Buches vgl. Buddrus 2003, S. 179.
5 Vgl. dazu Reulecke 2001; die wohl beste Darstellung der ambivalent-kritischen Einstellung Baden-Powells zur HJ liefert Jeal 1995, S. 543ff. Die sich im März 2010 an Aktenveröffentlichungen des britischen Geheimdienstes anschließenden Diskussionen über die Einstellung Baden-Powells zum Nationalsozialismus im Allgemeinen und zur HJ im Besonderen (vgl. z.B. http://www.sueddeutsche.de/politik/hitlerjugend-in-england-spyclists-spione-auf-fahrraedern-1.17550, letzter Zugriff am 28.2.2011) bieten in der Sache wenig Neues.

betreiben« (Völkischer Beobachter, 18.09.1926). Auch wenn nicht näher spezifiziert wird, was konkret unter »Jugendbewegung« zu verstehen ist, wird doch deutlich: Erstens war »Jugendbewegung« offensichtlich etwas für jüngere Mitglieder und damit etwas, was eher belächelt wurde. Zweitens ging man davon aus, »Jugendbewegung« von oben verordnen zu können.

Diese 1926 schon angelegte Zweiteilung (Jugendbewegung für die Jüngeren/politischer Kampf für die Älteren, also, wenn man so will, die Kern-HJ) vertiefte sich ab 1928 durch die Reorganisation der Jungenarbeit und endgültig ab 1931 durch die Schaffung des Deutschen Jungvolks für die 10- bis 14-jährigen Jungmitglieder. Auch wenn seit der Ernennung Baldur von Schirachs zum Reichsjugendführer (1931) bündische Elemente (Wandern, Fahrten, Kulturarbeit) stärker in die HJ-Arbeit Einzug gehalten hatten und sich die NS-Jugend stärker um die bürgerliche Jugend bemühte, blieb die HJ der Kampfzeit im Wesentlichen ein politischer Kampfbund, Klebekolonne und Saalschutztruppe der Partei. Die 21 Todesopfer, die der ›Kampf um Deutschland‹ in ihren Reihen forderte, belegen, dass die NSDAP keine Skrupel hatte, Jugendlichen gefährliche Aufgaben zu übertragen. Gruppenbindungen schufen sich nicht viel anders als in der SA im Kampf für die gemeinsame Sache. Aktivismus war alles und kaschierte die vielfältigen Defizite der NS-Jugendarbeit.[6]

Nach der sog. Machtergreifung musste der politische Kampf als integrierendes Element ersetzt werden. In dem Maße, in dem die HJ und ihre geschlechts- und altersspezifischen Unterorganisationen zu Massenorganisationen anwuchsen, stellte sich nun erstmals die Frage nach einem pädagogischen Konzept, das helfen sollte, die teils freiwillig, teils mehr oder weniger unter Zwang in die HJ und ihre Gliederungen strömenden Jugendlichen zu integrieren. Anders gesagt: Wenn die Großziele der NS-Erziehung – Verpflichtung der Jugend auf Hitler und das Dritte Reich sowie ihre systematische Wehrhaftmachung und Vorbereitung auf den Krieg der Zukunft – im Wesentlichen bestehen blieben, so musste sich auf der Ebene der praktischen Umsetzung nun einiges ändern. Einer der Protagonisten der Entwicklung einer HJ-Pädagogik war dabei ohne Zweifel von Schirach. Auch wenn es von ihm kein geschlossenes pädagogisches Konzept gibt, lässt sich doch so etwas wie eine »Gebrauchspädagogik« (so die Formulierung von Hermann Giesecke) herausarbeiten, die zentral um die pädagogischen Leitmotive: Erlebnis, Vorbild, Kameradschaft, Ehre und Dienst kreist (Giesecke 1993, S. 218). Es ist unschwer zu erkennen, dass Schirach damit reformpädagogische Vorstellungen aufgriff, die in der bürgerlichen Jugendbewegung/Pfadfinderbewegung erstmals in die Praxis umgesetzt worden waren. Der Reichsjugendführer setzte bewusst darauf, die HJ wenigstens in ihrem äußeren Erschei-

---

6 Vgl. z.B. Stachura 2003, S. 15-19; Christoph Schubert-Weller 1993, S. 63-74.

nungsbild jugendbewegter zu gestalten und Führer aus den Bünden für die HJ-Arbeit zu gewinnen. Das rigorose Vorgehen z.B. gegen den Großdeutschen Bund ist nicht zuletzt auch damit zu erklären, dass die HJ verzweifelt kompetente Jugendführer brauchte. Dass diese Politik wenigstens teilweise aufging, zeigt nicht zuletzt der hohe Anteil von HJ-Führern mit bündischem Hintergrund (Oktober 1934: 14,1 % der HJ-Führer vom Gefolgschaftsführer aufwärts und 16 % der DJ-Führer bündischen Ursprungs).[7] Wenigstens in der Frühphase gab es da durchaus personelle Kontinuitäten (vgl. auch Reiß 2009, S. 92-105).

Zentral ist die Kernthese, Gruppenbildungs- und Vergemeinschaftungsprozesse (bzw. allgemeiner gesprochen: jede Art von pädagogisch wertvoller Erkenntnis) ließen sich nicht durch rationale Argumentation, sondern einzig durch subjektiv-emotionales Erleben steuern. Dementsprechend standen die Einheitsführer in einer besonders hohen Verantwortung: Sie mussten ihren Zöglingen als Vorbilder vorleben, was sie von ihnen erwarteten. Dafür konnten sie umgekehrt bedingungslose Gefolgschaft erwarten und einfordern. Durch Fahrten und Lager mit den allgegenwärtigen Geländespielen und »Fehden« wurden – so jedenfalls die Theorie – die Hitler-Jungen und -Mädel gezielt in Situationszusammenhänge versetzt, in denen der hohe Wert von Kameradschaft und individueller wie vor allem kollektiver Ehre intuitiv einsichtig war. Als faktische Staatsjugend setzte die HJ Schirachs Vorstellung des Lagers als »idealste Form des Jugendlebens« (Schirach 1934, S. 107) mit großem Aufwand in die Tat um und unterbreitete damit einer größeren Zahl von Jugendlichen als jemals zuvor ein ursprünglich ›bündisches‹ Freizeitangebot.[8]

Wenn Schirach sich bis hierhin im Rahmen dessen bewegte, was in jugendbewegten Kreisen pädagogischer Common Sense gewesen ist, so bezeichnet das Schlagwort »Dienst« in der Praxis signifikante Unterschiede. Sicherlich hatten sich auch alle Bünde abstrakt den Dienst an der Gemeinschaft und darüber hinaus am Vaterland auf die Fahnen geschrieben. Gemäß dem alten »good citizenship through woodcraft« Robert Baden-Powells verstanden sie darunter aber in der Regel einen in der Zukunft zu leistenden Dienst, zu dem sie die Charakterbildung in der (bündischen) Bezugsgruppe überhaupt erst befähigen sollte.[9] Der jugendgemäße Freiraum, in dem sich ihre Jugendaktivitäten abspielten, sollte in diesem Sinne zur Kultivierung eines Skill-Sets führen, das außerhalb des Jugendreservats potenziell relevant war. Für die HJ hingegen war Dienst keine abstrakte Dienstbereitschaft, sondern ein alltäglicher Imperativ. Dienst war

---

7   Zahlen nach Hellfeld 1987, S. 110.
8   1934 waren knapp 100.000, 1935 ca. 500.000 und 1938 sogar über 600.000 Jugendliche in Zeltlagern untergebracht. Die zahlreichen, insbesondere in den Sommermonaten durchgeführten Fahrten sind darin noch nicht einmal enthalten (Zahlen nach Günter Kaufmann 1940, S. 140f.).
9   Vgl. dazu auch den Beitrag von Christoph Schubert-Weller in diesem Band.

befohlen und ergab sich nicht aus einer individuellen Führer-Gefolgschafts-Bindung. Hatte die HJ in der ›Kampfzeit‹ an der Seite der SA gekämpft, so galt es nun, die NS-Volksgemeinschaft zu verwirklichen.

Das Primat des Dienstgedankens, in dem sich die politische Aufgabe der HJ der ›Kampfzeit‹ fortsetzte, führte in der Praxis zur Bürokratisierung der HJ. Die Reichsjugendführung (RJF) glich spätestens 1936/37 hinsichtlich Personalausstattung und Organisationsstruktur einem eigenen Ministerium (Buddrus 2003, S. 11). Dienstpläne regelten den HJ-Alltag. Die Freiwilligkeit des Dienstes wurde durch informellen und zunehmend durch formellen Zwang ersetzt.[10] Zudem konstituierten sich die HJ-Einheiten auf der untersten Ebene anders als ›bündische‹ Gruppen nicht als Neigungsgruppen; vielmehr entschieden der Wohnort und mit dem Übergang zur Erfassung nach Jahrgang auch das Alter über die Gruppenzugehörigkeit. Dass man damit den eigenen Anspruch aufweiche, das Erleben in den Mittelpunkt zu stellen, ist offensichtlich, war angesichts der Zielvorgabe, eben die ganze Jugend zu erfassen, wohl aber letztlich auch unvermeidbar. Das auf Charisma bzw. persönlicher Freundschaft beruhende Führer-Gefolgschaftsverhältnis, das für die Bünde so zentral gewesen war, wurde ersetzt durch die unpersönliche Dienstpflicht, die der Hitler-Junge seinem Einheitsführer schuldete. Wenn der Einheitsführer, wie das damals hieß, »seine Jungen packen« konnte, war das umso besser. Konstitutiv für die Kleingruppe jedoch war das nicht. Mit anderen Worten: Wenn ein engagierter Führer mit Begeisterung und Geschick das Gruppenleben seiner Jungen belebte, und das kam ja auch in der HJ und insbesondere im Jungvolk durchaus vor, also charismatisch führte, war alles wunderbar. Wenn dies nicht der Fall war, wurde durch die entsprechenden Disziplinierungsinstrumente (HJ-Streifendienst, Disziplinarrecht etc.) Gefolgschaft erzwungen (vgl. z.B. Kollmeier 2007). Das Jugendreich der HJ, das nicht zuletzt in Hitlers berühmtem Diktum »Jugend muss von Jugend geführt werden« (Schirach 1934, S. 2) verheißungsvoll aufschien, war damit de facto Fiktion. Auch wenn die Jugend (insbesondere das Deutsche Jungvolk und die Jungmädel) im Rahmen ihrer Fahrten und Lageraktivitäten einen nicht unbeträchtlichen Freiraum genoss und hier in der Tat (verglichen mit der ›Kampfzeit‹) von einer ›Verbündlichung‹ des HJ-Alltags gesprochen werden kann, blieb die NS-Jugend jederzeit politisch und wurde politisch eingesetzt.

---

10 An genau dieser Stelle setzte auch Baden-Powells Kritik an der von HJ und Balilla geleisteten Jugendarbeit an. Die Freiwilligkeit erschien ihm als konstitutives Element seines Scouting-Konzepts. Insbesondere in der Frühphase der NS-Herrschaft betrachtete er die systematische Zusammenfassung der gesamten Jugend eines Landes in einer einzigen Organisation allerdings durchaus mit Interesse und sah in den faschistischen Jugendorganisationen »an experiment in applying Scout training to the national education« mit voraussichtlich großen (positiven) Auswirkungen auf die Gesundheit der Nation (Hillcourt 1964, S. 391; vgl. auch Jeal 1995, S. 544f.).

Unter dem Strich muss die Lernbilanz daher ambivalent ausfallen: Die Hitler-Jugend setzte in der Tat in historisch beispielloser Weise auf die Selbstführung und Selbstmobilisierung der Jugend. Engagierte Jugendliche und junge Erwachsene konnten zum Teil sehr schnell Karriere machen und gemessen an ihrem Alter erstaunliche Machtpositionen bekleiden – eine insbesondere für junge Frauen neue Erfahrung (vgl. Miller-Kipp 2007; Maschmann 1963). Was die Altersstruktur der Führerschaft anbelangt, wurde damit ganz klar ein wesentliches Anliegen der Jugendbewegung umgesetzt. Auch die Formen der HJ-Sozialisation (Lager, Fahrt, Geländespiele) lehnten sich in vielerlei Hinsicht an ›bündische‹ Formen an und brachten so viele Jugendliche wie noch nie mit ›bündischen‹ Lebenswelten in Kontakt. Insofern erscheint es durchaus berechtigt, von einer staatlich forcierten ›Verbündlichung‹ des Jugendalltags zu sprechen. Auf der anderen Seite führte das Ziel der HJ, die gesamte männliche und weibliche Jugend zu erfassen, zwangsläufig zu einer Bürokratisierung des Jugendlebens, die den (erlebnis-)pädagogischen Prämissen der HJ-Führung massiv zuwiderlief. Theorie und Praxis klafften – mit anderen Worten – beträchtlich auseinander. Die individuelle Bindung an Führer und Gruppe wurde sukzessive durch eine abstrakte Dienstpflicht ersetzt. Dienstpläne regelten den HJ-Alltag, der immer den Zwängen der NS-Volksgemeinschaft unterworfen war und damit nicht, oder nur sehr bedingt, in einem Jugendreservat stattfand. In welchem Maße die Instrumentalisierung der Jugend zu politischen und Propagandazwecken dem Lernen von Jugend- und Pfadfinderbewegung enge Grenzen setzte, soll im Folgenden das Beispiel des Langemarck-Gedenkens der HJ illustrieren.

2. Das Langemarck-Gedenken der bündischen Jugend und der HJ

Die Schlacht von Langemarck im Herbst 1914 markierte militärgeschichtlich das endgültige Ende des Bewegungskrieges an der Westfront und den Beginn des Graben- und Stellungskrieges, dessen Schrecken das Bild des Ersten Weltkriegs bis heute prägen. Nachdem der deutsche Hauptangriff in der Marneschlacht zum Erliegen gekommen war, hatten sich deutsche und alliierte Truppen in der Absicht, den Gegner zu ›umflanken‹, d.h. zu umgehen und an der Flanke zu schlagen, einen veritablen »Wettlauf ans Meer« geliefert, bis schließlich von der Schweiz bis zur belgischen Kanalküste ein lückenloses Schützengrabensystem Westeuropa durchzog. Jeder Versuch der Rückkehr zum Bewegungskrieg war nunmehr nur um den Preis eines Angriffs auf die massiv befestigten Linien möglich. Das Deutsche Reich hatte in diesem ›Wettlauf‹ seine letzten Reserven mobilisiert, darunter vier unmittelbar nach Kriegsbeginn gebildete und nur unzureichend ausgebildete und ausgerüstete Reservekorps, die aus Reservisten,

Landsturmmännern und Kriegsfreiwilligen bestanden und die im Verlauf der Kämpfe um Ypern horrende Verluste hinnehmen mussten. In diesem Zusammenhang kam es am 10. November 1914 als Kulminationspunkt »einer blutigen und barbarischen Tragödie« (Unruh 1986, S. 14) in der Nähe der kleinen Ortschaft Langemarck zu einem aus operativer Sicht vollkommen belanglosen Erfolg, der vor dem Hintergrund des pessimistisch beurteilten strategischen Gesamttableaus geeignet schien, die verheerende Bilanz der Oktober- und Novemberkämpfe öffentlichkeitswirksam zu kaschieren (vgl. Krumeich 2001, S. 299 ff; Unruh 1986, S. 9 ff; Hüppauf 1993, S. 43-84):

> »Westlich von Langemarck brachen junge Regimenter unter dem Gesange ›Deutschland, Deutschland über alles‹ gegen die erste Linie der feindlichen Stellungen vor und nahmen sie. Etwa 2000 Mann französischer Linieninfanterie wurden gefangen genommen und sechs Maschinengewehre erbeutet« (Amtliche Kriegsdepeschen 1915, S. 217).

Der Heeresbericht von Langemarck, ein frühes Beispiel für die »mit der Erstarrung der Front massiv einsetzende und frei fabulierende Siegespropaganda« (Krumeich 2001, S. 300), erfüllte seinen Zweck; noch während des Krieges begann der Siegeszug des Langemarck-Mythos durch die »produktive Phantasie« (Ketelsen 1985, S. 70) deutscher Kriegsdeutungen und avancierte schließlich sogar zum populärsten Schlachtenmythos der Zwischenkriegszeit und damit zu einem »der einflussreichsten Mythen der neueren deutschen Geschichte« überhaupt.[11] Als besonders wirkmächtig erwies sich dabei die geschickte Inszenierung von Jugend, Opfer und Nation (vgl. Ketelsen 1985 S. 75ff.). Die Glorifizierung der am ›Sturm auf Langemarck‹ beteiligten Reserve-Regimenter als »junge Regimenter« (über-)betonte bewusst den Anteil der kriegsfreiwilligen Studenten, höheren Schüler und Wandervögel an den eingesetzten Soldaten. Langemarck erschien so als Chiffre für die Einsatz- und Opferbereitschaft der deutschen (bürgerlichen) Jugend und Symbol der im Kampf stehenden Volksgemeinschaft. Insbesondere für studentische und ›bündische‹ Kreise gehörte der Langemarck-Mythos in den 1920er-Jahren zum unveräußerlichen Kernbestand ihrer milieuspezifischen Traditionspflege, bevor sich die Hitler-Jugend nach der ›Machtergreifung‹ daran machte, Langemarck in den Mittelpunkt ihrer Erziehung zum Krieg zu stellen.[12]

---

11 Vgl. Krumeich 2001, S. 302; Zitat bei Hüppauf 1993, S. 45.
12 Der keinesfalls lineare Prozess der ›Übernahme‹ Langemarcks durch die HJ kann hier nicht im Einzelnen dargestellt werden. Zu den diskursiven Auseinandersetzungen um Langemarck im Dritten Reich vgl. ausführlich Weinrich 2011.

Hinsichtlich der in ihm transportierten Werte unterschied sich das Langemarck-Gedenken der HJ – das wurde bereits angedeutet – nicht wesentlich von dem der bündischen Jugend. Beide reklamierten die jungen Kriegsfreiwilligen, die am 10. November 1914 angeblich »unter dem Gesange Deutschland, Deutschland über alles« gegen die feindlichen Linien gestürmt und dabei zu Tausenden niedergemäht worden waren, für sich. Ihr Todesmut, ihre Opferbereitschaft und ihr jugendlicher Idealismus waren für eine ganze bildungsbürgerliche Generation verpflichtend. In ihnen feierte ein Deutschland, das die Niederlage von 1918 nicht verarbeiten konnte, den ewigen deutschen Heldenmut und stilisierte das Selbstopfer zum Selbstzweck. Allein in der Gedenkpraxis gab es signifikante Unterschiede, die ein Schlaglicht auf die pädagogische Praxis in der Jugendbewegung einerseits und in der HJ andererseits werfen.

Das bündische Langemarck-Gedenken, das 1923 und 1924 mit größeren überbündischen Feierlichkeiten begann und schließlich ab 1929 in den alljährlich durchgeführten Langemarck-Märschen institutionalisiert wurde, zielte wesentlich auf Verinnerlichung und Gemeinschaftsbildung ab. Bewusst begab man sich in die Einsamkeit der Natur, wo man fern jeder Zivilisation eine Langemarck-Feier durchführte. Die Langemarck-Feier Anfang August 1924 auf dem Heidelstein in der Rhön, an der immerhin rund 2.000 Bündische aus 23 Bünden (darunter die Neupfadfinder, der Deutschwandervogel, der Deutsche Pfadfinderbund und der Reichsstand)[13] teilnahmen, ist in dieser Hinsicht typisch. Schon der Anmarsch in die »Einsamkeit des Berges« stellte in gewisser Weise einen die Feiergemeinschaft überhaupt erst konstituierenden Initiationsritus dar. Wer wie die Teilnehmer bereit war, Wind und Wetter zu trotzen, war würdig, der Toten zu gedenken. Die Feier als solche bestand aus mehreren Teilen, einer nächtlichen »Feuerstunde«, einem (nächtlichen) Schweigemarsch mit Totengedenken, der Enthüllung eines Gedenksteines am nächsten Morgen und zuletzt einem Kampfspiel (vgl. Binding 1963, S. 431-435; Seidelmann 1980, S. 145-147). Die Choreografie zielte durch den Wechsel von kontemplativen und partizipativen Abschnitten insgesamt darauf ab, die Feiergemeinschaft als Kollektiv erfahrbar zu machen und sie zugleich nach außen abzugrenzen. Das Kollektiv wachte allein für die Toten, es allein durfte daher – so der Subtext – Anspruch erheben, die Nachfolge ›derer von Langemarck‹ anzutreten.

Dieser erlebnispädagogische Ansatz lag auch den verbreiteten Langemarck-Gedächtnismärschen zugrunde. Die Anstrengungen des Gewaltmarsches rissen die Teilnehmer aus ihrem Alltag und dienten der Abgrenzung von den bürgerlichen, d.h. in den Augen vieler Jugendlicher: reaktionären Gedenkfeiern in den Städten. Ein gutes Beispiel dafür, wie diese Gedenkpraxis nach der Machtergrei-

---

13 Einen knappen Überblick über die unüberschaubare Vielzahl der bündischen Jugendverbände der Weimarer Zeit gibt Kneip 1974.

fung in die HJ hineingetragen wurde, war der Gedächtnismarsch des Thüringer Jungvolks im November 1933, an dem sage und schreibe 23.000 Jungen teilgenommen haben sollen. In einem Bericht hieß es:

> »Nur der harte Takt des Marsches liegt uns in den Ohren. In diesem Takt geht alles unter – wir fühlen, dass wir eins geworden sind – eine Einheit im gleichen Wollen, mit dem gleichen Ziel! Gemeinschaft! [...] Wir marschieren vorwärts, so wie diese Nacht, so werden wir marschieren, solange wir können. Schulter an Schulter, Kamerad neben Kamerad. [...] Um 6 Uhr marschieren wir in Suhl ein. Das Schweigegebot wird aufgehoben. Ein zackiges Lied nach dem anderen klingt auf und schallt laut in den engen, noch in voller Nachtruhe liegenden Straßen der Stadt. Ab und zu erscheint ein verschlafenes Gesicht, dem man das Erstaunen über diesen nachtruhestörenden Lärm wohl ansieht. Doch was kümmerts uns. Wir Jungen marschieren!« (Langemarck-Gedächtnismarsch der HJ Zella-Mehlis 1933).

Wie anders sahen dagegen die großen, offiziellen Langemarck-Feiern der Reichsjugendführung aus, die ab 1934/35 das vom Charakter eher bündische Langemarck-Gedenken auf lokaler und regionaler Ebene verdrängten. Vorbei waren die Zeiten, in denen Langemarck-Feiern exklusive Jugendfeiern sein konnten. Von nun an feierte sich die ganze ›Volksgemeinschaft‹. In den Vordergrund trat damit eindeutig der politische Kundgebungs-Charakter. Im Langemarck-Gedenken verneigte sich die Jugend vor den Kriegsveteranen des Ersten Weltkriegs und machte ihnen ein symbolpolitisches Integrationsangebot.[14] Wenn der RJF zur Langemarck-Feier z.B. in die Volksbühne (1935), die Deutschlandhalle (1936) oder in den Sportpalast (1937) rief, ging es ihm daher immer darum, eine größtmögliche Öffentlichkeit zu erreichen und aus dem Totengedenken ein Propagandaereignis zu machen, Rundfunkübertragung der Feier an die zum Gemeinschaftsempfang verdonnerten HJ-Einheiten im ganzen Land inklusive.

Von ihrer Anlage hatten die Feiern jetzt nichts mehr mit dem gruppendynamischen ›bündischen‹ Format zu tun: Eine große Rede Schirachs und eines anderen NS-Funktionärs wurde durch musikalische Darbietungen (vor allem die extra zu diesem Zwecke komponierte Langemarck-Kantate von Eberhard Wolfgang Möller und Georg Blumensaat) umrahmt. Alles spielte sich auf der Bühne ab, die anwesenden Hitler-Jungen und BdM-Mädels blieben passiv und waren letztlich nur Staffage, Verfügungsmasse für die Selbstinszenierung der Volksgemeinschaft.[15]

Die Entwicklung von der lebendig-partizipativen Langemarck-Gedenkpraxis der bündischen Jugend hin zu den monumentalistisch-statischen Großinszenierungen der Reichsjugendführung wirft ein Schlaglicht auf die Tatsache,

---

14 Zur symbolpolitischen Dimension des HJ-Weltkriegsgedenkens vgl. Weinrich 2010, S. 271-284.
15 Für eine typische Darstellung der zentralen Langemarck-Feierlichkeiten vgl. Utermann 1936. Eine Aufzeichnung der zentralen Feier ist im Deutschen Rundfunkarchiv Wiesbaden vorhanden.

dass die Hitler-Jugend bei aller Übernahme jugendbewegter Elemente letztlich als Parteijugend dem NS-Staat mehr verpflichtet war als dem Gedanken, eine jugendgemäße Lebenswelt im Sinne eines Jugendreservats zu schaffen. In diesem Sinne waren dem Lernen von der Jugendbewegung bei allen ideologischen Schnittmengen enge Grenzen gesetzt.

Literatur

Amtliche Kriegsdepeschen (1915): Nach Berichten des Wolff'schen Telegr.-Bureaus, Bd. I. Berlin, S. 217.
Baden-Powell, Robert (1908): Scouting for Boys. A Handbook for Instruction in Good Citizenship. London, S. 34-36.
Binding, Rudolf (1963): Deutsche Jugend vor den Toten des Krieges. In: Kindt, Werner (Hg.): Grundschriften der Deutschen Jugendbewegung. Düsseldorf, S. 431-435.
Buddrus, Michael (2003): Totale Erziehung für den totalen Krieg. Hitlerjugend und nationalsozialistische Jugendpolitik. München.
Eby, Cecil Degrotte (1987): The Road to Armageddon. The Martial Spirit in English Popular Literature 1870-1914. London (u.a.), S. 61-85.
Giesecke, Hermann (1993): Hitlers Pädagogen. Theorie und Praxis nationalsozialistischer Erziehung. München.
Hafeneger, Benno/Fritz, Michael (Hg.) (1992): Wehrerziehung und Kriegsgedanke in der Weimarer Republik. Ein Lesebuch zur Kriegsbegeisterung junger Männer. Bd. 2: Jugendverbände und -bünde. Frankfurt a.M.
Hellfeld, Matthias (1987): Bündische Jugend und Hitlerjugend. Zur Geschichte von Anpassung und Widerstand 1930-1939. Köln.
Hillcourt, William (1964): Baden-Powell. The Two Lives of a Hero. London.
Hüppauf, Bernd (1993): Schlachtenmythen und die Konstruktion des »Neuen Menschen«. In: Hirschfeld, Gerhard/Krumeich, Gerd/Renz Irina (Hg.): »Keiner fühlt sich hier mehr als Mensch...«. Erlebnis und Wirkung des Ersten Weltkriegs. Essen.
Jeal, Tim (1995): Baden-Powell. London.
Kaufmann, Günter (1940): Das kommende Deutschland. Die Erziehung der Jugend im Reich Adolf Hitlers, 2. Aufl. Berlin.
Ketelsen, Uwe (1985): Die Jugend von Langemarck. Ein poetisch-politisches Motiv der Zwischenkriegszeit. In: Koebner, Thomas/Janz, Rolf-Peter/Trommler, Frank (Hg.): »Mit uns zieht die neue Zeit«. Der Mythos Jugend. Frankfurt a.M., S. 68-96.
Klönne, Arno (2003): Jugend im Dritten Reich. Die Hitlerjugend und ihre Gegner. Düsseldorf/Köln.
Kneip, Rudolf (1974): Jugend der Weimarer Zeit. Handbuch der Jugendverbände 1919-1938. Frankfurt a.M.
Kollmeier, Kathrin (2007): Ordnung und Ausgrenzung. Die Disziplinarpolitik der Hitler-Jugend. Göttingen.
Krumeich, Gerd (2001): Langemarck. In: François, Etienne/Schulze, Hagen (Hg.): Deutsche Erinnerungsorte. München.

Langemarck-Gedächtnismarsch der HJ Zella-Mehlis. In: Der Thüringer Sturmtrupp, 1. Dez.-Ausgabe 1933.
Laue, Christoph (2009): Der Weg zum Bund der Wandervögel und Pfadfinder. Traditionen und Politisierung der Jugendbewegung in den späten zwanziger Jahren. In: Historische Jugendforschung. Jahrbuch des Archivs der deutschen Jugendbewegung 6 (2009), S. 76-91.
Maschmann, Melitta (1963): Fazit. Kein Rechtfertigungsversuch. Stuttgart.
Miller-Kipp, Gisela (2007): »Der Führer braucht mich«. Der Bund Deutscher Mädel (BDM): Lebenserinnerungen und Erinnerungsdiskurs. Weinheim/München.
Reiß, Sven (2009): Pfadfinder ... und dann? Das Verhältnis von Pfadfinderführern der Weimarer Republik zum »Dritten Reich«. In: Historische Jugendforschung. Jahrbuch des Archivs der deutschen Jugendbewegung 6 (2009), S. 92-105.
Reulecke, Jürgen (2001): Hat die Jugendbewegung den Nationalsozialismus vorbereitet? Zum Umgang mit einer falschen Frage. In: ders, »Ich möchte einer werden so wie die…« Männerbünde im 20. Jahrhundert. Frankfurt a.M. (u.a.), S. 151-176.
Rusinek, Bernd (2002): Die Kultur der Jugend und des Krieges. Militärischer Stil als Phänomen der Jugendkultur in der Weimarer Zeit. In: Dülffer, Jost/Krumeich, Gerd (Hg.): Der verlorene Frieden. Politik und Kriegskultur nach 1918. Essen, S. 171-198.
Schirach, Baldur von (1934): Die Hitler-Jugend. Idee und Gestalt. München.
Schubert-Weller, Christoph (1993): Hitler-Jugend. Vom »Jungsturm Adolf Hitler« zur Staatsjugend des Dritten Reiches. Weinheim (u.a.).
Schubert-Weller, Christoph (1998): »Kein schönrer Tod…«. Die Militarisierung der männlichen Jugend und ihr Einsatz im Ersten Weltkrieg 1890-1918. Weinheim/München.
Seidelmann, Karl (Hg.) (1980): Die Pfadfinder in der deutschen Jugendgeschichte, Teil 2/1. Quellen und Dokumente aus der Zeit bis 1945. Hannover u.a.
Stachura, Peter (1975): Nazi Youth in the Weimar Republic. Santa Barbara u.a.
Stein, Oliver (2010): »Ein ganzes Volk in Waffen ist nicht zu unterschätzen«. Das deutsche Militär und die Frage von Volksbewaffnung, Miliz und vormilitärischer Ausbildung 1871-1914. In: Bergien, Rüdiger/Pröve, Ralf (Hg.): Spießer, Patrioten, Revolutionäre. Militärische Mobilisierung und gesellschaftliche Ordnung in der Neuzeit. Göttingen, S. 71-94.
Stellrecht, Helmut (1935): Soldatentum und Jugendertüchtigung. Berlin.
Stellrecht, Helmut (1936): Die Wehrerziehung der deutschen Jugend. Berlin.
Unruh, Karl (1986): Langemarck. Legende und Wirklichkeit. Koblenz.
Utermann, Wilhelm (1936): Die deutsche Jugend feiert den Tag von Langemarck. In: Die HJ, 21.11.1936.
Vesper, Will (1934): Deutsche Jugend. 30 Jahre Geschichte einer Bewegung. Berlin.
Völkischer Beobachter, 18.09.1926.
Weinrich, Arndt (2010): Zwischen Kontinuität und Kritik. Die Hitler-Jugend und die Generation der »Frontkämpfer«. In: Krumeich, Gerd (Hg.): Nationalsozialismus und Erster Weltkrieg. Essen, S. 271-284.
Weinrich, Arndt (2011): Der Weltkrieg als Erzieher. Jugend zwischen Weimarer Republik und Nationalsozialismus. Essen.

»Pädagogisierung« als Liberalisierung.
Der Bund Deutscher Pfadfinder (BDP) im gesellschaftlichen Wandel der Nachkriegszeit (1945-1970)

Eckart Conze

Auf seinem »Bundesthing« am 1. Mai 1967 beschloss der Bund Deutscher Pfadfinder (BDP) eine Erklärung zur Zielsetzung des Bundes bei der Erziehung seiner Mitglieder. Ziel des Bundes, so die »Wolfshausener Erklärung«, benannt nach dem Ort ihrer Verabschiedung in der Nähe von Marburg, sei »der kritisch verantwortungsbewusste Mensch, der bereit ist, sich zu engagieren und der sich in der Gesellschaft zurechtfindet« (zit. n. Hübner u.a. 1981, S. 311). Die »Wolfshausener Erklärung« löste die Bundesurkunde des BDP ab, die dieser sich 1950, zwei Jahre nach seiner Gründung, gegeben hatte. Dort hatte es geheißen: »Das Ziel des Bundes ist, seinem Volk Menschen zu geben, die körperlich, geistig, sittlich und charakterlich stark sind« (zit. n. Seidelmann 1991, S. 24f.). 17 Jahre lagen zwischen den beiden Grundsatzerklärungen zu den Erziehungszielen des größten interkonfessionellen deutschen Pfadfinderbundes, und nicht nur die Sprache der beiden Erklärungen vermittelt einen Eindruck davon, wie sehr sich der BDP in dieser Zeit verändert hat.

Die »Wolfshausener Erklärung« erscheint heute als Ausdruck des Selbstverständnisses eines Jugendverbandes in einer pluralistischen Gesellschaft, sie spiegelt ein Bekenntnis zur freiheitlich-demokratischen Grundordnung der Bundesrepublik Deutschland, und sie erscheint breit konsensfähig. Zum Zeitpunkt ihrer Verabschiedung war das freilich anders. Die Erklärung zog heftige Kritik auf sich, die auch in retrospektiven Betrachtungen noch wahrzunehmen ist. Für ihre Kritiker war die einstimmig beschlossene Erklärung nicht Ausdruck einer positiven Entwicklung, sondern Teil einer politischen »Umfunktionierung« des Bundes, einer kommunistischen »Unterwanderung«, eine Etappe politischer Radikalisierung auf dem Weg »vom Pfadfinderbund zur revolutionären Zelle«. Ihre Gegner sahen darin außerdem eine Anpassung an damals »herrschende Lehrmeinungen« an den Universitäten sowie schließlich das Resultat einer »Pädagogisierung« des Pfadfinderbundes.[1] Nun darf man mit Blick auf solche Bewertun-

---

1 S. z.B. Schmoeckel 1979, S. 55 sowie Wittke 1977, S. 105 und 205.

gen, gerade wenn sie im Nachhinein geäußert wurden, nicht ausblenden, dass sich der BDP in der Tat in den späten 1960er-Jahren und vor dem Hintergrund der Studentenbewegung, die wir gemeinhin mit der Chiffre »1968« verbinden, politisch radikalisierte, dass er sich mehrfach spaltete und dass aus den Restbeständen des Bundes innerhalb kurzer Zeit eine sozialistische Jugendorganisation innerhalb des Bundes Demokratischer Jugend wurde, die mit dem internationalen Pfadfindertum nichts mehr gemein hatte. Aus dem Ring Deutscher Pfadfinderbünde wurde der BDP deshalb ebenso ausgeschlossen wie aus dem Pfadfinder-Weltverband. Aber gehört die »Wolfshausener Erklärung« von 1967 wirklich in den Kontext dieser politischen Radikalisierung, war sie vor dem Hintergrund der späteren Entwicklung tatsächlich Teil einer sozialistischen Unterwanderungsstrategie?

Gerade der Begriff der »Pädagogisierung« und die aus ihm deutlich werdende negative Konnotierung von Pädagogik verweist auf einen Strang der Kritik, der deutlich vor den Jahren 1967/68 einsetzte und der mit der politischen Radikalisierung des BDP seit den späten 1960er-Jahren kaum etwas zu tun hatte. Vielmehr bezieht sich das, was in kritischer Distanzierung als »Pädagogisierung« charakterisiert wurde, auf zentrale Entwicklungslinien nicht nur innerhalb der deutschen Pfadfinderbewegung und ihrer Bünde und Verbände, sondern innerhalb zahlreicher Jugendorganisationen der Bundesrepublik. Thesenhaft lässt sich formulieren: »Pädagogisierung« beziehungsweise das, was als »Pädagogisierung« bezeichnet – und bekämpft – wurde, war zum einen ein zentraler Teil der sich in den Jahrzehnten nach dem Zweiten Weltkrieg vollziehenden Entwicklung von Jugend- beziehungsweise Jungen*bünden* hin zu Jugend*verbänden*. Die Auseinandersetzungen über die »Pädagogisierung« gehören damit in die Geschichte des Spannungsverhältnisses von Jugendbewegung und Jugendpflege, das so alt ist wie die Jugendbewegung selbst. Zum anderen lässt sich die »Pädagogisierung«, wie sie beispielsweise mit Blick auf die »Wolfshausener Erklärung« des BDP kritisiert wurde, als Teil breiterer gesellschaftlicher Wandlungs- und Liberalisierungsprozesse verstehen, die seit Beginn der 1960er-Jahre auch die deutsche Pfadfinderbewegung erfassten und die in den weiteren Kontext sozialer und soziokultureller Entwicklungen der frühen Bundesrepublik gehören. Die jüngere zeithistorische Forschung hat diese fundamentalen Transformationsprozesse, die auch auf Jugendverbände einwirkten, mit den Begriffen »Liberalisierung« oder auch »Westernisierung« (Verwestlichung) belegt.[2]

Auf der Basis dieser Thesen wird der folgende Beitrag die Geschichte des Bundes Deutscher Pfadfinder und damit des größten und wichtigsten interkonfessionellen Pfadfinderbundes in den Nachkriegsjahrzehnten beleuchten. Er wird

---

2 S. dazu beispielsweise Herbert 2002, S. 7-52 oder Doering-Manteuffel 2000, S. 311-341.

»Pädagogisierung« als Liberalisierung

seinen Blick auch auf die Entwicklung der Pfadfinderpädagogik richten und geht dabei – anders als es Begriff und Vorwurf der »Pädagogisierung« unterstellen – davon aus, dass es auch schon vor den 1960er-Jahren Pfadfinderpädagogik und eine spezifische pfadfinderische Erziehungsmethode gegeben hat[3] und dass es in den 1960er-Jahren zu einer dynamischen, von außen angestoßenen Weiterentwicklung dieser Pfadfinderpädagogik im Zeichen politischer und gesellschaftlicher Liberalisierungsprozesse kam. Vergleichbare Entwicklungen hat es durchaus auch in den großen konfessionellen Pfadfinderverbänden gegeben, in der Deutschen Pfadfinderschaft St. Georg (DPSG) oder der Christlichen Pfadfinderschaft Deutschlands (CPD), sie führten aber insbesondere in der katholischen DPSG nicht zu so scharfen Auseinandersetzungen wie innerhalb des interkonfessionellen BDP. Die Gründe dafür lagen zum einen in der Anbindung dieses Verbandes an die Kirche und zum anderen darin, dass gerade im katholischen Bereich in den 1960er-Jahren durch das Papsttum Johannes XXIII. und das zweite Vatikanische Konzil (1962 bis 1965) deutliche Liberalisierungstendenzen erkennbar wurden, die auch auf die kirchliche Jugendarbeit in Deutschland einwirkten.[4]

Interkonfessionelle Pfadfindergruppen hatten sich nach 1945 in den westlichen Besatzungszonen Deutschlands zunächst dezentral gegründet beziehungsweise wiedergegründet. Vor allem die amerikanische und die britische Besatzungsmacht zeigten sich an der Gründung von Pfadfindergruppen als Teil ihrer Reeducation-Maßnahmen interessiert und förderten diese lokal und auch auf Ebene ihrer Besatzungszonen, was freilich Konflikte (sowohl zwischen den deutschen Gruppen und den Besatzungsmächten als auch zwischen den deutschen Pfadfinderführern) um die Ausrichtung der Gruppen – Anknüpfen an deutsche bündisch-jugendbewegte Traditionen oder stärkere Orientierung am angelsächsischen Scoutismus – nicht ausschloss. Als Zusammenschluss einer Reihe interkonfessioneller Gruppierungen, vorbereitet schon im Lauf des Jahres 1948, entstand am 9. Mai 1949 in Bad Homburg der Bund Deutscher Pfadfinder (BDP), der sich wenige Monate später, im Oktober 1949, mit den beiden konfessionellen Verbänden zum »Ring Deutscher Pfadfinderbünde« zusammenschloss, der wie-

---

3 Die Veränderungen der Pfadfinderpädagogik lassen sich gut über die Studien des Erziehungswissenschaftlers Hans E. Gerr fassen. S. insbesondere Gerr 1988 und Gerr 1998.
4 Die großen Pfadfinderverbände, die nach 1945 in Westdeutschland entstanden, waren geschlechtergetrennte Jungen- und Mädchenverbände. Im interkonfessionellen Bereich existierte als Mädchenorganisation der Bund deutscher Pfadfinderinnen, im konfessionellen Bereich der Evangelische Mädchenpfadfinderbund (EMP) sowie die Pfadfinderinnenschaft St. Georg (PSG). Sowohl innerhalb des BDP (Jungenbund) als auch zwischen Bund Deutscher Pfadfinder und Bund deutscher Pfadfinderinnen war jedoch in den 1960er-Jahren die Frage der Koedukation ein wichtiges Thema, das ins Zentrum der Reformdiskussionen und der Reformdynamik gehörte.

derum 1950 die Mitgliedschaft in der »Internationalen Pfadfinderkonferenz«, der Pfadfinder-Weltorganisation, erlangte.[5]

Mit dem Bund Deutscher Pfadfinder entstand 1948/49 zwar eine neue Pfadfinderorganisation, dennoch kann von einem Neubeginn oder einer »Stunde Null« auch für das westdeutsche Pfadfindertum nach 1945 nicht die Rede sein (Reulecke 2001, S. 221). Ganz unterschiedliche Kontinuitätsstränge führten zurück in die Zeit vor 1945 und in die Zeit vor der Auflösung des interkonfessionellen Großdeutschen Bundes im Juni 1933 und seiner Überführung in die Hitler-Jugend. Es gehörte zur Attraktivität des Pfadfindertums in den Jahren unmittelbar nach dem Ende der nationalsozialistischen Diktatur, dass es auf seine Wurzeln im englischen Scoutismus von Robert Baden-Powell verweisen und in der Auseinandersetzung mit dem radikalen Nationalismus der NS-Zeit an den programmatischen Internationalismus der Pfadfinderidee anknüpfen konnte. Die Nationalisierung der Pfadfinderidee, beispielsweise durch seine Amalgamierung mit dem Wehrkraftgedanken und seine prä- oder paramilitärische Aufladung, zu der es im zeitlichen Umfeld des Ersten Weltkriegs im englischen Gründerland der *Boy Scouts* ebenso gekommen war wie in Deutschland, trat demgegenüber genauso in den Hintergrund wie die starke, zum Teil extreme Adaption eines völkischen Nationalismus in weiten Teilen der deutschen Jugendbewegung in den Jahren der Weimarer Republik.

Die Gruppen und die meisten ihrer Führer verband eine – wenig überraschende – Distanzierung vom Nationalsozialismus, die aber relativ abstrakt und allgemein blieb. Das entsprach sich nicht nur dem allgemeinen Klima der Nachkriegsjahre, sondern ergab sich auch aus den ganz unterschiedlichen Entwicklungen pfadfinderischer Gruppen und ihrer Führer in der Zeit vor und nach der nationalsozialistischen Machtübernahme. Ebenso wenig wie im jugendbündischen Spektrum insgesamt war im deutschen Pfadfindertum Widerstand gegen den Nationalsozialismus der Regelfall. Viele Pfadfindergruppen gingen nach 1933 reibungslos in der HJ auf, viele Pfadfinderführer übernahmen unmittelbar Führungsfunktionen in der HJ und beteiligten sich am Aufbau der HJ zur Staatsjugend. Die paramilitärischen Züge des Scoutismus, die auch im bündisch geprägten deutschen Pfadfindertum nie völlig verloren gegangen waren, dürften in vielen Fällen den Übergang in die HJ vereinfacht haben.

Die noch lange Zeit nach 1945 immer wieder artikulierte Deutung, Nationalsozialismus und HJ hätten Formen und Traditionen der Jugendbewegung übernommen und missbraucht, trug deutlich apologetische Züge.[6] Hatte es 1933

---

5 S. den gerafften Überblick bei Seidelmann 1991, S. 99f.
6 Zur Traditionsbildung und den Traditionsbezügen der Jugendbewegung nach 1945 s. Thamer (2004), S. 14-32. Zum Verhältnis der bündischen Jugend und ihrer Führer zum Nationalsozialismus und zur Hitler-Jugend s. insbesondere v. Hellfeld (1987) oder Klönne (1982).

»Pädagogisierung« als Liberalisierung

direkte Übergänge ganzer jugendbündischer Gruppen in die HJ gegeben, so gab es nach 1945 Gruppenkontinuitäten aus der HJ heraus in das Spektrum der sich wieder gründenden Jugendbünde, darunter auch der Pfadfinder. Diese waren ohnehin, weil ihre Gründung von den Besatzungsmächten relativ früh genehmigt und gefördert wurde, als Organisationsform attraktiv für eine ganze Reihe bündischer, aber nicht unbedingt pfadfinderischer Gruppierungen, die nach dem Krieg ihre Aktivitäten legalisieren wollten. Individuelle Biografien bündischer Führer, aber auch die Entwicklung bündischer Gruppen in der Zeit des Nationalsozialismus, bildeten zusammen mit Traditionen aus der Zeit vor 1933 vielschichtige Traditionslinien, die durch individuelle und kollektive Erfahrungen aus der Zeit der Diktatur und des Krieges noch ergänzt wurden. So befand sich die deutsche Pfadfinderbewegung (innerhalb des größeren Kontexts der deutschen Jugendbünde) 1945 nicht an einer »Stunde Null«, schloss aber auch nicht direkt und bruchlos an die Entwicklungslinien der Jahre vor dem Nationalsozialismus an. Im Liedgut beispielsweise hatten die heroisch-soldatischen Lieder der bündischen Zeit nach 1918 keinen Platz mehr. Ein Zurück nach Weimar gab es nicht, zumal sich Weimar in der Geschichte der deutschen Jugendbewegung – von Ausnahmen abgesehen – eben gerade nicht als demokratisches, liberales Kapitel darstellt. Einer Wiederanknüpfung in den Formen an Traditionsbestände der Zeit vor 1933 stand das nicht im Wege. Man ging wieder auf Fahrt, übernachtete wieder in Kohten und entkleidete die Kluft weithin ihrer militarisierenden Aufmachung.

Es brauchte auch in den deutschen Pfadfinderbünden nach 1945 Zeit, bis allmählich Prozesse einer inneren Liberalisierung einsetzten, durch die illiberalen Traditionsüberhänge auf den Prüfstand gerieten und langsam abgebaut wurden. Erst mit dem Einsetzen gesamtgesellschaftlicher Wandlungsprozesse ab Ende der 1950er-Jahre gerieten auch die Pfadfinderbünde allmählich in eine Dynamik liberalisierender Veränderung, durch die sukzessive und – wie sich zeigen sollte – nicht ohne Konflikt ältere Traditionslinien abgeschnitten beziehungsweise liberalisiert und demokratisch transformiert wurden. Das betraf nicht zuletzt einen in den ersten beiden Jahrzehnten nach 1945 noch stark ausgeprägten Autoritarismus, der um den Imperativ der Einordnung in die Gruppe kreiste. Das bezog sich auf die unmittelbare Primärgruppe (die Sippe oder Horte) ebenso wie auf den Pfadfinderstamm oder den Bund, doch am Ende genauso auch auf den Staat, die Nation oder das Volk. »Dein Jungenleben aber ist nicht Selbstzweck«, betonte der erste Bundesführer (Bundesfeldmeister) des BDP Karl-Julius (Kajus) Roller im ersten Jahrgang der BDP-Bundeszeitschrift »Jungenleben«, »es ist eine Stufe, die du voll durchleben musst, um reif zu werden über den Jungenbund hinaus zum Männerbund, zum Leben. Du musst wachsen an der Gemeinschaft und die Gemeinschaft, der Bund, durch dich« (Roller 1950, zit. n. Seidelmann 1991, S. 24). »Wer nicht bereit ist, sich in jungen Jahren in eine Gemeinschaft einzubauen, sich ihren Beschlüssen in aller Freiheit zu beugen, ist unfähig, innerhalb des Bundes am Aufbau unseres Deutschland mitzuarbeiten«, las man im »Jungenleben« 1954 (Bericht über das Bundeslager 1954, zit. n. Hübner u.a. 1981, S. 80). In der Bundesurkunde, der »Verfassung«, des BDP von 1950 hieß es: »Das Ziel des Bundes ist, seinem Volk Menschen zu geben, die körperlich, geistig, sittlich und charakterlich stark sind« (Bundesurkunde des BDP von 1950, zit. n. Hübner u.a. 1981, S. 24f.). Und das Pfadfinderversprechen lautete: »Ich verspreche auf meine Ehre, Gott und meinem Vaterland zu dienen« (ebd., S. 27). Die Losung der Roverstufe, also der etwa 18- bis 25-jährigen Mitglieder des Bundes, war in der Gründungszeit »Ich dien'«. Erst 1965 wurde daraus: »Ich trage Verantwortung«. Dienstideal und Einordnungs- beziehungsweise Unterordnungsimperativ gingen Hand in Hand.

»Hinaus aus der Gesellschaft, hinein in den Wald!« So ließe sich plakativ die Entwicklung des BDP in den 1950er-Jahren beschreiben. So sehr in der Symbolsprache des BDP, in seiner Bundesurkunde oder im Pfadfinderversprechen Bezüge zu Staat, Nation und Volk auftauchten (als Ebenen der Vergemeinschaftung jenseits von Gruppe und Bund), so sehr lehnte der BDP ein politisches Engagement des Bundes ab. Zusammen mit anderen Jugendbünden der Nachkriegszeit schloss auch der BDP nach der Erfahrung der Hyperpolitisierung der Jugend im Nationalsozialismus an das auf die Zeit nach dem Ersten Weltkrieg zurückgehende Selbstverständnis als unpolitisch an. Mit Ausnahme einer Debatte über die westdeutsche Wiederbewaffnung Mitte der 1950er-Jahre, die freilich in der gesamten Gesellschaft der Bundesrepublik höchst kontrovers geführt wurde und zur Positionsnahme geradezu zwang, lassen sich im Schrifttum des Bundes und in seinen Aktivitäten keine politischen Themen und Diskussionen erkennen. Der Bund sah sich selbst als »unpolitisch«.

»Unpolitisch« meinte in jener spezifisch deutschen Denktradition, für die nicht zuletzt Thomas Manns »Betrachtungen eines Unpolitischen« (1918) wichtige Stichworte geliefert hatten, vor allem eine Distanzierung vom pluralistischen Parteienstaat und dem als westlich und damit nicht in deutschen Traditionen gründend wahrgenommenen Parlamentarismus. Der Begriff »unpolitisch« bezog sich auf ein Staatsdenken und auf politische und gesellschaftliche Ordnungsvorstellungen, die Gesellschaft nicht vom Einzelnen her dachten, die die politischen Ordnungen vom Staat und nicht vom Individuum her entwickelten und die Gesellschaft und Staat einander gegenüberstellten und dabei von einem Primat des Staates ausgingen (Mann 1918; s. auch von dem Bussche 1998). Zwar war das Schrifttum auch des BDP in den 1950er-Jahren reich an Bekenntnissen zum Grundgesetz, aber auch für die Jugendbünde gilt doch, was für andere Teile der westdeutschen Gesellschaft längst nachgewiesen worden ist: dass es Zeit brauchte, bis dem Bekenntnis zur freiheitlich-demokratischen Ordnung des Grundgeset-

»Pädagogisierung« als Liberalisierung 73

zes eine Liberalisierung politischer und gesellschaftlicher Ordnungsvorstellungen folgte. Die westdeutsche Gesellschaft insgesamt verharrte in den 1950er-Jahren noch weithin in Denkmustern und politischen Mentalitäten, die tief internalisiert waren, sozialisatorisch vermittelt wurden und zum Teil zurückgingen bis in die Zeit des Kaiserreichs vor 1914.

Ordnungsdenken, Obrigkeitsglaube und Ausformungen von Autoritarismus waren zentrale Elemente dieser Denkmuster, die im Übrigen auf gesamtgesellschaftlicher Ebene von keinem deutschen Politiker besser verkörpert wurden als von Bundeskanzler Konrad Adenauer, dessen Patriarchalismus – zusammen mit der benevolenten Väterlichkeit von Bundespräsident Theodor Heuss – die autoritätsorientierten Deutschen mit den Demokratiepostulaten des Grundgesetzes versöhnte und der politischen Ordnung der Bundesrepublik Akzeptanz verschaffte. Vor diesem Hintergrund verwundert nicht, dass sich auch im BDP der 1950er-Jahre rasch wieder autoritäre Führungsstrukturen ausbildeten und stabilisierten, die freilich in vielen Fällen nur an ältere bündische Traditionen anknüpften, in denen autoritäre Strukturen immer wieder patriarchalisch, zum Teil auch charismatisch überwölbt und gerechtfertigt worden waren. In der Führungssymbolik des BDP fand dieser Autoritarismus wohl auf Bundesebene seinen bildhaftesten Ausdruck, als Kajus Roller, der Bundesführer, auf dem BDP-Bundeslager von 1958 gemeinsam mit Alexander Lion, einer der Gründergestalten der deutschen Pfadfinderbewegung aus der Zeit vor dem Ersten Weltkrieg, in einem offenen weißen Mercedes die angetretene Front der Lagerteilnehmer mit ihren Fahnen abfuhr (Wittke 1990, S. 14).

Das Bekenntnis zum Unpolitischen in Verbindung mit der Herausbildung und Akzeptanz klar geordneter, ja autoritativ ausgeformter Führungsstrukturen verdankte sich freilich auch innerhalb des BDP jenem bis weit in die Nachkriegszeit hineinreichenden Gefühl der Verunsicherung, das die Gesellschaft der Bundesrepublik insgesamt auszeichnete und das uns das konservative Grundgepräge der Ära-Adenauer verstehen lässt. Politisches Engagement und klare Positionsnahmen in der Gesellschaft entsprachen nicht dem Primat der Sicherheit, der vor dem Hintergrund der katastrophalen Entwicklung der deutschen Geschichte seit 1914 – die für die in den 1950er-Jahren Lebenden keine ferne Geschichte, sondern eine stark präsente Erfahrung darstellte – zur kollektiven Grundbefindlichkeit der Deutschen geworden war (dazu ausführlich Conze 2009, S. 109-225). Zu den Ausformungen dieses Sicherheitsstrebens gehörte auch der Rückzug ins Private, für den in den Jugendbünden der 1950er-Jahre nicht nur der Imperativ des Unpolitischen stand, sondern, in Verbindung damit, auch die in allen Bünden der Zeit geäußerten Bekenntnisse zu engem Gruppenbezug und Gruppenkohäsion.

Das schuf freilich Konfliktpotenzial, und zwar nicht zuletzt dort, wo von einem charismatischen Führertum ausgehende Gefolgschaftsansprüche die Imperative des Gruppenzusammenhalts noch verstärkten, wo aber auch Führungspersönlichkeiten mit mehr oder weniger Charisma um die inhaltliche und formale Ausrichtung gerade eines so großen Bundes wie des BDP mit seinen (um 1960) etwa 30.000 Mitgliedern rangen. Auch die Geschichte des BDP ist – wie die Geschichte anderer Jugendbünde früher und später – in den 1950er-Jahren die Geschichte von Fraktionsbildungen und Abspaltungen. Eine wichtige Trennlinie verlief dabei zwischen den Etikettierungen »bündisch« und »scoutistisch«, zwischen Gruppen und einzelnen Exponenten also, die sich eher in der Tradition der deutschen Jugendbewegung sahen, und solchen, die sich eher am internationalen Pfadfindertum englischer Provenienz orientierten. Als Vertreter einer eher bündischen Ausrichtung verließen in den 1950er-Jahren die Freie Pfadfinderschaft Schleswig-Holstein, die Pfadfinderschaft Grauer Reiter (Württemberg), der Pfadfinderbund Großer Jäger (Nordhessen) und der Pfadfinderbund Nordbaden den BDP. Als Spannungen zwischen nationaler und internationaler Orientierung sind diese Konflikte ebenso wenig präzise eingeordnet, wie man sie als Auseinandersetzungen zwischen »Konservativen« oder »Traditionalisten« einerseits und »Modernisierern« oder »Progressiven« andererseits interpretieren kann. Im Grunde verkörperten »Bündische« und »Scoutisten« in gleicher, wenn auch je eigener Weise, eine traditionelle Orientierung innerhalb des deutschen Pfadfindertums, gehörten beide Lager eher zu den beharrenden und konservativen Kräften innerhalb des BDP. Es ist kein Zufall, dass die Kritik am BDP, an seiner Ausrichtung und seiner Entwicklung, sich bei Lichte betrachtet gegen »Bündische« ebenso wandte wie gegen »Scoutisten«.

Zu den Ursachen der auch in den deutschen Pfadfinderbünden und -verbänden in den 1960er-Jahren einsetzenden Veränderungsdynamik gehörte ein Generationswechsel, der sich auch auf der mittleren und höheren Führungsebene eines großen Bundes wie des BDP vollzog. Das bezieht sich nicht in erster Linie auf die Person des Bundesführers, auch wenn 1961 Kajus Roller, Jahrgang 1920, der erste Bundesführer (Bundesfeldmeister) des BDP sein Amt an den 1929 geborenen Jochen Senft übergab, dem wiederum schon wenige Jahre später, 1966, der 1936 geborene Moritz von Engelhardt nachfolgte – nunmehr freilich schon als Bundesvorsitzender. Wichtiger war wohl, dass auf der Ebene der lokalen Führungen (Stammesführungen), in den Landesverbänden und im weiteren Kreis der Bundesführung eine Führergeneration abgelöst wurde, die wie die Jahrgänge um 1930 eine Kriegskindheit oder Kriegsjugend durchlebt hatten. Zwar war der Altersunterschied zwischen der scheidenden und der nachrückenden Führungsgeneration in Jahren gemessen nicht groß, aber ein enormer Erfahrungsunterschied trennte die in den 1940er-Jahren geborenen nachwachsenden Führer von ihren Vorgängern. Welten – Erfahrungswelten – lagen zwischen den Geburtsjahrgängen 1935 und 1945. Man wird auch in den Jugendverbänden der Nachkriegszeit jene Generationenlagerung erkennen können, die für die Erklärung des für den Jugendprotest und die Studentenbewegung der 1960er-Jahre wichtigen Generationenkonflikts von zentraler Bedeutung ist. Gerade auch an den Universitäten trafen die in ihrer Kindheit und Jugend durch Nationalsozialismus und Krieg geprägten »Fünfundvierziger« (Angehörige der um 1930 geborenen »Flakhelfer-Generation«), die nach 1945 zu überzeugten Vertretern der sich zunehmend liberalisierenden politischen und gesellschaftlichen Ordnung der Bundesrepublik geworden waren, auf die Generation der »Achtundsechziger« mit ihren nicht auf Systemliberalisierung, sondern in vielen Fällen auf Systemtransformation, auf Systemüberwindung zielenden, marxistisch geprägten politischen und gesellschaftlichen Vorstellungen (Moses 1999, S. 105-127).

Aus dieser Generation der Jüngeren kam im BDP seit Beginn der 1960er-Jahre zunehmende Kritik an einem Pfadfindertum, das sich, so die Wahrnehmung, aus der Gesellschaft zurückzog, »im Wald« eine heile Welt suchte und sich auf eine Auseinandersetzung mit den politischen und gesellschaftlichen Entwicklungen und Problemen der Bundesrepublik – von der Frage der nuklearen Rüstung über Bildungsthemen bis hin zum Umgang mit der nationalsozialistischen Vergangenheit – nicht einließ. Über diese Kritik wurde innerhalb des BDP, nicht zuletzt in den Auseinandersetzungen über die Pfadfinderpädagogik, diskutiert. Diejenigen, die den BDP zur Gesellschaft hin öffnen wollten, schrieben dem Bund eine pädagogische Aufgabe zu. Sie forderten zunächst nicht die Ausarbeitung einer pädagogischen Konzeption, sondern, wie der neu gewählte BDP-Bundesführer Jochen Senft 1961, die schlichte Anerkennung der Tatsache, dass Pfadfinder bereits »ein pädagogisches Profil besitzen und nichts ins Blaue hinein leben. Das Wachstum und die Zukunft des Pfadfindertums in Deutschland ist in dem Maße gesichert, wie dieses pädagogische Profil klar zu Tage tritt« (Senft 1961, zit. n. Hübner u.a. 1981, S. 211).

Die Worte, in denen Senft und andere seit Beginn der 1960er-Jahre ihre Bekenntnisse zur Pfadfinderpädagogik, beziehungsweise zum Erziehungsauftrag des Pfadfindertums, äußerten, waren noch voller Anklänge an ein traditionelles Vokabular: »Unsere Zeit braucht (...) den Menschen, der fähig ist, in der Gemeinschaft verantwortlich zu denken und zu handeln« (Senft 1963, zit. n. Hübner u.a. 1981, S. 212-213). Von Gesellschaft war hier noch nicht die Rede. Aber die Überlegungen in der Führung des BDP kreisten doch seit Anfang der 1960er-Jahre, verstärkt nach dem Wechsel des Bundesfeldmeisters 1961, um den Ort eines großen Jugendbundes in einer demokratischen Gesellschaft. Gegenstand dieses Selbstverständigungsprozesses war immer wieder die Pfadfinderpädagogik. Und während jene, die den BDP zur Gesellschaft hin öffnen wollten und den Ort des Bundes in der Mitte der Gesellschaft sahen, dies aus den Grundsätzen der Pfadfinderpädagogik ableiteten, kritisierten die Gegner dieser Öffnung diesen Kurs als »Pädagogisierung«. Recht hatten sie damit nur insofern, dass tatsächlich in den 1960er-Jahren ein intensives Nachdenken über pfadfinderische Pädagogik einsetzte, das diesen Begriff nicht scheute, dass einem Jungenbund wie dem BDP unverbrämt eine pädagogische Aufgabe zugeschrieben wurde und dass Forderungen laut wurden, die Erziehungsziele des Bundes zu systematisieren, ja sie sogar in einer »Pädagogischen Konzeption« zusammenzufassen.

Konkret freilich richtete sich der Vorwurf der »Pädagogisierung« auch gegen Moritz von Engelhardt, in den Jahren 1962 bis 1965 hauptamtlicher »Bundessekretär« des BDP, der die BDP-Geschäftsstelle leitete und für die Durchführung beziehungsweise Koordinierung der Führerschulungen des Bundes zuständig war. Engelhardt, ein Pädagoge mit langjähriger Führungserfahrung innerhalb des BDP, gehörte in der Tat zu den aktivsten Verfechtern einer gesellschaftlichen Öffnung des BDP. Er nutzte fraglos seine hauptamtliche Tätigkeit in diesem Sinne und trug so auch dazu bei, dass sich die Kritik an der »Pädagogisierung« mit einer Kritik an »Hauptamtlichen« verband, denen man – wie Engelhardt – im weiteren Verlauf rasch pauschal unterstellte, den BDP zu einem politischen Bund machen zu wollen (vgl. statt vieler Wittke 1990, S. 16f.). Doch davon war der BDP zu Beginn der 1960er-Jahre noch weit entfernt. Seine politische Radikalisierung und eine zweifellos planmäßige politische Unterwanderung setzten erst in den späten 1960er-Jahren ein, und man sollte diese politische Radikalisierung, die dann vor dem Hintergrund der Studentenbewegung zum Zerfall des Bundes führte, nicht mit jenen Prozessen der Liberalisierung und gesellschaftlichen Öffnung verwechseln, die vor allem die Amtszeit von Jochen Senft als Bundesführer prägten. Der ebenfalls erhobene Vorwurf der »Politisierung« war in dieser Perspektive durchaus zutreffend. Dass freilich die gesellschaftliche Öffnung des Bundes von ihren Kritikern auch als »Politisierung« bezeichnet wurde – und damit diskreditiert werden sollte – wirft einmal mehr ein Licht auf die traditionellen Denkmustern entstammende negative Bewertung des Politischen und den überkommenen Primat des »Unpolitischen«.

Eine wichtige Auseinandersetzung innerhalb des BDP wurde in den frühen 1960er-Jahren um die »Feldmeister« des Bundes geführt, die auf der Ebene der Stämme und Horste (lokal), der Landesverbände und des Bundes Führungsfunktionen ausübten. In der »Schlacht um die Feldmeister« (Wittke) ging es um eine Demokratisierung der Führungsstrukturen des Bundes. Die Feldmeister waren ein »Stand« des Bundes, und in der Tat fügte sich die ihnen zugewiesene Führungsfunktion eher in eine ständische als in eine repräsentative Ordnung. Aktive Führer des Bundes wurden auf Vorschlag der Landesverbände beziehungsweise ihrer aus Feldmeistern bestehenden Führungen zu Feldmeistern ernannt. Nur Feldmeister konnten Mitglieder des Vereins BDP (im engeren Sinne) werden; sie hatten Stimmrecht im »Bundesthing« des BDP, das als »satzungsmäßige Vertreterversammlung« das oberste beschlussfassende Organ des BDP darstellte und auch sonst in zentralen Organen der Willensbildung des Bundes (auf Landes- und Bundesebene) stark vertreten war. Bei der Wahl des Bundesführers (Bundesfeldmeisters) waren ausschließlich die »Landesfeldmeister« stimmberechtigt. Die Führung des Bundes ergänzte sich also selbst durch Kooptation, nicht durch Wahlen, und im Laufe der Jahre entstand so eine relativ abgeschlossene Führungsgruppe aus älteren Führern des Bundes, die zu Beginn der 1960er-Jahre nur sehr begrenzt die sich verjüngenden Führungen insbesondere auf lokaler Ebene repräsentierten, die direkt mit den Kindern und Jugendlichen des Bundes arbeiteten. Dagegen erhob sich Kritik. Gerade Jugendliche und jüngere Erwachsene aus den Gruppen vor Ort, den Stämmen, forderten mehr Einfluss auf die Entwicklung des Bundes und größere Mitspracherechte, darunter nicht zuletzt die Ablösung des Kooptationsprinzips durch Wahlen und ein Delegiertensystem. 1965 schaffte das Bundesthing zwar nicht den Feldmeisterstand ab, wohl aber seine stimmrechtlich-ständische Privilegierung. Der Bund demokratisierte sich.

Zu den Argumenten, mit denen die Existenz und die Rechte des »Feldmeisterstandes« kritisiert wurden, gehörte der in Jugendbünden stets aufs Neue geäußerte Vorwurf, Erwachsene und Ältere, die den jungen Gruppen längst entrückt seien, nähmen einen zu großen Einfluss auf das Leben und die Aktivitäten der Gruppen, ja dominierten diese sogar. Von einer »Vergreisung« des Bundes war die Rede.[7] Dieser wahrlich nicht neue Vorwurf verband sich in den 1960er-Jahren mit einer starken Betonung der Jugend als einer eigenen Phase zwischen Kindheit und Erwachsenenalter. Natürlich war der Begriff der Jugend nicht neu, aber nicht zuletzt aus Soziologie und Erziehungswissenschaft kamen gegen Ende der 1950er-Jahre Versuche, eine spezifische Jugendsoziologie und Jugendpädagogik zu entwickeln. Diese sollten jener neuartigen Jugendkultur gerecht werden, die sich in den ökonomischen, gesellschaftlichen und sozialkulturellen Entwicklungen der Nachkriegszeit herausgebildet hatte und die sich, folgt man den Analysen der Zeit, vor allem durch ihr ganz eigenes Freizeitverhalten auszeichnete (Siegfried 2006).

Die Impulse aus der sich entfaltenden Jugendpädagogik wurden auch im BDP aufgegriffen und bildeten einen wichtigen Hintergrund für die bewusste Modernisierung und Systematisierung seiner pädagogischen Arbeit. Dies trifft insbesondere auf die Amtszeit von Jochen Senft als Bundesführer zu (Schmoeckel 1979, S. 48). Neue pädagogische Methoden und Formen wurden, meist nach kontroverser Diskussion, eingeführt. Dazu gehörten abenteuer- und erlebnispäda-

---

7 Vgl. den Bericht von Rolf Kamuf über das Bundesthing des BDP 1965, abgedruckt in Seidelmann 1991, S. 41f. oder auch die Glosse – mit deutlichen Anspielungen auch auf das Thema Pädophilie – von Herbert Swoboda in der BDP-Führerzeitschrift »Briefe« 1964, abgedruckt in Hübner 1981, S. 220.

gogische Elemente, nunmehr bewusst auch als solche bezeichnet und vertreten, ebenso wie das Bekenntnis zum »Teamwork«, das jetzt dem traditionellen System der kleinen Gruppe (Sippe) unterlegt wurde. Bemerkenswert ist, dass ein reflektierender Akteur wie Jochen Senft diese Entwicklungen mit Amerikanisierungsprozessen in der deutschen Gesellschaft in Verbindung brachte, ja im Grunde das Sippensystem der deutschen Pfadfinder amerikanisierte, um es als zeitgemäße, moderne Erziehungsform darzustellen:

> »Was in unserem Volke mit Amerikanismus bezeichnet wird, hat mit Amerika weniger gemein als mit einer auf der ganzen Welt sich abzeichnenden Änderung unserer Gesellschaft infolge der zweiten industriellen Revolution, deren unser Volk infolge seiner völlig veralteten Methoden der schulischen und akademischen Erziehung viel weniger Herr wird als Amerika. Hier sind wir Pfadfinder ein wenig stolz, dass wir Zukunftsweisendes in unserer pfadfinderischen Erziehung leisten (…). Unser Sippensystem ist nichts anderes als jungengemäße Einübung in dieses Teamwork. In den letzten Jahren hat unser Bund hierin ziemliche Anstrengungen gemacht und dabei Zeit und Kosten nicht gescheut« (Senft 1963, zit. nach Hübner u.a. 1981, S. 212-213).

Beispielhaft für die programmatische Einführung von Elementen der Abenteuer- und Erlebnispädagogik war das im Herbst 1963 durchgeführte »Unternehmen Waldeslust«, ein zehntägiger Gruppenleiterlehrgang unter dem »Begriffsdreieck Leistung, Erlebnis, Spiel«, dessen Konzeption sich expressis verbis auf Erkenntnisse der »wissenschaftlichen Jugendsoziologie« bezog. Es ging, so ein Bericht über das Projekt, um »Freizeitgestaltung und außerschulische Jugendbildung als Abenteuer« (Heinrich Stettner 1964, zit. n. Hübner u.a. 1981, S. 230-233).

Man mag argumentieren, dass Pfadfindererziehung gerade auch in ihrer deutschen Kombination aus angelsächsisch-scoutistischen und jugendbewegt-deutschen Bestandteilen seit jeher abenteuerpädagogisch ausgerichtet gewesen sei. Das ist kaum zu bestreiten. Neu war jedoch, dass diese pädagogischen Formen und Methoden nun stärker durchdacht, reflektiert und durch die Bundesführung sowie hauptamtliche Pädagogen systematisch in den Bund getragen wurden. Auch diese Entwicklung verbirgt sich hinter der Chiffre und dem Vorwurf der »Pädagogisierung«. In dieser Systematisierung wurde aus einzelnen Elementen von Pfadfinderpädagogik ein geschlossen anmutendes Konzept der »Pfadfindererziehung«, wie man es nunmehr nannte.[8] Aus einem Bund in der Tradition der bündischen Jugend, der zu sein der BDP trotz seiner Größe beanspruchte, wurde in diesem Prozess ein moderner Jugendverband, in dem zwar

---

8 Von »pfadfinderischer Erziehung in der modernen Industriegesellschaft« sprach programmatisch Jochen Senft (s. Hübner u.a. 1981, S. 211; vgl. allgemein Gerr 1988 und 1998).

bündische Elemente und Formen – vom Liedgut über die Kohtenfahrt bis zur musischen Betätigung – weiterhin gepflegt wurden, der sich aber doch immer stärker als gesellschaftliche Aufgabe jugendpflegerische Ziele zu eigen machte.

»Heraus aus dem Wald, hinein in die Gesellschaft«, so ließe sich die Entwicklung des BDP in den frühen 1960er-Jahren plakativ – und in Umkehrung zu dem Befund für die 1950er-Jahre – charakterisieren. Und »Blaugelb« – das bezog sich auf die Farbe der Pfadfinderhalstücher des BDP – »heraus aus dem Wald!«, war tatsächlich eine Parole aus dem BDP jener Jahre (Hübner u.a. 1981, S. 194). Für diese Entwicklung standen schließlich auch die neuartigen »Seminare zur politischen Bildung«, die ebenfalls auf die Amtszeit von Jochen Senft an der Spitze des BDP zurückgehen. Als »politische Kundschaften« wurden diese Aktivitäten der politischen Bildung in eine, wie es hieß, »in der Pfadfinderpädagogik bewährte Form« gebracht. Modellbildend wirkte hier die von Moritz von Engelhardt, damals noch hauptamtlicher Angestellter in der BDP-Bundesgeschäftsstelle, organisierte Berlin-Kundschaft 1965. Thematisch konzentrierte man sich auf »Jugend- und Kulturpolitik in Ost und West«, in der hinter dem Thema stehenden Fragestellung: »Werden Ost und West einander immer ähnlicher?« spiegelte sich der Zeitgeist der mittleren 1960er-Jahre: die Politik der Entspannung, die These vom Ende der Ideologien des amerikanischen Sozialwissenschaftlers Daniel Bell, ja in Ansätzen bereits die wenig später große Attraktivität gewinnende Konvergenztheorie von der sich beschleunigenden Annäherung, ja Angleichung moderner Industriegesellschaften angesichts der in West und Ost gleichartigen sozioökonomischen Herausforderungen (Bell 1960). In Berlin empfing Willy Brandt, der Regierende Bürgermeister und SPD-Parteivorsitzende, die Führerschaft des BDP und bestärkte sie in ihrem Kurs der gesellschaftlichen Öffnung und des gesellschaftlichen Engagements (Brandt 1965, zit. n. Hübner u.a. 1981, S. 243).

Diese immer stärkere Hinwendung des BDP zur Gesellschaft sowie das gesellschaftliche und politische Engagement des Bundes kreisen um den zentralen pädagogischen Imperativ, Kinder und Jugendliche mit pfadfinderpädagogischen Mitteln zu kritischen und verantwortungsbewussten Bürgern eines demokratischen Staates zu erziehen. Genau hier ist der historische Ort der »Wolfshausener Erklärung« von 1967, die nicht für die politische Radikalisierung des BDP steht, sondern für jenen Prozess einer allmählichen Liberalisierung und gesellschaftlichen Öffnung des Bundes, der ganz in Übereinstimmung mit der allgemeinen politischen, gesellschaftlichen und soziokulturellen Entwicklung in der Bundesrepublik um 1960 einsetzte und sich in der ersten Hälfte der 1960er-Jahre, in der Zeit von Jochen Senft als Bundesführer, verstärkte. Man kann die »Wolfshausener Erklärung« als einen Höhepunkt dieser Entwicklung betrachten, vielleicht auch als ihren Schlusspunkt, und gewiss steht sie in der Kontinuität eines historischen Prozesses, zu dem im weiteren Verlauf auch die Linksradikalisierung des Bundes gehörte und seine Umformung zu einer sozialistischen Jugendorganisation. Die Mehrheit der Mitglieder des BDP, präziser vielleicht: die Mehrheit der Führer des BDP, distanzierte sich von dieser Radikalisierung, versuchte, sie zu verhindern und trug sie nicht mit. Der aus dem BDP 1971 hervorgegangene Bund der Pfadfinder (BdP), der 1975 zusammen mit dem Bund Deutscher Pfadfinderinnen den Bund der Pfadfinderinnen und Pfadfinder (BdP) bildete, repräsentierte, wenn man es holzschnittartig darstellen möchte, die liberale Opposition innerhalb des BDP. Diese Gruppen hatten die Liberalisierung und die gesellschaftliche Öffnung der frühen 1960er-Jahre weitgehend mitgetragen und knüpften als BdP unmittelbar an diese Entwicklungen und an den Geist der »Wolfshausener Erklärung« an. Der eher konservativ-traditionalistische Flügel innerhalb des BDP bildete den Deutschen Pfadfinderverband (DPV), dem sich im weiteren Verlauf auch andere, ebenfalls eher konservative Pfadfindergruppen anschlossen, die dem BDP zuvor nicht angehört hatten. Der DPV, ein stark aus antizentralistischen Ressentiments gespeister Dachverband, und seine Bünde wehrten sich zunächst gegen jene Liberalisierung, für die der BdP stand, machten sie sich jedoch spätestens seit den 1980er-Jahren gleichsam nachholend zu eigen und kamen so ebenfalls in Wolfshausen an.[9]

Literatur

Bell, Daniel (1960): The End of Ideology. On the Exhaustion of Political Ideas in the Fifties. New York.
Brandt, Willy (1965): Rede am 17. Juni 1965 vor den Teilnehmern des Bundes-Führertreffens. In: Hübner u.a. 1981, S. 243.
Bussche, Raimund von dem (1998): Konservatismus in der Weimarer Republik. Die Politisierung des Unpolitischen. Heidelberg.
Conze, Eckart (2009): Die Suche nach Sicherheit. Eine Geschichte der Bundesrepublik Deutschland von 1949 bis in die Gegenwart. München.
Doering-Manteuffel, Anselm (2000): Westernisierung. Politisch-ideeller und gesellschaftlicher Wandel in der Bundesrepublik bis zum Ende der 60er Jahre. In: Schildt, Axel/ Siegfried, Detlef/Lammers, Karl Christian (Hg.): Dynamische Zeiten. Die 60er Jahre in beiden deutschen Gesellschaften. Hamburg, S. 311-341.
Gerr, Hans E. (1988): Pfadfindererziehung. Baden-Powells Entwurf einer Erziehung durch Scouting. Baunach.

---

9   Zu diesen Entwicklungen, die wissenschaftlich noch überhaupt nicht aufgearbeitet sind, s. die stark von persönlichen Wahrnehmungen geprägten Darstellungen bei Seidelmann 1977, S. 104-110, oder die Erinnerungen eines engagierten Zeitzeugen: Wittke 1990.

Gerr, Hans E. (1998): Pfadfinden. Erziehungsziele, pädagogische Grundsätze und bedürfnisorientierte Arbeit in den Altersstufen. Baunach.
Hellfeld, Matthias v. (1987): Bündische Jugend und Hitlerjugend. Zur Geschichte von Anpassung und Widerstand. Köln.
Herbert, Ulrich (2002): Liberalisierung als Lernprozess. Die Bundesrepublik in der deutschen Geschichte. Eine Skizze. In: Herbert, Ulrich (Hg.): Wandlungsprozesse in Westdeutschland. Belastung, Integration, Liberalisierung 1945-1980. Göttingen, S. 7-52.
Hübner, Axel/Klatta, Rolf/Swoboda, Herbert (Hg.) (1981): Straßen sind wie Flüsse zu überqueren. Ein Lesebuch zur Geschichte des Bundes Deutscher Pfadfinder (BDP). Frankfurt a.M.
Kamuf, Rolf (1991): Über das Bundesthing des BDP 1965, abgedruckt in: Seidelmann, Karl (Hg.): Pfadfinder (Teil 2,2), S. 41-42.
Klönne, Arno (1982): Jugend im Dritten Reich. Die Hitler-Jugend und ihre Gegner. Düsseldorf.
Mann, Thomas (1918): Betrachtungen eines Unpolitischen. Berlin.
Moses, Dirk (1999): The Forty-Fivers. A Generation Between Fascism and Democracy. In: German Politics and Society, 17, S. 105-127.
Reulecke, Jürgen/Schwarte, Norbert (2001): Fernweh und Großfahrten in der Bündischen Jugend der Nachkriegszeit. In: Reulecke, Jürgen (Hg.): »Ich möchte einer werden so wie die ...«. Männerbünde im 20. Jahrhundert. Frankfurt a.M./New York, S. 215-232.
Roller, Kajus (1950): Bund oder Bund? In: Jungenleben (Mai), o. S.
Schmoeckel, Reinhard (1979): Strategie einer Unterwanderung. Vom Pfadfinderbund zur revolutionären Zelle. München.
Seidelmann, Karl (1977): Die Pfadfinder in der deutschen Jugendgeschichte. Teil 1: Darstellung. Hannover.
Seidelmann, Karl (1991): Die Pfadfinder in der deutschen Jugendgeschichte. Teil 2,2: Quellen und Dokumente von 1945 bis in die Gegenwart. Halle/Freiburg.
Senft Jochen (1961): Nach seiner Wahl zum Bundesführer (Bundesfeldmeister) des BDP am 17.6.1961. In: Hübner u.a. 1981: Straßen, S. 207-212.
Senft Jochen (1963): Der Bund Deutscher Pfadfinder nach fünfzehn Jahren. In: Hübner u.a. 1981, S. 212-213.
Siegfried, Detlef (2006): Time is on my side. Konsum und Politik in der westdeutschen Jugendkultur der 1960er Jahre. Göttingen.
Stettner, Heinrich (1964): Freizeitgestaltung und außerschulische Jugendbildung als Abenteuer. Ein Experiment des Bundes Deutscher Pfadfinder: »Unternehmen Waldeslust«. In: Hübner u.a. 1981, S. 230-233.
Swoboda, Herbert (1964): Feldmeister sein dagegen sehr. In: »Briefe« /BDP-Führerzeitschrift, 81, S. 2. In: Hübner u.a. 1981, S. 220.
Thamer, Hans-Ulrich (2004): Tradition und Erbe. Wiederbegründungen und Verwandlungen jugendbündischer Denk- und Lebensformen in der westdeutschen Trümmergesellschaft. In: Historische Jugendforschung. Jahrbuch des Archivs der deutschen Jugendbewegung, NF 1, S. 14-32.
Wittke Hansdieter (1990): Freiheit in Bindung. Der Deutsche Pfadfinderverband. Baunach.

> # Pfadfinderpädagogik
> zu Beginn des 21. Jahrhunderts

Globalisierung als Herausforderung für die Pfadfinderpädagogik

Matthias D. Witte

Globalisierung ist das Megathema unserer Zeit. Spätestens seit den 1990er-Jahren ist das Wort massiv in das Zentrum des öffentlichen Diskurses geraten. In Online- wie Printmedien, in Nachrichten und Diskussionsrunden wird heute (fast) täglich über Globalisierung, über die mit ihr einhergehenden strukturellen Veränderungen und deren politische, ökologische und kulturelle Konsequenzen gesprochen. Dabei geht es häufig um die »Schattenseiten der Globalisierung«: Standortnachteile im globalen Wettbewerb, die Folgen der Weltwirtschaftskrise, gewalttätige Proteste, grenzüberschreitende organisierte Kriminalität, international vernetzten Terrorismus, Klimakatastrophe und globale Umweltverschmutzung. Es scheint, als würden Negativ-Szenarien den Diskurs dominieren. Nur selten wird über Chancen und positive Visionen gesprochen. Was aber genau heißt Globalisierung? Das Modewort bezeichnet nichts anderes als einen *fortschreitenden Prozess weltumspannender Verbreitung und Vernetzung von Beziehungen.* Ergebnis der zunehmenden weltweiten Verflechtungs-, Austausch- und Abhängigkeitsprozesse ist ein intensiviertes Beziehungsnetzwerk, das die Welt in ökonomischer, politischer und auch kultureller und sozialer Hinsicht zunehmend miteinander verknüpft. Die Verdichtung der globalen Beziehungen geschieht dabei auf der Ebene von Individuen, Institutionen, Gesellschaften und Staaten.

An dieser Begriffsbestimmung zeigt sich, was das Pfadfinden mit Globalisierung zu tun hat: Die Pfadfinderbewegung ist ein Beispiel für Globalisierung. Als globale Jugendbewegung macht sie deutlich, dass Globalisierung keineswegs ein neues Phänomen ist, denn schon zu Beginn des 20. Jahrhunderts wurden die Grundlagen für ein globalisiertes Pfadfindertum gelegt. In der ersten Hälfte des 20. Jahrhunderts breitete sich die Idee Robert Baden-Powells auf der ganzen Welt aus. Heute zählt die Bewegung mehr als 41 Millionen Kinder und Jugendliche aus über 215 Ländern und Territorien als Mitglieder. Die nationalen und internationalen Pfadfinderverbände sind im Wesentlichen in zwei weltweiten Dachverbänden zusammengeschlossen: der *World Association of Girl Guides and Girl Scouts* und der *World Organization of the Scout Movement*. Nur in sechs Staaten gibt es keine Pfadfinderverbände: Andorra, China, Kuba, Laos,

Myanmar und Nordkorea (vgl. Wolff 2007). Schätzungen gehen davon aus, dass etwa 300 Millionen Menschen bis heute der Pfadfinderbewegung angehört haben. Global vernetzt und weltweit agierend sind die Pfadfinder, so könnte man meinen, gut gerüstet für die Anforderungen in einer globalisierten Welt. Doch die beschleunigten Prozesse des globalen Wandels stellen die pfadfinderische Kinder- und Jugendarbeit vor neue Herausforderungen: Ihre *modernen*, mittlerweile über 100 Jahre alten Grundkonzepte treffen auf *spät-* oder *post*moderne gesellschaftliche Anforderungen. Der vorliegende Beitrag nimmt Einblick in dieses bisher in der (Fach-)Diskussion völlig unbeachtete Spannungsfeld. Es geht um die Frage: *In welchem Verhältnis stehen Pfadfinderpädagogik und Globalisierung zueinander?*

In einem ersten Schritt werde ich die Auswirkungen des Globalisierungsprozesses auf das Aufwachsen heute betrachten (1). Ein wesentliches Merkmal globalisierter Gesellschaften sind räumlich, zeitlich und sozial »entbettete« und flexibilisierte Lebensformen (vgl. Böhnisch/Lenz/Schröer 2009). Sodann richtet sich mein Blick – aus jugendtheoretischer Perspektive – auf die Lebensphase Jugend als Moratorium, das im Zuge der Globalisierung eine grundlegende Umdeutung erfährt: Nicht »entpflichtete Auszeit« (Reinders/Wild 2003, S. 9), sondern Kompetenzerwerb und Leistungsorientierung sind die (neuen) Leitkategorien für das Heranwachsen zu Beginn des 21. Jahrhunderts (2). Die Pfadfinderpädagogik dagegen orientiert sich in ihrer Bildungsarbeit an der originären Denkfigur des Moratoriums (3). Als System fortschreitender Selbsterziehung fokussiert die pfadfinderische Methode eben nicht (stur) auf die Notwendigkeiten zukünftiger Arbeitsmarktanforderungen, sondern betont die Förderung der Entwicklung junger Menschen durch Mitbestimmung, Verantwortungsübernahme, Gemeinschaftserleben und die Aneignung von Kenntnissen, Fähigkeiten und Fertigkeiten durch das praktische Tun. Dennoch bieten die Konzepte der pfadfinderischen Kinder- und Jugendarbeit eine solide Grundlage für eine Auseinandersetzung mit den Anforderungen einer globalisierten Gegenwart (4). Ein kurzes Fazit schließt diesen Beitrag ab (5).

1. Aufwachsen in einer globalisierten Welt

Globalisierung weitet als multidimensionaler Prozess den Bewusstseins- und Kommunikationshorizont von Individuen aus. Der britische Soziologe Anthony Giddens beschreibt den Prozess der Globalisierung »im Sinne einer Intensivierung weltweiter sozialer Beziehungen, durch die entfernte Orte in solcher Weise miteinander verbunden werden, dass Ereignisse an einem Ort durch Vorgänge geprägt werden, die sich an einem viele Kilometer entfernten Ort abspielen, und umgekehrt« (Giddens 1996, S. 85). Diese gesellschaftliche Entwicklung führt zu einer Steigerung an lebensweltlicher Komplexität, die sich in vier Perspektiven beschreiben lässt: in räumlicher, zeitlicher, sachlicher und sozialer Hinsicht (vgl. Scheunpflug 2003a, b; Lang-Wojtasik 2008, S. 197).

- In *räumlicher* Hinsicht führt die Globalisierung mit einer rasanten Steigerung der Mobilitätsmöglichkeiten zu einer Veränderung des Raumes und zu neuen Formen der Entgrenzung. Durch neue Informations- und Kommunikationsmedien sowie beschleunigte Transportmöglichkeiten spielen Orte und Distanzen eine immer geringere Rolle. Menschen können an Information, Kommunikation und Interaktion teilhaben, ohne überhaupt körperlich anwesend zu sein. Live-Ticker, Live-Fernseh- und Internetübertragungen ermöglichen ein »Dabeisein« bei Ereignissen in Echtzeit. Fußballgroßereignisse, königliche Hochzeiten oder auch Beisetzungen – bei der Beerdigung von Prinzessin Diana waren weltweit 1,2 Milliarden Menschen an den Fernsehbildschirmen – lassen die Welt zu einem »global village«, einem globalen Dorf zusammenschrumpfen, wie Marshall McLuhan es in einer eingängigen Metapher beschreibt. Jenseits territorialer Grenzziehungen verläuft Kommunikation netzwerkartig und strukturiert sich über Ländergrenzen hinweg auf einer Vielzahl von Kommunikationskanälen. Ergebnis dieses Prozesses sind neue Formen von Nähe und Ferne; denn Nähe und Ferne verändern sich unabhängig von realen Distanzen. Räume (in der Ferne) nähern sich an, während sich andere Räume (in der Nähe) in ihrer Erreichbarkeit zu entfernen scheinen. Die Mitglieder einer translokal zu verortenden Star Trek-Fanszene, mit denen ich in Foren und Chats interagiere, ohne sie jemals von Angesicht zu Angesicht getroffen zu haben, sind mir möglicherweise näher als mein Nachbar, von dem ich kaum mehr weiß als seinen Namen. Online-Communities, Facebook-Freunde & Co. fordern somit eine Neujustierung unserer räumlichen Vorstellung von Distanz und Nähe heraus.
- In *zeitlicher* Hinsicht führt Globalisierung zu einer »Schrumpfung der Zeit« und zu einem veränderten Zeitbewusstsein. Der Alltagsrhythmus von Menschen hat sich beschleunigt, die Zeitabstände in der Kommunikation werden durch das Internet immer geringer. Heute kann im Prinzip jeder Punkt des Globus in Bruchteilen von Sekunden mithilfe von Fernsehen, Radio, Telefon, Fax und Internetverbindungen erreicht werden. Mit Video-Telefonie über Anbieter wie »Skype« kann ich ohne Zeitverlust quasi Face-to-Face mit einem Gegenüber am anderen Zipfel des Erdballs kommunizieren – sicherlich nur, wenn alle Hürden des Medienzugangs überwunden sind. Darüber hinaus sind »Entgrenzungen« von Zeit zu beobachten, etwa aufgrund einer Diffusion von Arbeitszeit und Freizeit im Dienstleistungssektor

und der zunehmenden Notwendigkeit lebenslangen Lernens. Aus dem Bewusstsein einer individuell gestaltbaren, aber damit auch offenen und unbestimmten Zukunft erwachsen Gefühle der Unsicherheit und Ungewissheit, die als Resultate eines immer schnelleren sozialen Wandels gedeutet werden können. Für die (Rück-)Gewinnung von Sicherheit und Gewissheit bedarf es daher nicht nur der Vermittlung von Wissen über Handlungsoptionen, sondern auch der eigenen Fähigkeit, sich neue Handlungsoptionen zu erschließen und diese gegeneinander abzuwägen. Da der Mensch durch seine physischen Möglichkeiten begrenzt bleibt, muss er darüber hinaus Umgangsweisen für die Beschleunigung und Entgrenzung von Zeit finden.

- Die *sachliche* Dimension steht für den Umgang mit Wissen. Im Zeitalter der Globalisierung wächst die Menge an verfügbarem Wissen exponentiell, und selbst Wissen zu einem sehr eingeschränkten Fachgebiet ist niemals in Gänze von einem einzelnen Menschen verarbeitbar. Die deutsche Version der Online-Enzyklopädie Wikipedia beispielsweise verzeichnet ständig aktualisierte oder neue Stichwörter und ist seit der Gründung im Jahr 2001 auf 1.291.425 Artikel angewachsen. Die grenzlose Zunahme und Verfügbarkeit von Informationen erhöht die Notwendigkeit zur Selektion und führt zu einer zunehmenden Wahrnehmung von Kontingenz, also der Ungewissheit über (künftige) Entwicklungen. Die Entstehung neuen Wissens nämlich führt zugleich zur Schaffung neuen Nichtwissens, das nicht intendierte Nebenfolgen nach sich ziehen kann. *Auswahl* und *Entscheidung* bedeutet immer *Risiko,* weil die Möglichkeit, sich anders zu entscheiden, erhalten bleibt. In einer immer unübersichtlicher werdenden Welt müssen auch die ungewollten Nebenfolgen des Handelns von den Menschen bearbeitet und Probleme von hoher Komplexität und mitunter globalem Ausmaß bewältigt werden (siehe dazu Ulrich Becks Idee der »Weltrisikogesellschaft« [2007]). Zudem verliert Wissen innerhalb immer kürzerer Zeitspannen seine Bedeutung und muss demnach immer wieder neu erworben werden, sodass veränderte Formen der Wissensaneignung in den Vordergrund treten. Ein Bewusstsein eigenen Nichtwissens ist ebenso notwendig wie die Fähigkeit, angesichts unsicheren Wissens dennoch Handlungsoptionen zu entwerfen und Entscheidungen zu treffen.
- Die *soziale* Dimension beschreibt den Umgang mit sozialen und kulturellen Disparitäten. Eng verbunden mit der Entgrenzung des Raums und der zunehmenden räumlichen Mobilität verändert sich das Verhältnis von Fremdheit und Vertrautheit; das Fremde und das Eigene verwischen ihre Grenzen (vgl. ausführlich Wulf 2002; 2006). Neue Vermischungen und Überschneidungen entstehen. Die meisten Menschen haben Anteil an mehreren Kulturen, durch deren Zusammenspiel sie in jeweils einmaliger Weise geprägt

werden. Mit der weltweiten Zunahme von Migrationsbewegungen wird das Zusammenleben von Angehörigen verschiedener Kulturen zur selbstverständlichen, alltäglichen Realität. Kulturelle Vielfalt verlangt eine Auseinandersetzung mit der Differenz zwischen Vertrautheit und Fremdheit und gestaltet die Anschlussfähigkeit potenzieller Kommunikationspartner voraussetzungsreicher. Für Erziehung und Bildung ergeben sich aus dieser Situation neue Aufgaben: Es gilt, (neue) Solidaritäten, Sensibilitäten und Loyalitäten zu entwickeln.

Die Auflösung einer traditionellen Vorstellung von Raum und Zeit, Ferne und Nähe, Vertrautem und Fremdem bringt tief greifende Veränderungen in den Sozialisationsbedingungen von Kindern und Jugendlichen mit sich. Aufwachsen zu Beginn des 21. Jahrhunderts ist nicht (mehr) nationalstaatlich verfasst, sondern in seiner globalisierten Kontextuierung zu denken (vgl. ausführlich Witte/ Niekrenz/Sander 2011). Nicht Übersichtlichkeit, Einheitlichkeit und Begrenztheit bestimmen das Leben heute, sondern Vielfalt, Komplexität und Entgrenzung. Diese Entwicklungen nehmen auch Einfluss auf die Erziehung und Bildung von Kindern und Jugendlichen sowohl im schulischen als auch im außerschulischen Kontext. Inwiefern verändert Globalisierung eine Konzeption von Bildung in Deutschland?

2. Bildungsmoratorium unter den Bedingungen von Globalisierung

Das Bildungssystem unterliegt (mehr und mehr) den Anforderungen von Ökonomisierung und Outputorientierung. Dies führt dazu, dass Bildung im Zuge der fortschreitenden Internationalisierung und zunehmenden Globalisierung der Weltwirtschaft ökonomisch gedacht wird. Bildung müsse als Erfolg und in Leistungen messbar sein. Im Bildungsdiskurs der letzten Jahre schwingt seit der konsequenten Durchführung international vergleichender Studien wie PISA, TIMMS und IGLU die Angst mit, im internationalen Wettbewerb nicht konkurrenzfähig zu sein. Im Kontrast zu dieser ökonomischen Auffassung steht ein *humanistischer* Bildungsbegriff: Die humanistische Bildungsperspektive fokussiert nicht den Erwerb gesellschaftlich verwertbarer Kompetenzen, sondern meint die zweckfreie (Selbst-)Formung des Menschen in Auseinandersetzung mit der Welt, um die eigene Lebenslinie und -gestalt zu finden. Diese zweckfreie Selbstformung des Individuums bedarf eines Schonraums für Entwicklung, eines sogenannten *Moratoriums* (vgl. ausführlich Andresen 2008; Hunner-Kreisel/Schäfer/Witte 2008). Das viel diskutierte Moratoriumskonzept hat seinen ideengeschichtlichen Ursprung in Jean-Jacques Rousseaus Bildungsroman

»Emile oder über die Erziehung«. Seit den 1960er- und 1970er-Jahren hat sich in der westlichen Welt ein Jugendmodell durchgesetzt, das der Jugendforscher Jürgen Zinnecker (1991) als »Bildungsmoratorium« bezeichnet hat. Da die gesellschaftliche Modernisierung einen strukturell erhöhten Bedarf an Bildung erfordert, konnte sich das Bildungsmoratorium als vorherrschender Modus der Vergesellschaftung von Jugendlichen ausweiten (Bildungsexpansion). Jedoch scheinen sich in den westlichen Gesellschaften die Ausgestaltung und der Zweck des Bildungsmoratoriums weit von Rousseaus Ideen entfernt zu haben. Bildung wird zunehmend als »Humankapital« verstanden, das gefördert werden muss, wenn Deutschland im internationalen Leistungswettbewerb nicht zurückbleiben soll. Diese Einstellung zu Bildung potenziert sich seit den 1990er-Jahren vor allem durch die zunehmende Globalisierung der Weltwirtschaft. Wenn dem so ist, inwiefern erfährt dann mit einer Veränderung des Bildungsbegriffs im Globalisierungsprozess auch das Jugendmoratorium eine Umwertung? Die internationale Vermessung durch Vergleichstests wie PISA bildet »zu Beginn des neuen Jahrhunderts bzw. Jahrtausends eine durch die Globalisierungsprozesse forcierte Pointe der Jugendfrage: Erzeugt eine nationale Gesellschaft mittels Jugendmoratorium konkurrenzfähiges, ökonomisch und anderweitig verwertbares Humankapital der nachfolgenden Generation (die OECD-Pisa-Frage)?« (Zinnecker 2003, S. 8). Die internationale Vermessung führt zu einer neuen Form von Konkurrenz. Jugendliche müssen sich nicht mehr nur mit ihren Klassenkameraden messen, sondern mit den Schülern in Finnland, Japan und vielen anderen Ländern der Welt. Zukunftsangst, anwachsende Ungewissheiten und Risiken brechen in die Moratoriumsphase für Heranwachsende ein. Der lange Zeit als selbstverständlich geltende Schonraum erfährt Einschränkungen, gilt in seiner Gestalt sogar als durch Übergriffe marktförmig organisierter Ansprüche bedroht und verliert zunehmend seine gesellschaftlichen Legitimationsgrundlagen. Die Moratoriumsphase bricht sozial und zeitlich-biografisch auf, denn die Übergänge ins eigenverantwortliche Erwachsenenalter sind für viele Jugendliche nicht nur unstrukturierter, länger und unsicherer, sondern auch individuell folgenreicher geworden. »Der bisher zeitlich eng begrenzte Freiraum, in dem man sich austoben konnte, bevor man in den Arbeitsalltag eintrat, löst sich auf« (Kirchhöfer/Merkens 2004, S. 17), weil zunehmend arbeitsgesellschaftliche Verpflichtungen in die Lebensphase Jugend sickern. Junge Menschen werden schon sehr früh darauf vorbereitet, dass (schulische) Leistung und Leistungsbereitschaft Grundvoraussetzungen dafür sind, in einer globalisierten Welt mit hohem Konkurrenzdruck im Arbeitsleben zu bestehen. Das Näherrücken des Arbeitsmarktes an die Jugendphase drückt sich z.B. in einer Vorverlagerung sowie Verkürzung von Schul- und Ausbildungszeiten aus.

Globalisierung als Herausforderung für die Pfadfinderpädagogik

Inwiefern ist nun die Pfadfinderbewegung als eine globale Erziehungsbewegung für junge Leute von diesen Entwicklungen betroffen? Bietet das Pfadfinden einen Schonraum für die Entwicklung von Kindern und Jugendlichen und somit einen Gegenentwurf zu ökonomisch orientierten (Aus-)Bildungsstrategien?

3. Pfadfindertum als Moratorium für Kinder und Jugendliche

Die Pfadfinderbewegung als eine freiwillige, nicht-politische Erziehungsbewegung für junge Leute, will »zur Entwicklung junger Menschen beitragen, damit sie ihre vollen körperlichen, intellektuellen, sozialen und geistigen Fähigkeiten als Persönlichkeiten, als verantwortungsbewusste Bürger und als Mitglied ihrer örtlichen, nationalen und internationalen Gemeinschaft einsetzen können« (vgl. WOSM 1997, S. 7). Dabei orientiert sich die Pfadfinderpädagogik in ihrer Erziehungs- und Bildungsarbeit an der originären Form des Moratoriums. Als ein System fortschreitender Selbsterziehung unterstreicht die pfadfinderische Methode, dass Bildung mehr ist als Leistung und orientiert sich nicht stur an den Notwendigkeiten zukünftiger Arbeitsmarktanforderungen. Anhand von vier Aspekten der Pfadfinderpädagogik lässt sich die Betonung des Moratoriumsgedankens verdeutlichen: (1) Learning by Doing, (2) fortschreitende Selbsterziehung, (3) Abenteuerbildung beim Pfadfinden und (4) das Unterwegssein in der Natur.

1. Das pfadfinderische Konzept des Learning by Doing von Robert Baden-Powell, das auch der Pragmatist John Dewey für eine erfahrungsorientierte Pädagogik diskutiert hat, betont das Beobachten, Experimentieren und Erleben. Lernen durch Erfahrung eröffnet nach dem Prinzip des Ausprobierens (Trial and Error) auch die Freiheit, Fehler zu machen. Während bei eher kognitiv orientierten Lernmodellen die rein intellektuelle Beschäftigung mit einem Lerngegenstand im Mittelpunkt steht, geht es im Learning by Doing um die direkte praktische Auseinandersetzung mit einer Situation oder auch – für Lernprozesse besonders wichtig – mit einem Sachverhalt. Der oder die Heranwachsende ist in diesen Prozess der Auseinandersetzung als Person vielschichtig eingezogen: leib-nah, affektiv-unmittelbar, fantasierend und sprachlich. Das Lernkonzept steht in der Tradition von erfahrungsorientiert ausgerichteten Lernmodellen: Lernerfolge gelten in diesem Ansatz dann als möglich, wenn Dinge praktisch ausprobiert und anschließend reflektiert werden. Lernende sollen in einer Lernumwelt experimentieren und dabei selbst die Realität entdecken. Als Grundsatz bezieht sich Learning by Doing auf alle Bereiche von pfadfinderischen Programmen (Gruppenstunden, Lager, Spiel, Fahrt, Hike, Projekt usw.). Das Ziel ist die Erziehung

zu selbstständigem Handeln. Durch die Reflexion und Einordnung der gemachten Erfahrungen in größere persönliche, soziale und politische Zusammenhänge werden neue Einsichten und Verhaltensweisen ermöglicht.

2. Die Pädagogik des Pfadfindens ist »erstaunlich schlicht: Kinder und Jugendliche erziehen sich mit Unterstützung der erwachsenen Leiterinnen und Leiter selbst. Jede und jeder bringt seine Fähigkeiten ein« (DPSG o.J.), seine Ansichten, seine Gefühle, seine Stärken und Schwächen. Während des gemeinsamen Handelns lernen alle, sammeln alle Erfahrungen. Die Gruppen sind nach Alter aufgeteilt; das macht die Selbsterziehung einfacher und fordert jede und jeden. Innerhalb der großen Gruppe einer Altersstufe bilden sich zudem Kleingruppen, damit der Rahmen für das Lernen übersichtlich bleibt. Die Aufteilung in Altersstufen (z.B. Kinder [Wölflinge], (Jung-) PfadfinderInnen, Ranger/Rover) dient der angemessenen Forderung und Förderung von Kindern und Jugendlichen in ihren jeweiligen Entwicklungsphasen. Im gemeinsamen Pfadfinden ist Kooperation wichtig: Nicht nur die Gleichaltrigen müssen zusammenarbeiten, sondern auch der Gruppenleiter ist gefordert, in der Rolle eines Begleiters zu agieren, nicht aber als Bevormundender, der schon alles weiß. Für Dewey ist der Mensch ein aktives Wesen; Erkenntnis muss in Handlungsvollzüge eingebettet sein, am besten in Form eines Projekts oder Workshops. Darunter versteht Dewey ein umfangreiches Arbeitsvorhaben, bei dem eine reale Lebensaufgabe von praktischer Bedeutung für das Gemeinschaftsleben bewältigt wird, und zwar so, dass am Ende ein sinnhaft greifbares, praktisch brauchbares Ergebnis steht. Dabei übernehmen die Beteiligten Verantwortung – für das Projekt, für sich selbst und für andere. Dewey versteht die Projektmethode auch als Weg für eine demokratische Erziehung. Demokratie als Form des Zusammenlebens kommt in der Pfadfinderbewegung in einem demokratischen Handeln zum Ausdruck, nämlich als aktive Mitverantwortung für die Menschen und die Umwelt (vgl. Gerr 2009, S. 12). Im Rahmen von Projekten und des Tätigkeitsgrundsatzes (Scouting is Doing) werden Kompetenzen wie Eigeninitiative, Selbstständigkeit, Handlungsfähigkeit und -bereitschaft gefördert, die als wichtige Qualifikationen für eine Demokratiefähigkeit gelten.

3. Pfadfinden bietet Abenteuer. Das Abenteuer steht als außergewöhnliches Ereignis im Gegensatz zur Alltagswelt mit ihren Routinen und Regelmäßigkeiten und stellt sich mit dem Verlassen alltäglicher Sicherheiten ein. Kontrasterfahrungen sind z.B. durch bewegungsbezogene Aktivitäten in der Natur oder in fremden Umgebungen möglich. Das »abenteuerliche Unterwegssein« (Becker 2005) beim Pfadfinden leistet einen Beitrag zur selbstbestimmten Lebensführung und Autonomie. Wichtige Entwicklungsaufgaben

des Jugendalters – etwa die Ablösung vom Sicherheit gebenden Elternhaus und das Gewinnen von Autonomie – werden mit dem Verlassen des Vertrauten und der Konfrontation mit Unvertrautem im Abenteuer vorangetrieben. Der jugendliche Abenteurer in Gestalt des wandernden Pfadfinders lässt jenseits der Alltagsordnung gewohnte Denk- und Handlungsmuster hinter sich und sucht nach alternativen Deutungen und Handlungsmöglichkeiten. Durch die Auseinandersetzung mit herausfordernden und ergebnisoffenen Entscheidungssituationen erfahren die heranwachsenden Abenteurer auch etwas über sich selbst, und es »konstituiert sich das, was das Subjekt als Subjekt ausmacht – seine Autonomie« (ebd., S. 244). Das abenteuerliche Unterwegssein basiert auf einem aktiven Umgang mit der Wirklichkeit unter intensivem Einbezug des eigenen Körpers. Kraft, Ausdauer, Geschicklichkeit, Konzentration und die Aufmerksamkeit aller Sinne sind gefragt; Erfolg und Misserfolg einer Handlung sind direkt erfahrbar. Aus pädagogischer Sicht birgt das Abenteuer mit seiner Außeralltäglichkeit Bildungspotenzial. Bildungsprozesse werden durch die Konfrontation mit »Problemen« ausgelöst, für deren Bewältigung die Figuren des bisherigen Welt- und Selbstverhältnisses nicht mehr ausreichen. Sie können als Wege gesehen werden, die Menschen zur Perspektivenerweiterung ihrer Sicht von Welt beschreiten (vgl. Bock 2004). Bildung ist daher eng mit Wandlungsprozessen verknüpft, durch die bestehende Welt- und dann auch Selbstkonstruktionen verändert werden. In den Momenten, in denen sich die Perspektive erweitert, durchleben Menschen einen qualitativen Sprung, der die Veränderung von Ordnungsschemata und den Wechsel von Sinnhorizonten beinhaltet. Ein Charakteristikum dieser Momente ist der Aufbau eines Spannungsfeldes von Krise und Emergenz auf der Suche nach der neuen Sicht auf die Welt und auf sich selbst (vgl. ausführlich Marotzki 1990; vgl. Bock 2004). Bildung ist in diesem Verständnis kein harmonisch-naturwüchsiger Reifungsprozess (vgl. Koller/Marotzki/Sanders 2007). Bildung und Abenteuer beinhalten vielmehr krisenartige, fremde Erfahrungen, die mit einer »Störung«, mit einem Bruch in der gewohnten Alltagsroutine und -ordnung einhergehen. Das Abenteuer beim Pfadfinden beginnt, wenn bisherige, routinemäßig praktizierte Handlungsmuster erschüttert werden, weil die Wirklichkeit im Abenteuer nichts mit der Alltagswirklichkeit gemein hat. Es setzt eine Krise des »Denkens-wie-üblich« (Schütz 1972, S. 58ff.) ein und Handlungsalternativen müssen her. Die Pfadfinder müssen in ergebnisoffenen Entscheidungssituationen (neu und anders) handeln. Für eine kritisch-reflexive Pfadfinderpädagogik ist es wichtig, das Nachdenken und das kritische Nachdenken über die im Abenteuer gemachten Erfahrungen anzuregen und sich darüber auch in der Gruppe auszutauschen.

4. Das Unterwegssein in der Natur evoziert bei den meisten Kindern und Jugendlichen außergewöhnliche Körper- und Bewegungserfahrungen. Wie ist es, bei einem Marsch mit Gepäck mal so richtig ins Schwitzen zu kommen? Wie fühlt es sich an, wenn man fürchterlich friert? Diese Körperzustände erleben nicht wenige Kinder und Jugendliche zum ersten Mal während pfadfinderischer Aktivitäten in der Natur. Wie fühlen sich Wind, Nebel, Schneetreiben, Hitze und Kälte ganz unmittelbar an? So banal diese Erlebnisse sein mögen, sie sind wichtige eigenleibliche Erfahrungen, die den Körper zu einem Medium der Erkenntnis erheben. Die Natur – das ist das Reizvolle an ihr – ist nicht vorhersehbar, nicht planbar. Das pfadfinderische Unterwegssein betont das Wahrnehmen der Umgebung mit allen Sinnen, das Spüren am eigenen Leib, die körperliche Aktivität, menschliche Neugier und Entdeckerdrang. Der Hang zum Wandern und Unterwegssein ist dabei eine typisch deutsche Erscheinung, die im Gegensatz zu den meisten ausländischen Verbänden steht (vgl. Wolff 2007).

Aus einer pädagogischen Perspektive müssen Erziehungskonzepte sich auch daran messen lassen, wie viel Freiheit, wie viel Wagnis und Risiko, wie viel Neugier, wie viel ästhetische Erfahrung und wie viel scheinbar Nutzloses sie erlauben. Spontan sein können, improvisieren dürfen, nicht perfekt sein müssen – diese Chancen scheinen sich Pfadfinderinnen und Pfadfindern noch zu eröffnen. Die Grundidee von Baden-Powell richtet sich an einem Moratorium (für Jungen) aus, das die zweckfreie (Selbst-)Formung des Menschen in Auseinandersetzung mit der Welt schützt, damit dieser die eigene Lebenslinie und -gestalt finden kann. Aber die Anforderungen der Bildungsinstitutionen, der Lern- und Leistungsdruck machen auch vor den Pfadfindergruppen nicht halt: Die Erfahrung zahlreicher Gruppenleiter und Ehrenamtlicher zeigt, dass insbesondere Jugendliche, die in die gymnasiale Oberstufe übergehen, kaum noch Zeit für pfadfinderisches Engagement finden und die Gruppen verlassen.

4. Pfadfinden im Zeitalter der Globalisierung

Im Zuge fortschreitender Globalisierung sieht sich die pfadfinderische Kinder- und Jugendarbeit neuen Herausforderungen gegenübergestellt. Sie muss – wie unter Abschnitt 1 »Aufwachsen in einer globalisierten Welt« bereits aufgezeigt wurde – mit (1) veränderten Raum- und Zeitverhältnissen, (2) mit einer immer schnelleren Zunahme an verfügbarem Wissen und (3) mit einem veränderten Verhältnis von Fremdheit und Vertrautheit umgehen.

(1) Veränderte Raum- und Zeitverhältnisse
Die Entgrenzung des *Raumes* durch neue Informationstechnologien und Transportmöglichkeiten hat das Verhältnis zum Raum verändert. Ebenso ist das Leben in einer beschleunigten Welt, in der so genannten »Tempogesellschaft«, mit einem Wandel des Zeitbewusstseins verbunden. Die Gewissheit, dass sich Räume in kürzester Zeit überwinden lassen, ist heute selbstverständlich für Heranwachsende. Das Wandern als zweckfreies Gehen über längere Strecken in der Natur stellt eine alternative Form der Raumüberwindung dar. Während des Hikes lässt sich ein Gespür für Entfernungen (wieder-)entdecken. Zu Fuß wird der Raum angeeignet, sinnlich erfahren. »Raumaneignung« bedeutet, sich den materiell-physikalischen (aber auch den sozialen, geistigen) Raum handelnd so zu erschließen, dass Orientierung sowie das Entwerfen und Realisieren von Handlungen in ihm möglich sind. Hierbei geht es um Strategien der räumlichen Wahrnehmung und Deutung, kurz: um Konstruktionsleistungen der sozialen Akteure über den Raum. Indem Pfadfinder eine Beziehung zum (Natur-)Raum herstellen, konstruieren sie ihn relational, individuell und gesellschaftlich. Denn so privat dieser individuelle Aneignungsakt erscheinen mag, er stellt immer auch eine Form gesellschaftlicher Aneignung dar. Die Fähigkeit zum Gehen eröffnet dem Menschen einen Möglichkeitshorizont, die Chance zur Freiheit.

Nicht nur Raum-, sondern auch *Zeit*-Verhältnisse lassen sich während des Zurücklegens von Wegstrecke ausloten. Zeit ist als Orientierungsmittel und Symbol nur durch ihre künstliche Messung allen Menschen auf die gleiche, standardisierte Weise gegeben. In der Tempogesellschaft wird Zeit zur knappen Ressource, und Beschleunigung wird zur Handlungsmaxime (vgl. dazu Rosa 2008; King/Gerisch 2009). Das Wandern setzt auf die Erfahrung der »Entschleunigung« als Kontrast zur oft allzu hektischen Alltagswelt. Im Unterwegssein in der Natur können Pfadfinder die »Langsamkeit entdecken« und das Auge wieder für scheinbar unbedeutende Details öffnen. Das Wandern ist nur *ein* mögliches Medium, mit dem ein Raum-Zeit-Bezug in der sich verändernden Welt hergestellt werden kann. Vor dem Hintergrund von Globalisierung müssen Lernprinzipien der Pfadfinderpädagogik sich mit dem Spannungsverhältnis zwischen delokalisierten und lokalen Handlungsmöglichkeiten, zwischen Komplexität und notwendiger Reduktion, zwischen Zukunftsorientierung und der Auseinandersetzung mit historisch bedingtem Zeitgeschehen auseinandersetzen.

(2) Schnellere Zunahme von verfügbarem Wissen
Das Konzept der Pfadfinder orientiert sich, ohne dies zu benennen und theoretisch zu reflektieren, an einer Pädagogik, die den Menschen als sogenanntes »Nahbereichswesen« bzw. »Kleinbereichswesen« versteht. Ein Nahbereichswesen ist kaum für eine anonyme Großgesellschaft – eine Weltgesellschaft – ge-

macht. Mit Anleihen aus der biologischen Evolutionstheorie stellt ein solcher *naturwissenschaftlich-anthropologischer Ansatz* das kognitive Vermögen des Menschen in den Fokus. Ihm geht es um die Frage, inwieweit der Mensch in der Lage ist, die gesellschaftlichen Veränderungen und damit seine veränderten Umweltbedingungen wahrzunehmen und sich darüber hinaus entsprechend anzupassen. Die Rede vom Menschen als Nahbereichswesen ist eine Theorieentscheidung mit Folgen: Sie impliziert, dass der Umgang mit Globalisierungsfolgen eingeübt werden muss. Der Mensch kann aufgrund seiner Fähigkeit zur abstrakten Kognition den Umgang mit der Weltgesellschaft *erlernen*. Pfadfinderpädagogik kann als Vermittlung zwischen Nahbereichswesen und Weltgesellschaft interpretiert werden. Sie vermittelt demnach zwischen der abstrakten Welt der Globalisierung und der konkreten Lernwelt von Individuen: Denke global, handele lokal. Beispielsweise bei Umweltprojekten, in denen sich die Kinder und Jugendlichen nicht nur inhaltlich mit der Problematik einer fortschreitenden Umweltzerstörung auseinandersetzen, sondern auch Möglichkeiten umweltgerechten Handelns erproben können, wird diese Maxime umgesetzt.

Mit ihrer Orientierung am Learning by Doing bietet Pfadfinderpädagogik die Nahbereichserfahrung des Konkreten. Hier ist der Wissenserwerb pragmatisch orientiert: Was nützlich ist, das ist gut. Auf der Grundlage des Lernens am konkreten Projekt oder an einer konkreten Problemstellung kann in das Abstrakte eingeführt werden. Der Bau eines Lagers steht sinnbildlich für das Errichten einer städtischen (Infra-)Struktur: Wohnzelte, Küche, Unterstand, Versammlungszelt, Vorratszelt, Holz- und Arbeitsplatz werden von kleinen Gruppen (Gruppe »Holz«, Gruppe »Küche«) errichtet. Arbeitsteilung und abstrakte Rollenanforderungen werden auf diese Weise in Handlungen erfahrbar. Was in Zeiten der Globalisierung längst delokalisiert und in vielen arbeitsteiligen Schritten ausdifferenziert wurde, wird im konkreten Projekt vor Ort zusammengeführt.

(3) Verändertes Verhältnis von Fremdheit und Vertrautheit
Pfadfinderpädagogik ist auf interkulturelles Lernen angelegt und betont die außerordentliche Vielfalt von Kultur, vor allem die Differenz historischer und kultureller Mentalitäten. Der Ausgangspunkt interkultureller Bildung muss in einer globalisierten Welt nicht mehr der Anspruch sein, den Anderen zu verstehen, sondern die Erkenntnis, dass der Andere different und nicht verstehbar ist. Davon ausgehend plädiert der Erziehungswissenschaftler Christoph Wulf für eine *reflexive Anthropologie,* die der Vielzahl normativer Menschenbilder weltweit gerecht wird. Basis einer interkulturellen Bildung und Erziehung in der Weltgesellschaft sei eine Anthropologie der Differenz. Die Pfadfinderbewegung, so steht es in den von der World Organization of the Scout Movement herausgegebenen »Grundlagen der Pfadfinderpädagogik«, ist für alle offen, »ohne Un-

terschiede von Herkunft, Rasse oder Glaubensbekenntnis« (vgl. WOSM 1997, S. 4). Gerade aber die Anerkennung von Unterschieden sollte Basis von interkultureller Begegnung und Bildung sein. Wulfs These hebt die Komplexität und Ausdifferenzierung einer globalisierten Welt hervor, in der eine Gleichheitsvorstellung Imagination bleiben muss.

Die Pfadfinderbewegung will mit internationalen Begegnungen und Aktivitäten einen Beitrag zur Förderung von Verständnis und Toleranz füreinander leisten (vgl. Gerr 2009, S. 66). Für Baden-Powell waren die internationalen Beziehungen zwischen den Pfadfindern ein Beitrag zur Friedenserziehung, der ihm kurz nach dem Ende des Ersten Weltkriegs in einer Sehnsucht nach einem Zeitalter des Friedens und des guten Willens unter den Menschen als besonders wichtig erschien. Auch heute wird bei Auslandsfahrten und internationalen Lagern der Grundsatz des Lebens in »Freundschaft zu allen Menschen« gepflegt.

Die Grundlage für ein Ausloten des Verhältnisses von Fremdheit und Vertrautheit wird in der Pfadfinderpädagogik auch dadurch gelegt, dass in den herausfordernden Situationen (z.B. im Abenteuer) *das Eigene* durch außeralltägliche Erfahrungen vertrauter wird. Das Abenteuer macht aufmerksam auf die besondere Wahrnehmung des eigenen Körpers und des Seins in Zeit und Raum. »Wer bin ich?« – ist eine zentrale entwicklungspsychologische Fragestellung, die die Suche nach der eigenen Identität begleitet. Indem sich Pfadfinder fremden Situationen aussetzen, Routinen durchbrechen, Krisen erfolgreich durchstehen, gewinnen sie Selbstgewissheit, werden sich selbst vertrauter. Das Unterwegssein im und außerhalb des eigenen Nahbereichs evoziert die Erfahrung der Fremdheit und des Fremdseins sowie der Vertrautheit und des Vertrautseins. Diese Erfahrung ist grundlegend, um das Verhältnis von Eigenem und Fremdem reflektieren zu können, um in interkulturellen Begegnungen kompetent zu interagieren.

Die in der Pfadfinderbewegung verankerte Pflicht gegenüber Dritten umfasst auch die weltweite Freundschaft, Verständigung und Sorge für den eigenen Lebensbereich. Diesen Grundsatz lese ich als einen Beitrag zum kompetenten und am Prinzip der Nachhaltigkeit orientierten Umgang mit und in einer globalisierten Welt, denn es geht hier um das Prinzip der Menschenwürde und der Unversehrtheit der Natur sowie um die individuelle Verantwortlichkeit für diesen Globus. Einen Quantensprung in der interkulturellen Bildung würde die Pfadfinderpädagogik machen, wenn sie sich konsequent an Christoph Wulfs Maxime der Akzeptanz von Verschiedenheit orientieren würde und eben nicht mehr an der Idee, alle Menschen seien gleich. Die Einheit besteht in der Vielfalt.

5. Fazit

Auch wenn die Pfadfinderbewegung mehr als einhundert Jahre alt ist, so sind ihre Ideen noch immer hochaktuell. Die Verantwortlichkeit für das eigene Handeln in einem globalen Kontext, Rücksichtnahme und die Sorge für andere ebenso wie für sich selbst, interkulturelle wie ökologische Elemente – diese und weitere Aspekte zeichnen die Pfadfinderpädagogik als eine dem 21. Jahrhundert gewachsene Erziehungsbewegung aus. In Zeiten der zunehmenden Ökonomisierung des Bildungsgedankens und des Aufbrechens des Moratoriums als »Schonzeit für Entwicklung« kann die Pfadfinderpädagogik demgegenüber als ein Entwurf gedeutet werden, in dessen Rahmen Kinder und Jugendliche in den Genuss eines »echten« Moratoriums kommen. Es geht vordergründig nicht um die Kompetenzvermittlung im Sinne der Erschaffung eines den Marktanforderungen gehorchenden, flexiblen Menschen, sondern um die Bewahrung eines Platzes für die Selbstformung von Kindern und Jugendlichen. Nur scheinbar gehen Globalisierung und eine globale Jugendbewegung ein freundschaftliches Verhältnis ein. Denn die globale Pfadfinderbewegung stellt eher ein Kontrastprogramm zur Globalisierung dar, wenn Globalisierung hier verstanden wird als ein vom Motor der Wirtschaft vorangetriebener Prozess. Pfadfinden bietet Gegensatzerfahrungen auch im Hinblick auf die Naturerfahrungen beim Wandern oder auf Fahrt. Das Alltagsleben in Industriegesellschaften und in urbanen Strukturen wird in der Naturerfahrung um eine zeitweilige Alternative erweitert. Unbedachtes, Unvorhergesehenes und Ungeregeltes haben hier ihren Platz – etwas, das ganz selbstverständlich zum Leben dazugehört, das nur zu selten im Rahmen von Bildungsprozessen angeeignet werden kann, wo Behütetes, Geordnetes, Geleitetes und Geebnetes die Lebenswelt von Kindern und Jugendlichen dominieren.

Literatur

Andresen, Sabine (2008): Jugend als wirksame historische Denkfigur. Das Moratorium im Fokus von Kultur, Erziehung und empirischer Forschung. In: Hunner-Kreisel, Christine/Schäfer, Arne/Witte, Matthias D. (Hg.) (2008): Jugend, Bildung und Globalisierung. Sozialwissenschaftliche Reflexionen in internationaler Perspektive. Weinheim/München: Juventa, S. 27-43.

Beck, Ulrich (2007): Auf der Suche nach der verlorenen Sicherheit. Frankfurt a.M.: Suhrkamp.

Becker, Peter (2005): Das Abenteuer als eine Kategorie der Bildung. In: Bietz, Jörg/Laging, Ralf/Roscher, Monika (Hg.): Bildungstheoretische Grundlagen der Bewegungs- und Sportpädagogik. Baltmannsweiler: Schneider Hohengehren, S. 227-249.

Bock, Karin (2004): Entwürfe zum Bildungsbegriff. Fragen für die Kinder- und Jugendhilfeforschung. In: Otto, Hans-Uwe/Rauschenbach, Thomas (Hg.): Die andere Seite der Bildung. Zum Verhältnis von formellen und informellen Bildungsprozessen. Wiesbaden: VS, S. 91-106.

Böhnisch, Lothar/Lenz, Karl/Schröer, Wolfgang (2009): Sozialisation und Bewältigung: Eine Einführung in die Sozialisationstheorie der zweiten Moderne. Weinheim/München: Juventa.

Deutsche Pfadfinderschaft Sankt Georg Bundesleitung (o.J.): Mehr als ein Abenteuer. Informationen über die Deutsche Pfadfinderschaft Sankt Georg. Neuss-Holzheim: Georgs.

Gerr, Hans E. (2009): Einführung in die Pfadfinderpädagogik. Ein Handbuch für Leiterinnen und Leiter. München: GRIN.

Giddens, Anthony (1996). Konsequenzen der Moderne. Frankfurt a.M.: Suhrkamp.

Hunner-Kreisel, Christine/Schäfer, Arne/Witte, Matthias D. (2008): Jugend und Bildung im Prozess der Globalisierung – ein thematischer Aufriss. In: Hunner-Kreisel, Christine/Schäfer, Arne/Witte, Matthias D. (Hg.): Jugend, Bildung und Globalisierung. Sozialwissenschaftliche Reflexionen in internationaler Perspektive. Weinheim/München: Juventa, S. 7-24.

King, Vera/Gerisch, Benigna (Hg.) (2009): Zeitgewinn und Selbstverlust. Folgen und Grenzen der Beschleunigung. Frankfurt a.M.: Suhrkamp.

Kirchhöfer, Dieter/Merkens, Hans (2004): Jugendphase in der Veränderung. In: Kirchhöfer, Dieter/Merkens, Hans (Hg.): Das Prinzip Hoffnung. Jugend in Polen und Deutschland. Baltmannsweiler: Schneider Hohengehren, S. 11-23.

Koller, Hans-Christoph/Marotzki, Winfried/Sanders, Olaf (Hg.) (2007): Bildungsprozesse und Fremdheitserfahrung. Beiträge zu einer Theorie transformatorischer Bildungsprozesse. Bielefeld: transcript.

Lang-Wojtasik, Gregor (2008): Schule in der Weltgesellschaft. Herausforderungen und Perspektiven einer Schultheorie jenseits der Moderne. Weinheim/München: Juventa.

Marotzki, Winfried (1990): Entwurf einer strukturalen Bildungstheorie. Biographietheoretische Auslegung von Bildungsprozessen in hochkomplexen Gesellschaften. Weinheim: Deutscher Studienverlag.

Reinders, Heinz/Wild, Elke (2003): Einleitung. In: Reinders, Heinz/Wild, Elke (Hg.): Jugendzeit – Time Out? Zur Ausgestaltung des Jugendalters als Moratorium. Opladen: Leske + Budrich, S. 9-11.

Rosa, Hartmut (2008): Beschleunigung. Die Veränderungen der Zeitstrukturen in der Moderne. Frankfurt a.M.: Suhrkamp.

Scheunpflug, Annette (2003a): Globalisierung als Bildungsherausforderung. In: Beillerot, Jacky/Wulf, Christian (Hg.): Erziehungswissenschaftliche Zeitdiagnosen: Deutschland und Frankreich. Münster: Waxmann, S. 262-278.

Scheunpflug, Annette (2003b): Stichwort: Globalisierung und Erziehungswissenschaft. In: ZfE – Zeitschrift für Erziehungswissenschaft, 6, H. 2, S. 159-172.

Schütz, Alfred (1972): Der Fremde. In: Schütz, Alfred: Gesammelte Aufsätze II. Studien zur soziologischen Theorie. Den Haag: Nijhoff, S. 53-69.

Witte, Matthias D./Niekrenz, Yvonne/Sander, Uwe (2011): Jugend und Globalisierung. 2. Auflage. In: Enzyklopädie Erziehungswissenschaft Online (EEO), Fachgebiet Jugend und Jugendarbeit, hg. von Thomas Rauschenbach und Stefan Borrmann. Weinheim/München: Juventa.

Wolff, Markus (2007): Fähnlein unverzagt. In: Die Zeit. Nr. 33, 09.08.2007. Verfügbar unter: http://www.zeit.de/2007/33/Pfadfinder (Zugriff: 18.07.2011).

WOSM [World Organization of the Scout Movement] (1997): Die Grundlagen der Pfadfinderbewegung. Neuss: Georgs.

Wulf, Christoph (2002): Globalisierung und kulturelle Vielfalt. Der Andere und die Notwendigkeit anthropologischer Reflexion. In: Wulf, Christoph/Merkel, Christine (Hg.): Globalisierung als Herausforderung der Erziehung. Münster u.a.: Waxmann, S. 75-100.

Wulf, Christoph (2006): Anthropologie kultureller Vielfalt. Interkulturelle Bildung in Zeiten der Globalisierung. Bielefeld: transcript.

Zinnecker, Jürgen (1991): Jugend als Bildungsmoratorium. In: Melzer, Wolfgang/Heitmeyer, Wilhelm/Liegle, Ludwig/Zinnecker, Jürgen (Hg.): Osteuropäische Jugend im Wandel. Weinheim/München: Juventa, S. 9-24.

Zinnecker, Jürgen (2003): Forschung im sozialen Feld »Jugend«. Deutsche Jugend zwischen Nachkriegszeit und beschleunigter Moderne. In: DISKURS. Studien zu Kindheit, Jugend, Familie und Gesellschaft, H. 1, S. 7-18.

Mädchen bei den Pfadfindern.
Zugehörigkeit, Gemeinsamkeit und Geschlecht

Bettina Suthues

Einleitung

Pfadfinderverbände und -bünde haben zumeist eine männlich geprägte Geschichte, und auch in den Mitgliederstatistiken finden sich in der Regel mehr männliche als weibliche Pfadfinder/-innen. Aussagen von weiblichen Mitgliedern bestätigen vordergründig die Vermutung, dass sich die männliche Ausrichtung bis heute ungebrochen reproduziert, wie zum Beispiel die folgende Äußerung von Emma, einer 13-jährigen Pfadfinderin aus der Deutschen Pfadfinderschaft Sankt Georg (DPSG):

> »Also wir, wir machen da nicht so Geländespiele oder so, was die andern eben mehr machen, was die Jungens eben lieber machen. Aber trotzdem sind wir eine gute Gruppe« (II: 388).

Demnach werden die Interessen der Pfadfinderin in ihrer Gruppe zwar berücksichtigt, im Kontext der Bewertung Anderer finden sie aber keine Anerkennung, weil sie nach Emmas Aussage der üblichen Praxis von Jungen nicht entsprechen.

Der Schluss auf eine gleichbleibende Bezugnahme auf eine männlich geprägte Geschlechterordnung greift jedoch zu kurz, da Emma es erfolgreich schafft, sich als Mädchen *und* als Pfadfinderin darzustellen. Sie zeigt damit, dass die Geschlechtszugehörigkeit der weiblichen Mitglieder nicht immer und nicht immer in gleicher Weise im Vordergrund der verbandlichen Praxis steht – und auch nicht zwangsläufig zur Ausgrenzung führt. Vielmehr werden Verbands- und Geschlechtszugehörigkeit von den Mädchen immer wieder neu ausgehandelt. Gleichwohl findet der Aushandlungsprozess unter erschwerten Bedingungen statt, da die Mädchen hinsichtlich ihrer Geschlechterkonstruktion widersprüchlichen Ansprüchen ausgesetzt sind.

In den folgenden Ausführungen wird das Geschlechterverhältnis in der Deutschen Pfadfinderschaft Sankt Georg (DPSG) beschrieben. Dabei soll die Frage untersucht werden, wie Verbands- und Geschlechtszugehörigkeit miteinander vermittelt sind. Beide Zugehörigkeiten werden als soziale Konstruktionen aufgefasst, die in der Praxis immer wieder neu hergestellt werden.

Grundlage für die folgenden Ausführungen ist ein Promotionsprojekt an der Universität Hamburg, das 2005 beendet wurde und seit 2006 als Veröffentlichung vorliegt (Suthues 2006).[1] In diesem wird danach gefragt, welche Wahrnehmungen von Realität für die Pfadfinder/-innen selbstverständlich sind und worin ihre Vorstellungen und Bezugspunkte für die gemeinsame Praxis der Geschlechter bestehen.

Die Deutungsebene der Untersuchung wird durch den bourdieuschen Begriff der ›Illusio‹ beschrieben, der auf Glaubenssätze im Verband abzielt (Bourdieu/Waquant 1996, S. 148f.). Mit der Betrachtung der Illusio geht es darum zu erforschen, was den Beteiligten als natürlich erscheint. Die verbandliche Illusio bestimmt auch die legitime Art und Weise, Pfadfinder/-in zu sein. Diese hat, wie zu zeigen ist, eine geschlechtsbezogene Dimension: Die Verbandszugehörigkeit steht in einem Spannungsverhältnis zur Geschlechtszugehörigkeit.

Um die Frage nach dem Geschlechterverhältnis in der DPSG zu kontextualisieren, wird diese im Folgenden in den Diskurs über Geschlechtszugehörigkeit in der Jugendverbandsarbeit eingeordnet (2). Dann wird der geschlechtertheoretische Zugang der vorliegenden Ausführungen beschrieben (3). Die anschließende Analyse der pädagogischen Konzepte der DPSG gibt Hinweise auf zentrale Deutungsmuster des Verbandes in Bezug auf die Geschlechtszugehörigkeit seiner Mitglieder (4). Es folgt die Rekonstruktion eines qualitativen Interviews mit einer Pfadfinderin, wodurch die spezifische Wirkungsweise von Geschlecht in der DPSG näher beschrieben werden kann (5). Es wird deutlich, dass die verbandliche Deutung des Geschlechterverhältnisses Widersprüche für die Zugehörigkeit von Mädchen birgt (6).

1. Die Thematisierung von Geschlecht in der Jugendverbandsarbeit

»Jugendarbeit ist Jungenarbeit« lautete der Slogan, mit dem feministisch orientierte Frauen in der Folge des Sechsten Jugendberichts (vgl. Bundesministerium 1984) die Geschlechterordnung in der außerschulischen Jugendarbeit angeprangert haben. Er sollte auf die defizitäre Situation von Mädchen und jungen Frauen in der Gesellschaft hinweisen und skandalisieren, dass sich die Jugendarbeit einseitig an Jungen orientiere (vgl. Heiliger 2004). So sei der heimliche Maßstab für die Maßnahmen das männliche Geschlecht, welches zugleich auch der haupt-

---

[1] Ich danke Kathrin Gawarecki und Dorothee Schwendowius, die heute, wie vor fünf Jahren, mit ihren kritischen Anmerkungen zur Genese des Textes beigetragen haben.

sächliche Nutzer der Angebote sei. Eine solche männlich geprägte Ausrichtung der pädagogischen Praxis wurde und wird bis in die jüngere Zeit auch für die verbandliche Jugendarbeit bemängelt (vgl. Kreft 2004).

Die wissenschaftliche Auseinandersetzung mit den Geschlechterverhältnissen in der Jugendverbandsarbeit fand schwerpunktmäßig in den 1980er- und 1990er-Jahren statt. In dieser Zeit ist die Diskussion durch die aus der Praxis der Autor/-innen getragene Motivation gekennzeichnet, die Geschlechterordnung innerhalb der Verbände zu erforschen und zu verändern. Die These »Jugendarbeit ist Jungenarbeit« wurde qualitativ und quantitativ für die verbandliche Jugendarbeit belegt. Männliche Dominanz und weibliche Unterrepräsentanz sind typische Analysebegriffe dieser Zeit. Die wissenschaftliche Auseinandersetzung half, androzentrische Normen aufzudecken und in ihrer Bedeutung für Mädchen, Frauen, den Gesamtverband und die Gesellschaft zu hinterfragen (vgl. Suthues 2006, S. 19ff.).

Mittlerweile werden auch politische Ansprüche von außerhalb der Jugendverbände laut, die für diesen Bereich der Jugendarbeit Geschlechtergerechtigkeit fordern. Die Jugendverbände werden dabei an Qualitätsstandards gemessen, zu denen Geschlechtsdifferenzierung ebenso gehört wie die Maßgaben des Gender Mainstreamings. Vertreter/-innen dieser Ansätze stehen der verbandlichen Jugendarbeit teilweise kritisch gegenüber und sehen die von ihnen geforderten Konzepte in den Jugendverbänden nicht hinreichend verankert (vgl. Ginsheim/Meyer 2002, S. 239; Rose 2003a, S. 116; Bitzan/Daigler 2001, S. 47f.).

Jedoch gibt es in der jüngeren Zeit kaum aktuelle Untersuchungsergebnisse. Daher gilt es, die These »Jugendarbeit ist Jungenarbeit« auf den Prüfstand zu stellen. In diesem Zusammenhang ist das qualitative und quantitative Verhältnis zwischen Jungen und Mädchen in der Jugendverbandsarbeit zu betrachten. Studien, die das Zahlenverhältnis unter den Geschlechtern untersuchen, zeigen, dass im Durchschnitt weiterhin mehr Jungen als Mädchen Mitglieder in Jugendverbänden sind (vgl. z.B. Fischer 2000, S. 276). Bei genauerer Ausdifferenzierung wird aber deutlich, dass es trägerabhängige Unterschiede gibt und dass das Alter der Teilnehmenden eine entscheidende Rolle für die Geschlechterstatistik spielt (vgl. z.B. Züchner 2003, S. 40, 47). Das bedeutet, dass nicht in allen Verbänden und nicht in allen Altersstufen ein Übergewicht an männlichen Teilnehmern festzustellen ist. Bei einer Gleichsetzung von Jugendarbeit und Jungenarbeit besteht damit die Gefahr, einen Ausschnitt der Realität zu verallgemeinern und darüber hinaus zu übersehen, dass Mädchen trotz tendenzieller Unterzahl am Jugendverbandsleben partizipieren (vgl. Rose 2003b, S. 469).

Außerdem verweist die Annahme einer einseitigen Ausrichtung der Jugendarbeit an Jungen auf eine durchgängige Benachteiligung von Mädchen. Diese Vorstellung ist jedoch bedenklich, weil ein Diskurs von männlichen Profiteuren und weiblichen Verliererinnen der Geschlechterordnung unkritisch reproduziert wird. Dieser wird Mädchen und Jungen nicht gerecht und schreibt die binäre Logik sowie die Hierarchie im Geschlechterverhältnis – möglicherweise unbeabsichtigt – fest (vgl. Rose/Scherr 2000, S. 69).

2. Perspektiven auf das Geschlechterverhältnis

Die bisherige empirische Forschung über das Geschlechterverhältnis in der Jugendverbandsarbeit basiert auf der Vorstellung zweier polarer Geschlechter, die jeweils unterschiedlich auf die (männlich geprägten) Verbandsstrukturen reagieren (vgl. Suthues 2006, S. 53f.). Auch wenn die Durchschlagskraft der binären Geschlechterordnung in den Studien häufig relativiert wird – so seien es beispielsweise »eher« die weiblichen als die männlichen Verhaltensweisen, die abgewertet werden (Göttier/Gretler Bonanomi 1992, S. 60) –, ist die Vorstellung, dass zwei exklusive Geschlechtergruppen existieren, die sich immer und überall unterscheiden, die Grundlage für die Analyse: Angehörige der einen oder anderen Kategorie haben qua Natur, Habitus oder sozialer Position ein eindeutiges Geschlecht und können sich dazu konform, kritisch oder auch ambivalent verhalten, beziehungsweise werden ausgeschlossen, verdrängt oder kommen einfach nicht vor. Die Gruppen der Jungen/Männer und Mädchen/Frauen werden damit homogenisiert, wobei Binnendifferenzen (jedenfalls tendenziell) zum Verschwinden gebracht und Unterschiede zwischen den Geschlechtern betont werden (vgl. auch Rose 2003b, S. 467f.).

Diese Herangehensweise hat spezifische blinde Flecken: »All das, was aktuell unter dem Stichwort der Verflüssigung von Geschlechteridentitäten stattfindet und diskutiert wird, kann auf diese Weise nur schwer erfasst werden« (Rose 2003a, S. 101). So kann das binäre Analyseraster in seiner Dichotomie männlich – weiblich nur Eindeutiges nachzeichnen und übersieht die Zwischenräume.

Der Paradigmenwechsel in der Frauen- und Geschlechterforschung seit den 1990er-Jahren hat zu neuen theoretischen und strategischen Positionen geführt, die es bei der Erforschung des Geschlechterverhältnisses in der DPSG zu berücksichtigen gilt. Andrea Maihofer stellt in diesem Zusammenhang heraus, dass

> »eine Fokussierung auf die traditionelle Geschlechterhierarchie, auf die Ungleichheit zwischen den Geschlechtern nicht (mehr) aus[reicht]. Die Geschlechterverhältnisse sind zu vielschichtig und widersprüchlich, eine Konzentration auf diese Frage allein greift deshalb zu kurz« (Maihofer 2004, S. 26).

In aktuellen Theorien stehen daher nicht mehr die kohärent gedachten Geschlechtsidentitäten, -rollen und -charaktere der Frauen (und Männer) im Zentrum des wissenschaftlichen Interesses, sondern die Zweigeschlechtlichkeit selbst wird als wirkmächtige Konstruktion beschrieben und in ihrer binären und hierarchischen Ausrichtung als Diskurs der Moderne erkannt (vgl. Voigt-Kehlenbeck 2004, S. 138f.).

»Konventionelle Geschlechterbedeutungen wie zum Beispiel weiblich = mütterlich, einfühlsam, expressiv oder männlich = aktiv, selbstbehauptend, instrumentell sind von der Geschlechter- oder Gender-Forschung als Resultate eines in den westlich-bürgerlichen Gesellschaften etablierten, historisch spezifischen, kulturellen Systems der Zweigeschlechtlichkeit analysiert worden. Sie sind dekonstruiert worden als Bestandteile einer Geschlechterordnung, die bestimmte Differenzen hierarchisiert und sie in der Weise, wie diese Unterschiede demzufolge wahrgenommen und ihnen Bedeutungen zugeschrieben werden, überhaupt erst hervorbringt« (King 2000, S. 39).

Geschlecht wird in dieser Sichtweise nicht weiter als natürliches Merkmal von Personen betrachtet, sondern als ein Kategoriensystem, nach dem Menschen in zwei Gruppen eingeteilt werden und das ihnen als Grundlage für die Inszenierung von Unterschieden dient. Candace West und Don Zimmerman haben dies als ›doing gender‹ bezeichnet (vgl. West/Zimmerman 1991). Danach werden Geschlechtsunterschiede in der Praxis interaktiv hergestellt und immer wieder bestätigt.

Mittlerweile gehen sensible theoretische Konzepte davon aus, dass das doing gender in der sozialen Praxis nicht jederzeit im Vordergrund steht, Geschlecht mithin nicht immer eine gleichbleibende Rolle spielt. Stefan Hirschauer beispielsweise deutet den Prozess der Geschlechtskonstruktion als Abfolge von Episoden, in denen Geschlecht »auftaucht und verschwindet« (Hirschauer 1994, S. 677). Das bedeutet, dass Akteur/-innen nicht immer und nicht überall ihre Geschlechtszugehörigkeit betonen, sondern auch die Möglichkeit haben, von deren praktischer Bedeutsamkeit abzusehen. Hirschauer bezeichnet diesen Vorgang als ›undoing gender‹.

Um die durchschlagende Wirksamkeit von Geschlecht in der Praxis weder vorauszusetzen noch zu übersehen, ist ein differenziertes Analysewerkzeug notwendig. Die Begriffe Neutralisierung, Entdramatisierung und Dramatisierung ermöglichen einen solchen analytischen Blick:

Geschlecht wird *dramatisiert*, wenn die Geschlechterdifferenz und/oder -hierarchie in der Praxis relevant gemacht wird. Dies ist dann der Fall, wenn Geschlecht zur zentralen Kategorie der Wahrnehmung wird.

Wenn dagegen praxisrelevante Unterschiede ›verschleiert‹ werden, scheint es sinnvoll, von *Neutralisierung* zu sprechen. So beschreibt Hirschauer Geschlechtsneutralität als »Geschlechtsblindheit, falsche Abstraktion und eine von

Männern angemaßte Eigenschaft« (Hirschauer 2002, S. 212). Mit der Annahme von Neutralität einhergehend wird die Zweigeschlechtlichkeit als hierarchische Konstruktion reproduziert, ohne dass sie thematisierbar ist.

Dagegen birgt der analytische Begriff der *Entdramatisierung* die Chance, die situative Abwesenheit von Differenz- und Hierarchieerfahrungen in den Blick zu nehmen. Entdramatisierung bedeutet im Gegensatz zu Neutralisierung, dass Geschlecht weder vordergründig noch ›heimlich‹ seine Wirkung entfaltet, sondern dass es vielmehr situativ keine Rolle spielt. Die Omnirelevanz des Systems der Zweigeschlechtlichkeit ist damit – zumindest auf der Ebene der theoretischen Begriffe – gebrochen. Mit dem vorliegenden analytischen Instrumentarium kann verdeutlicht werden, dass Geschlecht nicht durchgängig zentrale Wahrnehmungskategorie für die Praxis ist (vgl. Faulstich-Wieland u.a. 2004, S. 23).

3. Das Geschlechterverhältnis in den pädagogischen Schriften der DPSG

Wie am Beispiel der Deutschen Pfadfinderschaft Sankt Georg gezeigt werden soll, stehen Verbands- und Geschlechtszugehörigkeit von Mädchen in einem engen Zusammenhang zueinander: Es gehört zu den selbstverständlichen Annahmen der DPSG, dass Mädchen bei den Pfadfindern etwas Besonderes sind.

Ein Blick in die Mitgliederstatistiken zeigt, dass die Annahme von Besonderheit des weiblichen Geschlechts in der DPSG durchaus eine empirische Basis hat. So ist zum Beispiel im Diözesanverband Münster, der den lokalen Rahmen der vorliegenden Studie darstellt, etwa nur ein Drittel der Mitglieder weiblich.[2] In den einzelnen Gruppen kann die konkrete Anzahl von Mädchen jedoch sehr unterschiedlich sein.

Es bleibt aber erklärungsbedürftig, dass durchschnittlich doppelt so viele Jungen wie Mädchen Pfadfinder sind. So versteht sich die DPSG seit Anfang der 1970er-Jahre als koedukativ (vgl. DPSG 1971). Gegründet 1928 als katholischer Verband für Jungen, hat die Organisation zwar eine durchaus männliche Tradition (vgl. DPSG 2001, S. 104f.). Diese Vergeschlechtlichung wurde aber spätestens mit der offiziellen Aufnahme von Mädchen seit den 1970er-Jahren zum Diskussionsthema. Insofern stellt sich 40 Jahre nach der Öffnung für Mädchen

---

2 Die Angaben basieren auf Mitgliederstatistiken des Diözesanverbandes Münster im November 2004. In der jüngsten Altersstufe, den ›Wölflingen‹ (ab acht Jahre), liegt die Mädchenquote bei 35 Prozent, bei den etwas älteren ›Jungpfadfindern‹ (ab elf Jahre) bei 34 Prozent, bei den ›Pfadfindern‹ (ab 14 Jahre) bei 37 Prozent und bei den ›Rovern‹ (ab 16 Jahre) bei 31 Prozent. Im Durchschnitt sind das 34 Prozent Mädchen. Nach Lotte Rose ist jedoch zu beachten, dass Mitgliederstatistiken nur unvollständig die Realität widerspiegelten, da die Verbände einerseits auch ein offenes Mitgliederverständnis entwickelt hätten, andererseits Mitgliedschaften nur ›auf dem Papier‹ bestehen können (vgl. Rose 2003a, S. 99).

die Frage, wieso sich in den Mitgliederzahlen weiterhin Unterschiede zwischen Mädchen und Jungen zeigen.

»Koedukation – was heißt das schon?« fragte bereits Anfang der 1990er-Jahre eine Arbeitsgruppe von Männern und Frauen aus der DPSG (DPSG 1990) und stellte knapp zwanzig Jahre nach der offiziellen Einführung der »gemeinsame[n] Erziehung von Mädchen und Jungen in Gruppen« (DPSG 1971, S. 40) die Qualität der pädagogischen Arbeit mit beiden Geschlechtern auf den Prüfstand. Gefordert wurde »ein qualitativ neues Miteinander von Frauen und Männern, von Mädchen und Jungen« (DPSG 1990, S. 7). Die bisherige koedukative Praxis wurde deutlich hinterfragt.

Im Jahre 2004 findet Geschlecht systematisch Beachtung in dem neuen verbandlichen Ausbildungskonzept für Leiterinnen und Leiter (vgl. DPSG 2004) und scheint damit grundlegend in der DPSG berücksichtigt zu werden: Koedukation wird als »Querschnittsthema« (DPSG 2004, S. 30) verstanden, zudem ist der Baustein »Mädchen und Jungen; Geschlechtsbewusste Gruppenarbeit« (DPSG 2004, S. 22) Pflichtbestandteil der modularisierten Ausbildung.

Die Analyse der verbandlichen Schriften von 1971 bis 2005 (vgl. Suthues 2006, S. 79ff.) zeigt, dass die Thematisierungen des Geschlechterverhältnisses eine gemeinsame Struktur haben. Sie nehmen in einer charakteristischen Art und Weise auf die Geschlechterordnung Bezug. Es lassen sich zwei zentrale Deutungen identifizieren, die in den neueren Veröffentlichungen immer wieder aufgegriffen werden:

1. Die Deutung der Geschlechtskategorien als wesenhafte und binär verfasste Eigenschaften von Individuen und
2. die Zurückführung von Heterogenität in der Teilnehmerschaft auf geschlechtsabhängige Entwicklungsverläufe.

Die zugrunde liegenden Muster lassen sich exemplarisch in zwei Zitaten aus der jüngeren Zeit über die Jungpfadfinderstufe, die Altersgruppe von zehn bis dreizehn Jahren, identifizieren:

»Durch die Entwicklung der Geschlechtlichkeit und durch die unterschiedliche Geschwindigkeit in der Reifung werden aus Mädchen und Jungen, die vorher ›ein Herz und eine Seele‹ waren, oftmals fast Fremde, manchmal sogar Gegner, die sich bewußt nur noch Freunde des eigenen Geschlechts suchen« (Caspari 2002, S. 44).

»Die Pubertät ist bei Jungen und bei Mädchen sehr unterschiedlich ausgeprägt. So beginnt diese bei Mädchen sehr viel früher als bei Jungen. Das Zusammenleben im Jungpfadfindertrupp darf dies nicht verdrängen. Das heißt, dass die mit der Pubertät beinhalteten Entwicklungen Inhalt der Arbeit sein müssen« (Linderich 2003, S. 121).

Zugrunde liegt diesen Deutungen ein zentrales Paradigma des (wissenschaftlichen und politischen) Geschlechterdiskurses der 1990er-Jahre, nach dem Mädchen und Jungen zwar gleichberechtigt, in ihren Identitäten jedoch grundsätzlich unterschiedlich sind. Ausgeblendet werden hierbei mögliche Hierarchisierungen sowie Binnendifferenzen innerhalb der beiden Geschlechtergruppen.

Unabhängig von den konstatierten Unterschieden zwischen den Geschlechtern betont der Verband in einer großen historischen Kontinuität die Gemeinsamkeit seiner Mitglieder. Sie findet sich in den pädagogischen Konzepten in Formulierungen wie ›Geschwisterlichkeit‹ oder ›Partnerschaftlichkeit‹ wieder.

Der Begriff der Partnerschaftlichkeit wird schon zu Beginn der 1970er-Jahre zur Beschreibung des Geschlechterverhältnisses genutzt: Die Bundesversammlung 1971 interpretiert die Ermöglichung geschlechtergemischter Gruppen als Chance »auf partnerschaftliches Zusammenleben der beiden Geschlechter«. Zugleich werden auch »Probleme« erkannt, die »noch ungelöst bleiben oder zusätzlich entstehen« (DPSG 1971, S. 40). Danach kann Partnerschaftlichkeit im Umgang der Geschlechter miteinander mögliche Probleme vermeiden, dies aber nicht restlos: So bleiben Herausforderungen im Umgang der Geschlechter bestehen oder entstehen erst aus der gemeinsamen Praxis. Das Konstrukt der Partnerschaftlichkeit ist der Versuch des Verbandes, von der Wirksamkeit von Geschlecht abzusehen – es kann die Widersprüche aber nicht ganz auflösen.

Auch in der Verbandsordnung der DPSG von 1987 erfolgt ein Verweis auf das partnerschaftliche Miteinander:

> »Die Deutsche Pfadfinderschaft Sankt Georg muß Erfahrungen möglich machen, die Kindern, Jugendlichen und Erwachsenen im Leben der Gruppen helfen, ihre unterschiedlichen Interessen und Fähigkeiten zu erkennen, zu entwickeln und zu achten. Ein so gewonnenes Selbstverständnis als Mädchen, Junge, Frau oder Mann führt zu einem bewußten partnerschaftlichen Miteinander. Hierin liegt die Chance, Fähigkeiten zu entwickeln, eigene Beziehungen zu gestalten und sich seiner eigenen Sexualität bewußt zu werden. Dies führt zu mehr Selbstbestimmung und kann die gegenseitige Wertschätzung junger Menschen wachsen lassen« (DPSG 1987, S. 10f.).

Die Qualität der Beziehungen wird wiederum als partnerschaftlich gedeutet. Es wird davon ausgegangen, dass in dem Maße, in dem Kinder, Jugendliche und Erwachsene ihre Stärken entwickeln, sie auch ihr Selbstverständnis als Angehörige des einen oder anderen Geschlechts entfalten – und dies zu einem »bewußten partnerschaftlichen Miteinander« führt. Im Gegensatz zur Deutung von 1971 umfasst das Konstrukt der Partnerschaftlichkeit an dieser Stelle vielfältige Dimensionen des Umgangs der Geschlechter miteinander einschließlich der Sexualität. Diese Vorstellung der Partnerschaftlichkeit findet sich auch in der neuen Ordnung der DPSG von 2005 beim Thema »Geschwisterlich leben«:

»Als Frauen und Männer pflegen wir ein partnerschaftliches Miteinander. *Zudem ermöglichen wir unseren Mitgliedern den Raum für geschlechtsspezifische Erfahrung und Entfaltung.* Für uns ist es selbstverständlich, dass niemand aufgrund seiner oder ihrer sexuellen Identität benachteiligt oder ausgegrenzt wird« (DPSG 2005, S. 16; Hervorhebung B.S.).

Neben partnerschaftlichen Erfahrungen sollen die Frauen und Männer auch geschlechtsspezifische Erfahrungen sammeln. Die Eröffnung des Raums dafür wird als zusätzliche Möglichkeit benannt, sich zu entfalten. Das partnerschaftliche Miteinander bleibt somit die Norm der geschlechtlichen Erfahrungsräume. Darüber hinaus erfolgt ein bewusster Bezug auf unterschiedliche sexuelle Orientierungen, die keinen Anlass zur Diskriminierung darstellen sollen. Die mögliche Existenz von geschlechtsbezogenen Ausgrenzungen wird jedoch weiterhin nicht thematisiert, ebenso wenig wie Binnendifferenzen innerhalb der Geschlechterkategorien jenseits unterschiedlicher sexueller Orientierungen.

4. Konstruktion von Geschlechts- und Verbandszugehörigkeit im Spannungsfeld

Um mehr über die geschlechtsbezogene Funktionsweise der DPSG zu erfahren, wird nun die »Realitätskonstruktion« (Engler 2001, S. 149) einer Pfadfinderin näher betrachtet. Lea ist unmittelbar vor dem sechswöchigen Interviewzeitraum 13 Jahre alt geworden und besucht die siebte Klasse einer Realschule. Neben den Pfadfindern ist das Reiten und die Pflege von Pferden ein wichtiges Hobby von ihr. Lea lebt zusammen mit ihren Eltern, ihrem zehn Jahre älteren Bruder Michael und ihrem Großvater in einem eigenen Haus. Sie weiß in bemerkenswerter Weise über die sozialen Regeln der DPSG Bescheid. Ihre Zugehörigkeit zum Verband gründet auf ihrem Anspruch auf Anerkennung dieser Regeln – auch in geschlechtsbezogener Hinsicht.

4.1 Die Rekonstruktion geschlechtsbezogener Glaubenssätze

In der zugrunde liegenden Studie wurden unter den Maßgaben des theoretischen Samplings (vgl. Strauss/Corbin 1998) zehn Mädchen zwischen zwölf und vierzehn Jahren drei- bis viermal interviewt. Die Interviews hatten eine Gesamtdauer von drei bis sechs Stunden und umfassten beim ersten Treffen ein lebensgeschichtlich orientiertes narratives Interview (vgl. Schütze 1983, S. 285). Der zweite Termin hatte die Zugehörigkeit zur DPSG als Hauptthema. Der dritte und bei Bedarf vierte Termin war auf die Vertiefung der Aussagen über die Pfadfinder und die weiteren Lebensbereiche ausgerichtet.

Die ersten beiden Interviewtermine wurden mit einem offenen Impuls angeregt, der eine möglichst lange Erzählung hervorrufen sollte, z.B. im ersten Interview »meine Bitte ist, dass du mir von dir erzählst. Von deinem bisherigen Leben und was dir so wichtig ist« und im zweiten Interview »kannst du mir mal erzählen, was du so alles bei den Pfadfindern bis jetzt erlebt hast?« An die Haupterzählungen schloss ein Nachfrageteil an, in dem immanente Fragen behandelt wurden und bei Bedarf auch ein Leitfaden eingesetzt wurde (vgl. auch Fischer-Rosenthal/Rosenthal 1997, S. 414ff.). Die Forschungsdimension Geschlecht wurde in den Interviews meist nicht explizit in den Vordergrund gerückt, sondern lediglich in der Weise reproduziert, wie die Mädchen sie hervorbrachten.

Die Auswertung erfolgte in mehreren Schritten. Nach der Transkription sah das Verfahren eine Grobanalyse, sequenzielle Analysen von besonders dichten Interviewabschnitten und eine Codierung nach den Maßgaben der Grounded Theory vor.[3] Entscheidend für die Auswertung war der spezifische Blick auf den Untersuchungsgegenstand: Geschlecht wurde als soziale Praxis betrachtet, welche die Akteur/-innen erzeugen, und die es zu rekonstruieren galt.

Für die folgende Rekonstruktion des Interviews hat dies zur Folge, dass nicht danach gefragt wird, wie und in welcher Form die ›Weiblichkeit‹ von Lea sichtbar wird oder inwiefern geschlechtsspezifisches Verhalten zum Ausdruck kommt. Vielmehr wird der Blick auf die sozialen Bedingungen im Verband gerichtet und untersucht, ob und in welcher Form Geschlechtszugehörigkeit als relevante Unterscheidung konstruiert wird (vgl. auch Faulstich-Wieland u.a. 2000) und welche Illusio dahinter steht. Dadurch wird die Geschlechterunterscheidung nicht als omnirelevante Kategorie der Forschung schon vorausgesetzt, sondern in ihrer Wirkmächtigkeit erforscht. Auf diese Weise kommen Dramatisierung, Entdramatisierung und Neutralisierung als Strategien der Bezugnahme auf die verbandlichen Glaubenssätze in den Blick.

4.2 Zugehörigkeit und Gemeinsamkeit

Leas erste zusammenhängende Erzählung über die Pfadfinder wird durch einen Impuls der Interviewerin angeregt, der an ihre Aussage anschließt, sie sei in der vergangenen Woche bei dem üblichen Treffen ihrer Gruppe gewesen. Die Pfadfinderin beginnt ihre Erzählung mit einer ausführlichen Beschreibung der Ver-

---

3 Mehr zum methodischen Vorgehen siehe Suthues 2006, S. 149ff.

bandsstruktur. Dazu nimmt sie einen Aktenordner zur Hilfe, in dem sie Informationen über die DPSG gesammelt hat.

> I: Gut, dann hattest du erzählt, du warst bei den Pfadfindern in den letzten Tagen. Lea: Ja, das ist immer freitags (!), da gibt's verschiedene Gruppen. Wölflinge, Juffis, Pfadis (-) und Rover und die Leiter natürlich. Und die haben auch ähm eigene Farbe. Die Wölfl- äh die Wölflinge ähm orange, die nennen wir eigentlich immer Wös oder Wölfis. [Hm] Dann die Juffis, die heißen eigentlich Jungpfadfinder (!), aber Jungpfadfinder hört sich doof an, deshalb nennen wir die Juffis. [Hm] Das, da bin ich jetzt halt. Und (-) ja, ähm dann gibt's auch noch irgendwie Altersinformationen, die, die, die ähm die Wölflinge sind von sieben oder acht bis, weiß es gar nicht genau (blättert). Nee, weiß ich nicht. Von ähm (-) sieben bis, bis, bis (-) 13, nee, 12, 13 so, von ... Das sind, dann fangen Juffis an. [Hm] Die gehen bis 14. Die dann von 14 bis, bis ähm 16. [Hm] Dann ... das waren jetzt die Pfadis. Und dann kommen die Rover von 16 bis 18 ungefähr. Und dann die, halt die Leiter, die die einzelnen Gruppen leiten. [Hm] Oder auch gar (!) nichts machen, einfach nur so Pfadfinder sind (I: 131-132).

Lea berichtet als Expertin über die Altersstufen der DPSG, wodurch sie sich als kompetentes Mitglied des Verbandes darstellt. Innerhalb der offiziellen Organisationsstruktur ordnet sie sich in die Altersstufe der Jungpfadfinder ein.

Sie beschreibt im Folgenden ihren Verband und damit das, was ihre Mitgliedschaft ausmacht, indem sie ein zweites Merkmal der Verbandsstruktur, die Gliederung der DPSG in Stämme, aufführt:

> Lea: Das ist mittlerweile richtig groß geworden. Da gibt's DPSG, das heißt Deutsche, Deutscher Pfadfinder, ja heudeu! [lacht] Deu-, nein, Deutsche Pfadfinderschaft St. Georg heißt das. St. Georg ist ja der Schutzpatron von den Pfadfindern. (-) Ja. Und da gibt's verschiedene Stämme. Und das ist halt lustig. Wir haben da unsere Freunde, sozusagen meine, meine dritte Familie. [Hm] Der Stall ist meine zweite und hier ist halt meine erste (lacht). [Hm] Ja. Pferde sind meine zweite. [Hm] (-) Weil, denn ich hab so viele Freunde da. Und ja ... [Hm] Mein Bruder ist gleichzeitig mein Leiter (lacht). [Hm] Ja, bin ich praktisch schon zu Hause da. [Ja] Ist mein drittes Zuhause wirklich. Halt das nur wegen den Freunden. (I: 133)

Lea wechselt den Modus der Darstellung von der distanzierten Expertin zum integrierten Mitglied. Die Pfadfinder sind ihre »dritte Familie« – und damit die letzte von drei Familien, die sie anführt. Ihre Herkunftsfamilie und der Reitstall stehen in der Rangfolge vor den Pfadfindern, trotzdem hebt Lea mit der Metapher den hohen Wert des Verbandes für sich hervor. Das Entscheidende ist demnach nicht die Position der Pfadfinder in der Rangliste, sondern das aufgerufene Bild der »Familie«. Dies ist für sie eng mit Freundschaft verbunden. Gleichwohl lässt sie die Bindung mit ihrem Bruder nicht außer Acht, auch wenn sie sich davon abgrenzt, dass ihr Gefühl von Zugehörigkeit mit seiner Position als Leiter zusammenhängt. Auf diese Weise stellt sie sich als eigenständig dar.

Zentral für ihre Identifikation mit den Pfadfindern sind insbesondere auch die Aktivitäten der Gruppe:

> Lea: Wir, da wo, wir sind momentan, wir Pfadfinder im Jugendheim über Winter. [Hm] Und ähm da haben wir dann letztens vorgeschlagen, ähm Gummibärchen auf Pferde, also Pferdewetten auf Gummibärchen oder ... Trabrennbahn sind wir in der, ist, ist, ist in der Nähe. [Hm] Und dann haben wir gesagt: Ja, ich wette darauf und darauf und darauf! (lachen) Und dann hat's Gummibärchen gegeben. (-) [lacht] Ja. Und jetzt machen wir gerade, bereiten wir das nächste Lager, Pfingstlager vor. [Hm] Da machen wir uns blaue T-Shirts mit dem äh mit dem Woodstock, mit dem Vogel von den ... [Hm] vom ... [Snoopy?] Genau. Und ja ... (-) Wir machen total viel eigentlich. Wir müssen nur sagen, worauf wir Bock haben, dann machen wir das. Das ist voll lustig. (-) Hm, Pfadfinder ist wirklich ... (I: 135)

Im Zentrum von Leas Bindung steht das gemeinsame Handeln. Dieses verbindet sie einerseits mit positiven Gefühlen, anderseits mit der Möglichkeit, die Aktionen in der Gruppe selbst bestimmen zu können. Dabei nennt Lea eine Aktivität, deren Ergebnis die Gemeinsamkeit der Gruppenmitglieder nach außen betont: Bemalte T-Shirts, getragen im Pfingstlager, kennzeichnen die Teilnehmer/-innen als zusammengehörig und unterscheiden sie von anderen Pfadfinder/-innen. Die Geschlechterunterscheidung spielt dabei keine Rolle, Geschlecht wird entdramatisiert.

Für die beschriebene Gemeinsamkeit ist es aus Leas Sicht wichtig, dass alle dazugehören und niemand ausschert. An dieser Stelle kommt die Kategorie Geschlecht als wirkmächtige Unterscheidung ins Spiel:

> Lea: Wir haben vier Leiter gerade. [Hm] Weil eine hört auf, und eine macht Praktikum da, glaube ich, und (-) ja, und einer, dann haben wir nur noch zwei Leiter. Mein Bruder und noch einer. [Ah ja. Hm] Ronald Müller. Ist voll lustig. [Hm] Ja, vor allem die beiden (!), die würden alles mitmachen, weil wir als Gruppe wollen uns jetzt zu diesem Pfingstlager, das heißt U(h)rsprung, uns die Haare blau färben ... [Oh!] ... weil die Juffis ja unsere blaue Ha- äh halt unsere Farbe halt blau ist. [Hm] Und ähm ja, wollen wir uns die Ha-, die würden das mitmachen. Aber dann gibt's da zwei andere, zwei Weiber, die würden das nicht mitmachen. (-) Weil die eine ... [Zwei Leiterinnen, oder?] Ja, zwei Leiterinnen. Die eine ist zu arrogant, und die andere sagt: Nee, aus Prinzip nicht! Gar nicht. (-) Ja. (I: 138-139)

Kriterium für die Zugehörigkeit der Leitungskräfte ist die Bereitschaft, »alles mitzumachen« – und dies trifft auf die beiden männlichen Leiter zu, was Lea am Beispiel des gemeinsamen Haarefärbens konkretisiert: Mit der Zusicherung, dies zu tun, werden Leas Bruder und Ronald dem Wir der Gruppe zugerechnet. Die beiden Leiterinnen dagegen entziehen sich der blau gefärbten Gemeinsamkeit. Lea betrachtet dies als Selbstausschluss der beiden Frauen, der auf deren Einstellungen zurückzuführen ist.

Leas Distanz zu den beiden Frauen erscheint damit als Reaktion auf deren eigene Abgrenzung von der Gruppe. Mit ihrer Betitelung als »Weiber« steht ihr Geschlecht zugleich mit zur Debatte. Die Identifikation der Leiterinnen als weibliche Geschlechtsangehörige dient dabei nicht nur der näheren Bezeichnung, sondern bewertet ihr Verhalten als geschlechtsbezogene Abweichung. War in der bisherigen Erzählung das Haarefärben Konstitutionsmoment von Gemeinsamkeit, werden hier die Grenzen der Kollektivierung sichtbar. Weibliche Geschlechtszugehörigkeit wird dabei als Gegensatz zur ›Gemeinsamkeit‹ der Gruppe konstruiert. Geschlecht wird auf diese Weise dramatisiert und tritt als Unterscheidungsdimension hervor.

4.3 Vergeschlechtlichte Maßstäbe

Lea arbeitet an den Grenzen des Feldes, das sie einschließt und zugleich Abgrenzungen gegenüber Anderen aufweist. Ihre Realitätskonstruktion verweist dabei, wie im Folgenden gezeigt werden soll, auf Glaubenssätze im Verband, die Geschlecht zum Maßstab für Zugehörigkeit werden lassen. Dies wird insbesondere auch im Vergleich verschiedener Lebensbereiche deutlich, die Lea unterschiedlich geschlechtlich assoziiert. Thema der folgenden Interviewsequenz ist Leas Kleidung.

> I: Wie würdest du deinen Stil beschreiben?
> Lea: So zwischen normal und ... Ja, ich hab ja auch Schlaghosen so. Bin auch schon bisschen moderner, aber bei den Pfadfindern lauf ich genauso rum wie Pfadfinder, und in der Schule lauf ich halb Pfadfinder, halb Schule so rum, ne. Und ja (-) ja halt Stall halt stallmäßig (lacht). (IV: 1078-1079)

Lea differenziert drei feldbezogene Stile. Das Reiten ist mit grundsätzlich anderer Kleidung verbunden als die anderen Bereiche, während Lea für die Schule und die Pfadfinder Abstufungen beschreibt: Läuft sie bei Veranstaltungen des Jugendverbandes »rum wie Pfadfinder«, repräsentiert sie in der Schule eine Mischform »halb Pfadfinder, halb Schule«. Die Hälfte »Schule« ist ein Tribut an modernere Kleidung, die jedoch eine Abweichung von Leas Normalitätsvorstellung darstellt.

Kleidung kennzeichnet aber nicht nur einen Modernitätsunterschied, sondern sie ist auch vergeschlechtlicht: Vor dem Hintergrund, dass Lea ihre Freundin im Stall als »ähnlich« (III: 889) und sogar »gleich« (III: 895) wahrnimmt, wird die spezifische Art und Weise der Vergeschlechtlichung zum Modus der Unterscheidung der beiden Mädchen:

> I: Gibt's auch irgendwelche Unterschiede zwischen euch? [...] (Bandwechsel)
> Lea: Ähm, ja, also mit den Klamotten. Ähm (-) also wir ke- also wir kaufen schon irgendwie, also wir haben gleiche Jeansjacken, wir haben ... Ja, nur sie hat ähm, ich hab wieder andere Schuhe als sie. Sie hat so, so breite, so moderne, ne. [Hm] Und ich gehe schon 'nen Tick in (-) Jungen, na, was weiß ich, wir, also ich bin ein bisschen mehr so, so in Jungenklamotten, und sie so'n bisschen mehr in Weiberklamotten. So. [Hm] Aber sonst gibt's Unterschiede, Unterschiede? Ähm sie ist ein bisschen kindischer als ich. Aber (-) och, kindischer kann man auch schon wieder fast nicht sagen. Ach, es geht eigentlich so. Wir haben nicht wirklich, wir haben eigentlich nicht wirklich Unterschiede. [Hm] (-)
> I: Und wie findest du so diesen Kleidungsstil, wie sie rumläuft?
> Lea: Gut! [Ja?] Das ist in Ordnung, weil ... [Hm] Ich meine, wir haben (-) so viel, also was heißt Jungenklamotten? Aber (-) ich hab nicht so direkt Weiberklamotten an. Aber auch nicht, Jungenklamotten hab ich eigentlich auch nicht an so. So, so, normale Weiberklamotten. (III: 896-901)

Die Unterschiede zwischen Elena und sich beschreibt Lea anhand von geschlechtlichen Zuschreibungen. Lea eröffnet dazu mehrere Gegensätze: Elenas Kleidungsstil ist »modern« und tendiert in Richtung »Weiberklamotten« – Leas Stil geht dagegen in Richtung »Jungenklamotten«. Mit »Jungenklamotten« sieht Lea ihre Kleidung jedoch nicht richtig beschrieben, es sind nur »nicht so direkt Weiberklamotten«, sondern »normale Weiberklamotten«, die sie trägt. Die Geschlechtszuschreibung der »Jungenklamotten« ist offensichtlich nicht passend. Normalität bedeutet für Lea in diesem Zusammenhang, dass die Weiblichkeit nicht betont wird. Dadurch wird der Unterschied zwischen Jungen und Mädchen neutralisiert.

> I: Wenn du so den Stil von Elena vergleichst so mit den (-), ja mit dem Stil von den Leuten, mit denen du sonst so zu tun hast? Also was weiß ich, Pfadfinder oder Schule.
> Lea: Also in der Schule laufen die alle schrecklich rum. [Hm] Und dann bei den Pfadfindern, also (-) also (-) da läuft, also wenn Elena jetzt zu den Pfadfindern gehören würde, ähm ich glaub', dann würde man sie ziemlich eingebildet finden. [Hm] Also so nicht, in Reitklamotten gefallen wir uns beide nicht so (lacht). Lieber so in Reithose (lacht). [Hm] In Reitklamotten, also in, in so normalen Klamotten ist nix für uns. [Hm] [...] Ja, vielleicht weil ähm viele bei den Pfadfindern tragen nicht so ... Also jetzt, wenn man jetzt so Lotte oder Schlumpf nimmt. Schlumpf trägt schon wieder so enge, also nicht enge Jeans, aber so, so normale Jeans, die so'n

bisschen von der Haut abstehen, aber hier unten auch nicht irgendwie Schlag sind oder enger werden. [Hm] Lotte schlägt Trag- äh Schlaghosen, aber nicht so große so, sondern so kleine Schlag oder so, aber ... [Hm] Ich glaub', wenn Elena da ankommen würde, die würde richtig schicki-micki aussehen. [Hm] Ist nix so für Pfadfinder (III: 910-917).

Die Kleidung gibt also Aufschluss über die Passung zu den Pfadfindern. Lea schildert feine Unterschiede, bei denen deutlich wird, wie viel Abweichung möglich ist, um nicht »eingebildet« zu wirken oder »schicki-micki« auszusehen und damit für den eigenen Ausschluss zu sorgen. Möglich sind nur graduelle Unterschiede und leichte Abweichungen. Vor dem Hintergrund der aktuellen Mode bedeutet dies nicht zu enge Hosen und nicht zu viel Schlag in der Jeans. Elena würde mit ihrer »modernen« Kleidung die Grenze überschreiten, könnte bei den Pfadfindern keine Zugehörigkeit erlangen.

4.4 Gemeinsamkeit und Besonderheit

Lea arbeitet an der Konstituierung eines Kollektivs, dessen Angehörige sich durch ›Gemeinsamkeit‹ auszeichnen. Wie das Beispiel des Ausschlusses der Leiterinnen als ›Weiber‹ im Kontext des Haarefärbens gezeigt hat, hat dieses Konstrukt von Zugehörigkeit Grenzen, die in einem engen Zusammenhang mit dem Geschlecht der Beteiligten stehen.

An anderer Stelle sind die bereits beschriebenen blauen Haare eng mit der Konstruktion von Besonderheit verbunden, die Geschlecht in den Hintergrund treten lässt und die zu einer Entdramatisierung beiträgt:

I: Wie ist das gekommen, dass ihr euch die Haare blau färben wolltet?
Lea: Ähm das war 'ne Idee von mir. Ähm ich weiß nicht, ich dachte halt so, dass unsere Gruppe was Besonderes sein will und ähm wenn, dann macht das sowieso nur Lotte und Schlumpf. Obwohl, bei Schlumpf zweifel ich auch schon dran. Also von meiner Mutter aus darf ich das. Und ähm Lotte darf das auch. Und bei Schlumpf zweifel ich dran. Aber hoffentlich. Weil wir haben, machen uns ja auch so schöne blaue T-Shirts mit Woodstock, dem gelben Vogel. Du kennst den. [Hm]. [Es folgt eine ausführliche Beschreibung der T-Shirts].
I: Und wenn ihr solche Sachen plant, wie die T-Shirts machen, wie läuft das dann?
Lea: Meistens wird's in der Tat umgesetzt. [Hm] Ja, und das, also die Idee mit den T-Shirts stammt auch von mir. [Hm] Und, von mir und von Lotte so. [Hm] Ich so: Ja, wir könnten doch blaue T-Shirts anziehen. Mein Bruder, ja genau, mein Bruder auch noch. Er [Hm] war ähm hatte Snoopy oder Woodstock gesagt. Meine Freundin und, halt Lotte meinte dann noch, ja das Woodstock nehmen, der passt dann besser auf Blau als Snoopy. [Hm] Ist sowieso niedlicher. Dem können wir auch dann so'n

Pfadfinderhut aufsetzen. [Hm] Ja, das war dann noch die Idee von meiner Freundin. [Ah ja. Hm] Und mein Bruder hat das vorgeschlagen in der Gruppe, weil er Gruppenleiter ist. Und ja, wurd dann gemacht (II: 340-343)!

Lea »dachte halt so«, dass ihre Gruppe etwas Besonderes sein will, findet aber kaum Resonanz für ihren Vorschlag. Das gemeinsame Haarefärben wird durch Verbote der Eltern unmöglich gemacht und stößt zudem auf mangelndes Interesse der weiteren Gruppenmitglieder. Dagegen haben die T-Shirts mehr Erfolg. Durch den Verweis auf Lotte und ihren Bruder stellt sie die Idee auf eine breitere Basis als das gemeinsame Haarefärben und beschreibt eine andere Durchsetzungsstrategie. Auch wenn Leas Vorhaben auf den Zusammenhalt der Gruppe zielen, rückt sie so ihren Anteil daran immer wieder in den Vordergrund. So präsentiert sie sich als diejenige, die die Gemeinsamkeit der Teilnehmer/-innen herstellt. Die Interviewerin fragt nach der Bedeutung der Symbolisierung:

> Lea: Ich weiß nicht, aber dann sind wir eben was Besonderes. Weil ich glaub' nicht, dass das alle andern Juffis machen. [Hm] Also das, das ist bestimmt was ... Ja, vor allem, das Beste wär' es, wenn die ganze Gruppe blau wäre. Die ganze Gruppe hat die T-Shirts und am besten wär' natürlich blau wie die T-Shirts. [Hm] Stimmt. Und ähm, ich weiß nicht, das hat dann garantiert nicht jede Gruppe. [Hm] Hundertprozentig nicht. [Ah ja. Hm] Dann sind wir mal wieder was Besonderes und fallen (lacht) wenigstens auf (II: 353).

Nicht nur Lea sticht durch ihre ›besonderen‹ Ideen immer wieder hervor: Wenn die ganze Gruppe »blau wäre«, hätte sie insgesamt einen Sonderstatus auf der Großveranstaltung. Dann wäre Lea in ihrer eigenen Deutung Mitglied einer besonderen Gruppe und müsste ihre eigene auffallende Position nicht mehr als Gegensatz zu der Gemeinsamkeit der anderen Gruppenmitglieder konstruieren. Konstitutionsmoment der Besonderheit ist die Grenze der Gruppe. Geschlecht spielt in dieser Wunschvorstellung keine bedeutende Rolle und wird daher entdramatisiert.

5. Zusammenfassung: Die Position von Mädchen in der DPSG

Die Frage nach den Zugehörigkeiten Leas und der anderen interviewten Mädchen führt zu der näheren Bestimmung der verbandlichen Illusio. Diese stellt die Pfadfinderinnen vor ein Paradox: So ist die ›Gemeinsamkeit‹ zentrales Wahrnehmungsmuster für ihre verbandliche Praxis, wie auch in der Analyse des Interviews mit Lea deutlich wird. Zugleich werden Angehörige des weiblichen Geschlechts auf eine spezifische geschlechtsgebundene Position verwiesen, die durch Besonderheit definiert ist.

Die Interviewpartnerinnen sind damit weder von vornherein ausgeschlossen, noch sind sie unhinterfragt eingeschlossen. Vielmehr verhandeln sie ihre Zugehörigkeit vor dem Hintergrund der verbandlichen Illusio immer wieder neu. Diese stellt die (weibliche) Geschlechtszugehörigkeit und Gemeinsamkeit in ein Spannungsverhältnis.

Dies entspricht insofern der Wahrnehmung des Verbandes, als dieser in seinen Schriften die Existenz von zwei Geschlechtern, die sich immer und überall unterscheiden, unhinterfragt voraussetzt und mit der Vorstellung eines partnerschaftlichen Miteinanders zugleich eine Lösung für mögliche Probleme in der Praxis anbietet. Die Praxis – und dies zeigen die Interviews – enthält jedoch Ambivalenzen, Überschneidungen und Uneindeutigkeiten in den Geschlechterkonstruktionen.

In den verbandlichen Konzepten bleiben Uneindeutigkeiten in der Geschlechterordnung unsichtbar, weil die beteiligten Akteur/-innen allein nach Hinweisen für die Existenz von zwei Geschlechtern suchen, die sich immer und überall unterscheiden. Jungen und Mädchen werden dadurch auf die Eindeutigkeit ihrer Zugehörigkeit zur ›eigenen‹ und ihre Nichtzugehörigkeit zur ›anderen‹ Kategorie festgeschrieben. Merkmale einer widersprüchlichen Praxis, die als Verflüssigungen oder als Entdramatisierungen beschrieben werden können (vgl., S. 104ff.), kommen damit nicht in den Blick. Ausgeblendet bleiben Aspekte der Geschlechterordnung, die nicht durchgängig dem binären Muster folgen, Aspekte, die eine Veränderung des Geschlechterverhältnisses möglich erscheinen lassen und die sich – und dies erscheint im Kontext dieser Studie besonders relevant – in den Interviews mit den Mädchen finden.

In diesem Zusammenhang ist auch zu überdenken, ob die verbandliche Illusio nicht auch für Jungen Brüche enthält. Wenn Geschlecht nämlich dramatisiert wird, trifft die Verhinderung der ›Gemeinsamkeit‹ auch sie. Das Verhältnis der Jungen zu den Pfadfinderinnen kann damit ebenfalls als trennend erfahren werden. Sowohl Mädchen als auch Jungen können damit von den Brüchen der verbandlichen Illusio betroffen sein, die ›Mädchenfrage‹ hat Konsequenzen für beide Geschlechter.

Insofern scheint weder die Betonung der Unterschiede noch deren vermeintliche Minimierung eine Lösung darzustellen. Vielmehr geht es um eine Akzeptanz von individuellen Identitätsentwürfen, die auf einer verbandlichen Auffassung basieren, die weder das eine, noch das andere Geschlecht auf permanente Unterscheidungen festschreibt, und die zugleich sensibel für Hierarchien und offen für Unterschiede ist.

Literatur

Bitzan, Maria/Daigler, Claudia (2001): Eigensinn und Einmischung. Einführung in Grundlagen und Perspektiven parteilicher Mädchenarbeit. Weinheim/München: Juventa.

Bourdieu, Pierre/Wacquant, Loïc (1996): Die Ziele der reflexiven Soziologie. Chicago-Seminar, Winter 1987. In: Bourdieu, Pierre/Wacquant, Loïc: Reflexive Anthropologie. Frankfurt a.M.: Suhrkamp, S. 95-249.

Bundesministerium für Jugend, Familie und Gesundheit (1984): Unterrichtung durch die Bundesregierung. Sechster Jugendbericht. Verbesserung der Chancengleichheit von Mädchen in der Bundesrepublik Deutschland. Stellungnahme der Bundesregierung zum Sechsten Jugendbericht. Bonn: BMJFG.

Caspari, Benedikta (2002): In der Jungpfadfinderstufe. In: Bresciani, Marco u.a.: Das Versprechen. Allgemeine Grundlagen und praktische Tipps. Ratgeber für Leitungsteams. Neuss-Holzheim: Georgs-Verlag, S. 44-53.

DPSG (1971): Protokoll der 31. Bundesversammlung. In: DPSG (1982): Konzepte und Positionen der DPSG. Düsseldorf, S. 39-41.

DPSG (2005): Ordnung des Verbandes. http://www.dpsg.de/interaktiv/downloads/files/DPSG-Ordnung.pdf, 31.12.2005.

DPSG (2004): Woodbadge. DPSG Ausbildung. Gesamtverbandliches Ausbildungskonzept. www.dpsg.de/phorum/read.php?4,8, 26.03.2005.

DPSG (Hg.) (1990): Koedukation – was heißt das schon? Eine Arbeitshilfe. Neuss-Holzheim: Georgs-Verlag.

DPSG (Hg.) (1987): Ordnung, Satzung, Geschichte des Verbandes. 9. Auflage. Neuss-Holzheim: Georgs-Verlag.

DPSG (Hg.) (2001): Ordnung, Satzung, Geschichte des Verbandes. 15. Auflage. Neuss-Holzheim: Georgs-Verlag.

Engler, Steffani (2001): »In Einsamkeit und Freiheit«? Zur Konstruktion der wissenschaftlichen Persönlichkeit auf dem Weg zur Professur. Konstanz: UVK.

Faulstich-Wieland, Hannelore (2004): Doing Gender: Konstruktivistische Beiträge. In: Glaser, Edith/Klika, Dorle/Prengel, Annedore (Hg.): Handbuch Gender und Erziehungswissenschaft. Bad Heilbrunn/Obb.: Klinkhard, S. 175-191.

Faulstich-Wieland, Hannelore/Gast-von der Haar, Nicola/Güting, Damaris (2000): Soziale Konstruktion von Geschlecht in schulischen Interaktionen in der Sekundarstufe I – Werkstattbericht aus einem Forschungsprojekt. In: Lemmermöhle, Doris/Fischer, Dietlind/Klika, Dorle/Schlüter, Anne (Hg.): Lesarten des Geschlechts. Zur De-Konstruktionsdebatte in der erziehungswissenschaftlichen Geschlechterforschung. Opladen: Leske + Budrich, S. 173-188.

Fischer, Arthur (2000): Jugend und Politik. In: Deutsche Shell (Hg.): Jugend 2000. Band 1. Opladen: Leske + Budrich, S. 261-282.

Fischer-Rosenthal, Wolfram/Rosenthal, Gabriele (1997): Warum Biographieanalyse und wie man sie macht. In: Zeitschrift für Sozialisationsforschung und Erziehungssoziologie, 17, S. 405-427.

Ginsheim, Gabriele von/Meyer, Dorit (2002): Bundesmodellprogramm »Mädchen in der Jugendhilfe« im Rahmen des Kinder- und Jugendplanes des Bundes (KJP). Berlin: Stiftung SPI.

Göttier, Regula/Gretler Bonanomi, Simone (1992): »Auf Bäume klettern können wir auch ganz allein!« Ein Bericht zur Situation von Mädchen und Frauen in den Schweizer Jugendverbänden. Herausgegeben vom Eidg. Büro für die Gleichstellung von Frau und Mann/Dienst für Jugendfragen Bundesamt für Kultur. Bern.

Heiliger, Anita (2004): Mädchenarbeit in Jugendhilfe und Jugendarbeit – 20 Jahre nach dem Sechsten Jugendbericht. In: Bruhns, Kirsten (Hg.): Geschlechterforschung in der Kinder- und Jugendhilfe. Praxisstand und Forschungsperspektiven. Wiesbaden: VS-Verlag, S. 73-94.

Hirschauer, Stefan (1994): Die soziale Fortpflanzung der Zweigeschlechtlichkeit. In: Kölner Zeitschrift für Soziologie und Sozialpsychologie, 46, S. 668-692.

Hirschauer, Stefan (2002): Das Vergessen des Geschlechts. Zur Praxeologie einer Kategorie sozialer Ordnung. In: Heintz, Bettina (Hg.): Geschlechtersoziologie. Opladen: Westdeutscher Verlag, S. 208-235.

King, Vera (2000): Geschlecht und Adoleszenz im sozialen Wandel. Jugendarbeit im Brennpunkt gesellschaftlicher und individueller Veränderungen. In: King, Vera/ Müller, Burkard K. (Hg.): Adoleszenz und pädagogische Praxis. Bedeutungen von Geschlecht, Generation und Herkunft in der Jugendarbeit. Freiburg i. Br.: Lambertus, S. 37-57.

Kreft, Gudrun (2004): Mädchen in der verbandlichen Jugendarbeit – Entwicklungen und Perspektiven. In: Rundbrief der LAG Mädchenpolitik Baden-Württemberg 1/2004, S. 4-10.

Linderich, Klaus (2003): Die Jungpfadfinderstufe. Ausprobieren und erkunden. In: DPSG, Bundesvorstand (Hg.): Pfadfinden-Abenteuer und mehr. 75 Jahre Deutsche Pfadfinderschaft Sankt Georg. Neuss-Holzheim: Georgs-Verlag, S. 118-123.

Maihofer, Andrea (2004): Von der Frauen- zur Geschlechterforschung – modischer Trend oder bedeutsamer Perspektivwechsel? In: Döge, Peter/Kassner, Karsten/Schambach, Gabriele (Hg.): Schaustelle Gender. Aktuelle Beiträge sozialwissenschaftlicher Geschlechterforschung. Bielefeld: Kleine-Verlag, S. 11-28.

Rose, Lotte (2003a): Gender Mainstreaming in der Kinder- und Jugendarbeit. Weinheim/Basel/Berlin: Beltz Votum.

Rose, Lotte (2003b): Genderwissen und Genderforschung als Qualifizierungsimpuls für die Jugendarbeit. In: Deutsche Jugend. Zeitschrift für die Jugendarbeit, 51, S. 467-475.

Rose, Lotte/Scherr, Albert (2000): Der Diskurs zur Geschlechterdifferenzierung in der Kinder- und Jugendhilfe. Ein kritischer Blick. In: Deutsche Jugend. Zeitschrift für die Jugendarbeit, 48, S. 65-74.

Schütze, Fritz (1983): Biographieforschung und narratives Interview. In: Neue Praxis, 13. Jg., H. 3, S. 283-293.

Strauss, Anselm/Corbin, Juliet (1998): Grounded Theory: Grundlagen Qualitativer Sozialforschung. Weinheim: Beltz.

Suthues, Bettina (2006): Umstrittene Zugehörigkeiten. Positionierungen von Mädchen in einem Jugendverband. Bielefeld: Transcript-Verlag.

Voigt-Kehlenbeck, Corinna (2004): Gender Mainstreaming. Forschungsanforderungen an eine geschlechterreflexive Kinder- und Jugendhilfe. In: Bruhns, Kirsten (Hg.): Geschlechterforschung in der Kinder- und Jugendhilfe. Praxisstand und Forschungsperspektiven. Wiesbaden: VS-Verlag, S. 127-159.

West, Candace/Zimmerman, Don H. (1991): Doing gender. In: Lorber, Judith/Farrell, Susan A. (Hg.): The social construction of gender. Newbury Park/London/New Delhi: Sage, S. 13-36.

Züchner, Ivo (2003): Brauchen Heranwachsende Kinder- und Jugendarbeit? Angebote und Inhalte aus Sicht tatsächlicher und potentieller TeilnehmerInnen. In: Düx, Wiebken/Zücher, Ivo/Rauschenbach, Thomas (Red.): Kinder und Jugendliche als Adressatinnen und Adressaten der Jugendarbeit. Dortmund: Juventa, S. 39-65.

Am Lagerfeuer und auf Fahrt.
Fiktive und reale Abenteuer als zwei Medien jugendlicher Autonomiebestrebung

Peter Becker

> Ich brauchte die Unabhängigkeit,
> das war, was ich tief in mir fühlte.
> (J.-J. Rousseau, über sich als
> Sechzehnjähriger)
>
> Erst Empfindung, dann Gedanken,
> Erst ins Weite, dann die Schranken.
> (J. W. v. Goethe)

1.

Ich erinnere mich noch ziemlich genau an die Zeit, als ich mit vollgepacktem Felltornister, auf den zudem noch ein verbeulter Aluminiumkochtopf geschnallt war,[1] in einer Gruppe mehr oder weniger gleichaltriger Jungens durch lichte Buchenwälder, über blühende Wiesen, entlang kleiner Bäche, über Stoppelfelder und reiche Ernte versprechende Streuobstwiesen oder durch dunklen, muffig riechenden Tannenwald gezogen bin – manchmal bei nebligem Dauerregen, häufiger bei strahlendem Sonnenschein, aber hin und wieder auch in dunkler Nacht, manchmal frühmorgens durch den noch glitzernden Tau. Abends wurde die Kohte aufgestellt, dieses Feuerzelt, das die Sami nutzten, wenn sie ihren Rentierherden hinterherzogen. Weniger mühevoll war es, die Nachtruhe vorzubereiten, wenn eine Feldscheune oder ein Heuboden gefunden wurde. Auch die Abende am Lagerfeuer, auf dem zuvor die Nudeln gegart wurden – nicht al dente,

---

1 Der am Tornister oder Rucksack befestigte Hordenkochtopf war ein Unterscheidungsmerkmal zwischen dem wandernden Wandervogel und dem wandernden Touristen. Frank Fischer, einer der ersten Jugendführer aus dem Steglitzer Wandervogel e.V. hat das Wandern »mit Kochtopf« und das Wandern »ohne Kochtopf« als unterschiedliche Lebensführung beschrieben. »[Der] Tourist geht sozusagen stets auf einem schmalen Bergrücken, rechts und links weites, unbekanntes Land, das sich nicht lohnt. Es geht nach irgendeiner ›Schweiz‹, sei es auch nur eine bescheidene wie die Ruppiner. Sein Weg ist durch Führer und Gasthöfe bestimmt, er will gutes Wetter, Aussicht, gute Bahnverbindung haben, er will in seiner schlimmen Abart den Sonnenuntergang auf dem dazu bestimmten Berge sehen. Wir unsererseits können und wollen fest behaupten: das alles brauchen wir nicht« (Fischer 1921, S. 11).

sondern oft genug als schwer teilbarer Teigklumpen – sind mir noch in Erinnerung; vor allem, wenn die Älteren von früheren Fahrten und Wanderungen erzählten oder wenn Geschichten voll von Abenteuern vorgelesen wurden. Unvergessen die Situation hoch oben im Turm der Laurentiuskirche, wo bei Sippenabenden das Einüben von Fahrtenliedern mit dem weit schweifenden Türmerblick konkurrieren musste. Ebenfalls in Erinnerung geblieben ist die Zeit, in der wir dann mit 14 oder 15 Jahren als Knappen durch die schottischen Highlands getrampt und durch die stark duftende Macchia Korsikas gewandert sind. Damit verblassen meine Erinnerungen an die Jahre, die ich in der Christlichen Pfadfinderschaft zugebracht habe. Es scheint zutreffend zu sein, was Albert Camus vom Leben sinngemäß sagte, dass es ein Unterwegs sei, um jene Bilder wiederzufinden, denen sich das Herz früh geöffnet habe, denn Rucksack und Schlafsack haben mich auch weiterhin begleitet. Die lichten Buchenwälder wurden zu Olivenhainen, die weichen Waldpfade zu staubigen Schotterpisten und die Strohscheunen zu modernen orientalischen Karawansereien, in denen bunte überladene Scania- und Volvotrucks gewartet wurden oder kurze Rast einlegten. Selbst Phasen der heutigen Lebenszeit können noch als Verschmelzungsidylle mit dieser Fahrtenjugend wahrgenommen werden, wenn nach einem stürmischen Törn die Segelboote auf den Strand gezogen sind und das Wetter eine Nacht ohne Zelt am Feuer unter den funkelnden Sternen und rasch verglühenden Sternschnuppen verspricht.

Hier mag es genug sein mit den Stichworten einer bekenntnishaften autobiografischen Selbststilisierung oder Selbsterfindung, zumal die Einmaligkeit »dieses blitzenden Morgenthaus sonniger Kindheit« (Jean Paul), die einem die Erinnerung vorgaukelt und von der man glaubt, sie sei mitteilenswert, so einmalig gar nicht ist.

Das erinnerte Entfernte, das hier zur ambivalenten Nähe wird, rückt schnell wieder auf Distanz, wenn man einen Blick in die vielen Monatsschriften, Mitteilungen und Zeitschriften der ebenso vielen Bünde, Gruppierungen und Splittergruppen der frühen Jugendbewegung wirft. Dann zeigt sich, dass bereits vor hundert Jahren unzählige, meist männliche Jugendliche ebenso fasziniert von Lagerfeuern und den Abenteuern kleiner und großer Fahrten waren. Die immer und immer wieder neu erzählten und doch immer und immer wieder gleichen Erlebnisberichte von den gemeinsamen Aktivitäten, die man durchlebt hat, sind ein deutlicher Beweis dafür. Die wiederkehrenden Versatzstücke, aus denen sie montiert sind: der klare Sternenhimmel, die Suche des nächtlichen Quartiers, mäandernde Bäche und Baden in kleinen Flüssen, Teichen und Seen, Suppentafeln mit Würstchen, Maggi und die Kochfamilie um den Spirituskocher, heftige Regenschauer, Moor und Heide, an den Zelten rüttelnde Stürme, die Gastfreundlichkeit fremder Menschen, der Tagessold aus der Gemeinschaftskasse, die endlose Landstraße, Gitarrenspiel, kalte Schneelandschaften, Szenen in der 4. Klasse der Eisenbahnen, auf Flößen, Langholzwagen und Fischerkähnen oder die drückende Mittagshitze, rauschende Tannen oder der in einer kalten Osternacht sich an steilen Kalkfelsen und auf dem Bach spiegelnde Mond.

Vom Feuer ist oft die Rede, von Sonnwendfeuern, von Lagerfeuern und von Feuern an Ostern, Johanni und Weihnachten. Entweder wird seine reproduktive Funktion thematisiert; dann wird es zum Ort des Kochens, des Sich-Wärmens und des Erzählens. Oder aber es wird zum Metaphernspender für Reinigung und Reinheit, für entschiedenes Engagement, für Licht und Aufklärung. Dann lodert die Flamme in den Beschreibungen, sie sprüht Funken in die Nacht, dann prasseln die Scheite oder dürres Buchengeäst, bis über alle Waldbäume reichen die Flammenzungen, es beginnt der Sieg des Lichts über die finstern Mächte, die Glut frisst das Unreine.

Bereits die Vätergeneration jener Jugendlichen, die sich 1913 dann auf dem Hohen Meißner zum Ersten Freideutschen Jugendtag (auf dem die Pfadfinderschaft wohl nicht vertreten war) trafen, hat sich in Abenteuern ausgetobt, wie man aus der Festschrift erfahren kann. Im Rahmen der Klärung dessen, was denn der Wandervogel sei, tritt in einem der Beiträge ein Chor der Alten auf, der von seiner Jugend berichtet.

> »Auch wir waren abenteuerlich. Auch wir haben als Jungens unsere Wanderungen gemacht, aber wir sind nicht Tage und Nächte draußen gewesen in Wald und Heide. Wir haben im Herbst am glimmenden Krautfeuer Kartoffeln geröstet, haben im Fluß gebadet wie ihr; aber wir machten kein Wesens davon wie ihr, und unsere Väter hielten zu Hause feste Zucht« (zit. n. Mogge/Reulecke 1988, S. 88).

Pathos gewinnt die Literaturstelle durch die Verwendung des Topos vom zu ehrenden Alter und der zu preisenden Jugend. Einer dieser Alten, die ihre abenteuerliche Jugend erinnerten, von hoher Gestalt und mit weißem Haupthaar, das die Klugheit seiner Worte erwarten lässt, verkündet mit hell klingender und junger Stimme:

> »Jeder Tag ist ein Geschenk. Das größte aller Wunder aber ist mir die Jugend;
> Als ihr Zeichen begrüße ich den silbernen Vogel. Ich weiß nicht zu sagen, was er ist – wer vermag das Wesen irgendeines Dinges überhaupt zu deuten – aber ich höre das Rauschen seiner Flügel und seine Stimme, und beide klingen mir vertraut wie Zwitschern der Schwalben im neuen Frühling. Ich möchte ihren schnellen Flug am Himmel sehen, aber die Sonne blendet meine alten Augen. Ich habe nur Stunden

und Tage noch, bis sie sich schließen, aber ich sehe getrost in das Unbekannte« (ebd. S. 12).²

Was aber macht die unterschiedlichen Formen des Feuers und die kleinen und großen Fahrten für Jugendliche so attraktiv, dass sie bis heute von Generation zu Generation weitergegeben werden? Lagerfeuer und Fahrt sind so etwas wie Urszenen einer Gegenwelt, deren Strukturlogik es den Teilnehmenden ermöglicht, Erfahrungen zu machen, die die Bedingungen des Alltags nicht zulassen oder die dort zu wenig ermöglicht werden. Der gesteigerte Wunsch und Drang, sich mit den Anforderungen und Widerständen auseinanderzusetzen, die auf kleinen und großen Fahrten auftreten, fällt zusammen mit einer lebensgeschichtlichen Entwicklungsphase, in der Jugendliche beginnen, sich mehr und mehr vom Elternhaus abzulösen. Sie sind dabei auf der neugierigen Suche nach eigenen Lebensformen, die sich von denen der Elterngeneration unterscheiden.

Bereits Hegel, der in seiner Zeit als Gymnasialdirektor in Nürnberg mit den Großvätern der Meißner-Jugendlichen zu tun hatte, äußerte in seiner Gymnasialrede von 1809 die Überzeugung, dass eine Art Zentrifugaltrieb bei Jugend-

---

2 Diese Stelle erinnert an die Entstehungsgeschichte des Wandervogels, bei der im Hintergrund die »Alten« eine schützende, fördernde und vermittelnde Rolle spielten. Vermittelt werden musste zwischen Eltern, die der freiheitliche Drang zur autonomen Lebenshaltung ihrer Kinder ängstigte, zwischen Lehrern, die die nicht kontrollierte außerschulische Vergemeinschaftung beunruhigte und zwischen der preußischen Kultusbürokratie, die den Verlust körperlicher und sittlicher Kräfte der Jugend befürchtete. Es wurde deshalb ein »Ausschuss für Schülerfahrten« eingerichtet, in dem Eltern und Lehrer die Treffen und Wanderaktivitäten ihrer Kinder bzw. Schüler wohlwollend begleiteten, ohne sie zu dominieren. Der Pädagoge Gurlitt z.B. vertrat die Sache der sich regenden wandernden Jugendlichen nicht nur vehement im Kollegium des Steglitzer Gymnasiums (Ziemer/Wolf 1961, S. 77), sondern er suchte gar, die Bedenken des Preußischen Kultusministeriums durch einen Bericht über eine Fahrt von dreißig Schülern in die Lüneburger Heide, an der er teilnahm, zu zerstreuen, indem er auf die strenge Zucht hinweist, die unermüdlichen Versuche erwähnt, die Jungen an Land und Volk zu binden, aber besonders die jugendpflegerische Komponente der Wanderungen betont. »Denn an diesem ›Wandervogel‹ ist alles gesund. Was wir Lehrer seit langem und doch stets ohne rechten Erfolg bekämpfen, das heimliche Verbindungswesen unserer Schüler, mit der wüsten und verderblichen Nachahmung studentischer Bräuche und Missbräuche, das sinnlose Kommerzieren, Rauchen aus langen Pfeifen, Kartenspielen in dumpfen Bierhöhlen [...]. Unsere Knaben werden dadurch dem Faulenzertum der Ferien mit all ihren Schädigungen entzogen, als da sind Lektüre von schlechten Büchern, Teilnahme am Besuche der Gasthäuser, minderwertiger Konzerte und Theater, werden körperlich und geistig gekräftigt und erfrischt, gewinnen Zutrauen zur eigenen Kraft und stärken ihren Willen bei der Überwindung von Anstrengungen und Unbequemlichkeiten, ...« (Kindt 1968, S. 55f.). Über seine Selbstständigkeit jedoch wachte der Wandervogel sehr sorgfältig. Einer ihrer Führer, der Herausgeber des »Zupfgeigenhansl«, Hans Breuer, vermerkt hierzu: »Der Ausschuß (später Eltern- und Freundesrat genannt) ist Schild und die Jugend ist Schwert – und Schwert muss sie bleiben, sofern nicht der ganze Elan der Bewegung abstumpfen soll« (Ziemer/Wolf 1961, S. 50). Zum Verhältnis des Wandervogel zu Eltern und Schule vgl. auch Copalle/Ahrens 1954.

lichen Vorstellungen erzeuge, nur dann glücklich werden zu können, wenn sie der häuslichen Umwelt entkommen könnten. Ziel ihres Dranges sei ein Leben, wie es Robinson auf einer fernen Insel führte. Diesen Zentrifugaltrieb gelte es zu fördern und zu nutzen. Er sei der Anlass jeglicher Bildung, denn der Bruch mit dem Vertrauten, der bei der Suche nach der eigenen Lebensform entsteht, führt in eine Situation der Entfremdung, die dann über eine sich bildende Selbstfindung überwunden werden muss. Mit anderen Worten: Lagerfeuer und Fahrt lassen sich als nützliche Instrumente einer pädagogischen List interpretieren, deren Ziel es ist, die entstandene Entzweiung von Vertrautem und Fremden auf einer allgemeinen Ebene wieder zu versöhnen, um damit die Subjektbildung ein Stück voranzutreiben.

2.

Es dauerte noch 100 Jahre, bis Bedingungen vorlagen, die den von Hegel beobachteten Zentrifugaltrieb der Jugendlichen ganz besonders förderten. Erst als sich das Schulsystem – hier vor allem das Gymnasium – in seiner typischen Ausprägung mit streng normierten Inhalten und normiertem Ablauf des Unterrichts flächendeckend durchsetzte, wuchs die Anzahl von Schülern, die in altershomogenen Klassen zusammengefasst waren. Diese Bedingung der räumlichen Nähe begünstigte wiederum den Drang zur Bildung altershomogener Gruppen – Peergroups, wie man sie heute nennt und Horden, wie sich die Mitglieder des Wandervogels damals bezeichneten – die aus den Zwängen der Schule hinausdrängten. Die formelle Schulorganisation förderte die Entstehung informeller Beziehungsnetzwerke zwischen den Schülern. Je mehr die normierte Schule als kalte, disziplinierende, verkrustete, seelenlose Dressurapparatur wahrgenommen wurde, deren Lehrer engstirnig, autoritär, taktlos und züchtigend lebensfremde, langweilige, heterogene Stoffmassen durchpaukten, und dafür gibt es aus der Entstehungszeit des Wandervogels genügend Belege und Schilderungen[3], desto intensiver entwickelte sich der Bedarf an Vergemeinschaftungs-

---

3 Das prinzipiell krisenhafte Verhältnis zwischen Schule und Jugend wurde um die vorletzte Jahrhundertwende zum häufigen Thema literarischer Reflexion. Die außerschulische Modernisierung der Gesellschaft, die auf die beharrenden Traditionen, veralteten Inhalte und rückständigen Methoden des Wilhelminischen Gymnasiums traf, bot reichlich Stoff für literarische Bearbeitungen. Hermann Hesse schreibt 1904 an Karl Isenberg, dass die Schule die einzige moderne Kulturfrage sei, die er ernst nähme (Wende 2004). Sein in der Schulszene heftige Aufregung verursachender Adoleszenzroman »Unterm Rad« ist eine der bekanntesten literarischen Kritiken des repressiven Schulsystems. Unter den Repräsentanten der schulischen Drillapparatur, wie dem tyrannischen Rat bzw. Professor Unrat (H. Mann), haben nicht nur Hans Giebenrath, sondern auch Karl Gruber (Rilke, Turnstunde), Moritz Stiefel und Melchior Gabor (Wedekinds »Früh-

formen, nach Rückzugsformen, in denen die als negativ wahrgenommenen Konsequenzen der schulischen Organisation kompensiert werden konnten. Da im Kaiserreich die Bedeutung schulischer Abschlüsse für den weiteren Karriereweg zunahm, wurde der Zwang, der von der Schule ausging, noch zusätzlich erhöht.

Es bietet sich an, diese Abläufe mit dem Begriffspaar Gemeinschaft und Gesellschaft zu beschreiben. Dann repräsentieren die »kalten« rollenförmigen Sozialbeziehungen zwischen Lehrern und Schülern sowie die Unterrichtsinhalte die Anforderungen, die die Gesellschaft an ihre Mitglieder stellt, während die Reaktionen der Jugendlichen einen widerständigen Rückzug von diesen Erwartungen in den Handlungskontext rollenfreier Sozialbeziehungen der Gemeinschaft darstellen.[4] Die kognitive Distanz der Schule wird mit emotionaler Nähe der Gruppe gekontert, die Schulklasse, die eine Ansammlung gegeneinander konkurrierender Leistungsträger ist, gegen die Horde eingetauscht, in der keine Rollenträger, sondern ganze Menschen miteinander interagieren, das fremdbestimmte Lernen wird durch selbstbestimmtes Wandern, Kontrolle durch Vertrauen ersetzt, und den allgemeinen Ansprüchen der Gesellschaft werden die besonderen Bedürfnisse der Jugendlichen erwidert.

Auch wenn sich diese Reaktionen der Jugendlichen deutlich von der Schule distanzierten, so gehen Schule und Horde oder Sippe doch eine ungewollte Komplizenschaft ein, wenn man sich die Stufen der Autonomieentwicklung von Jugendlichen vor Augen führt. Schule und Peergroup sind beide Agenten, die die Ablösung von der Familie vorantreiben, ohne die ein selbstbestimmtes Leben nicht möglich wäre. Die Schule macht die Jugendlichen vertraut mit den gesellschaftlichen Anforderungen, während die Peergroup einen Möglichkeitsraum

---

lings Erwachen«) und Hanno Buddenbrook (Th. Mann) gelitten. Stefan Zweig (2009, S. 46) verbindet ebenfalls mit dieser gymnasialen Schulzeit, die er im Habsburgerreich verbracht hat, eine unterdrückende Tretmühle. »Schule war für uns Zwang, Öde, Langeweile, eine Stätte, in der man die ›Wissenschaft des nicht Wissenswerten‹ in genau abgeteilten Portionen sich einzuverleiben hatte, scholastische oder scholastisch gemachte Materien, von denen wir fühlten, dass sie auf das reale und auf unser persönliches Interesse keinerlei Bezug haben konnten. Es war stumpfes, ödes Lernen nicht um des Lebens willen, sondern um des Lernens willen, das uns die alte Pädagogik aufzwang. Und der einzige wirklich beschwingte Glücksmoment, den ich der Schule zu danken habe, wurde der Tag, da ich ihre Tür für immer hinter mir zuschlug« (Zum Thema der Generations- und Schulkonflikte um die Jahrhundertwende vgl. auch Mix 2000).

4 Zur Unterscheidung der beiden Formen von Sozialbeziehungen, die als diffuse der Gemeinschaft und als rollenförmige der aus der Gemeinschaft sich entwickelnden Gesellschaft zugeordnet sind, vgl. Oevermann (1979). Das Strukturmodell der diffusen Sozialität, dessen Prototyp die Familie darstellt, trifft auf Kollektive zu, in denen nicht Rollenträger, sondern ganze Menschen miteinander interagieren, in denen Beziehungen lang andauernd bzw. nicht aufkündbar und affektive Bindungen äußerst belastbar sind, in denen die Vertrauensbildung offen und ihre Sicherung nicht standardisierbar ist (vgl. Oevermann 2001b). Die Vergemeinschaftungen der Jugendbewegung, die Horden, Scharen, Sippen, Stämme usw. entsprechen dem Beziehungstyp der diffusen Sozialität.

bietet, auch neue »eigene« Identitäts- und Lebensentwürfe auszutesten, die sich von den Erwartungen von Familie und Schule unterscheiden,[5] denn Familie und Schule repräsentieren in aller Regel das Gestern, Jugend aber wird mit den Anforderungen der Zukunft konfrontiert.

Das Bedürfnis bzw. die entwicklungsbedingte Notwendigkeit, sich vom Hergebrachten zu unterscheiden, drückte sich in den selbstbestimmten Aktivitäten der Horden und Sippen gleichermaßen aus, ganz gleich, ob silberner Greif auf blauem Grund, silberne Schneegans auf grünem Grund, grün-rot-goldene Mütze oder Pfadfinderhut, Schillerkragen oder Halstuch die Kleiderordnung dominierten. Bereits die äußere Ausdrucksgestalt stilisierte Haltung und Lebensführung einer sich von den Traditionen der Erwachsenen absetzenden Jugend. Verletzt wurde allerdings nicht nur die bürgerliche Kleidungsordnung. Das Lagerleben auf Waldwiesen, an Bachläufen und Seeufern, die Hordentreffen in den selbst hergerichteten Stadtnestern und die abenteuerlichen Fahrten mit Rucksack, Zupfgeige und Hordenpott missachteten vielmehr auch die Prinzipien des für die bürgerliche Existenzsicherung notwendigen ökonomischen Marktes, ebenso wie die Orientierungen einer sich vehement modernisierenden Gesellschaft. Angesichts einer boomenden Industrie, verbesserter Technologien, eines anwachsenden Verkehrswesens, zunehmender Urbanisierung, eines mit der Industrialisierung an Bedeutung gewinnenden Banken- und Versicherungswesens bei gleichzeitigem Bedeutungsschwund der ländlichen, dörflichen, bäuerlichen Traditionen mögen die Aktivitäten der Jugendbewegung, ihre romantischen Liedertexte und die das Mittelalter evozierenden Begriffe wie Bacchanten, Scholaren und Ritter wie eine Abwendung von einer sich vehement rationalisierenden Gesellschaft und wie eine nostalgische Hinwendung zu einer rückwärts gerichteten, erlebnisbetonten und emotionalen Gegenwelt anmuten.[6] Unter dem Aspekt der

---

5 Eine der zentralen Aufgaben dieses Übergangs von der Familie in die Schule ist die Einübung einer reflektierten Distanz zu den eigenen Wünschen und Bedürfnissen. Bei diesem – wiederum von Hegel bereits in seinen Nürnberger Gymnasialreden klar analysierten – Übergang, den die Schule »zwischen der Familie und der wirklichen Welt« (Hegel 1996, S. 348) bildet, müssen die in die Schule eintretenden Kinder lernen, dass ihre individuierten Besonderheiten, ihre Neigungen und Empfindungen, die in den Interaktionen der Familie berücksichtigt wurden, in der Schule zugunsten der Geltung einer affektneutralen Leistungsorientierung und der damit verbundenen Konsequenzen (z.B. Belohnungsaufschub, Impulskontrolle, methodische Lebensführung, Zukunftsorientierung) zurückgestellt werden müssen. Die soziale Einbettung im Beziehungsgefüge der Peer-group, die ein Konkurrent zur emotionale Nähe vermittelnden Familie wird, kann im Fall schulischer Konflikte stabilisierende und kompensierende Hilfen übernehmen, die im Unterschied zur Familie unter prinzipiell Gleichen stattfinden. Aus Sicht der Eltern entstehen mit der Peer-group auch Gefährdungspotenziale, die ihre Autorität und Kontrolle schwächen können.

5 Bei aller Skepsis gegenüber den konventionellen Lebensformen der Zeit, eine grundlegende Ablehnung der bürgerlichen Existenz und ein wirklicher Ausstieg aus der Gesellschaft war von den höheren Schülern nie intendiert, auch wenn in den frühen Jahren des Wandervogels An-

jugendlichen Autonomieentwicklung sind die Gegenentwürfe allerdings keine regressive Antwort auf einen die Entzauberung der Welt weiter vorantreibenden Rationalisierungsschub. Sie sind vielmehr Aktivitäten, die für das in der Jugendphase geschwächte Ich geeignetes Spielmaterial zur Gestaltung seines weiteren Entwicklungsprozesses abgeben. Sie sind quasi Hilfen, das herauszufinden, was sein kann, was aber noch nicht ist. Welche Bedeutung die beiden elementaren Situationen Feuer und Fahrt in diesem Zusammenhang auch heute noch bei dieser Suche übernehmen, soll im Folgenden versucht werden zu zeigen.[7]

---

biederungen an das Milieu der heimatlosen Aussteiger und ihrer Vagabundentage stattfanden (Ziemer/Wolf 1961, S. 9). Albrecht Meyen (1921), der einer Sammlung von Beschreibungen seiner Wanderungen den Titel »Stromerfahrten« gibt, bekennt im Nachwort, dass er stolz gewesen sei, von seinen Lehrern mit den Landstreichern und Taugenichtsen in Verbindung gebracht worden zu sein. Allerdings weiß der Autor im Unterschied zu Vagabunden genau, was und wo seine Heimat ist, der er auch sein Büchlein widmet. Lange wurden die großen Wandervogeltreffen als Kundenkonvente angekündigt. Getragen wurden rote Halsbinden, ebenso wie Federn und Speckschwarten am Hut (Ziemer/Wolf 1961, S. 9). Aber dann verkünden Schomburg und Koetschau (o.J., S. 23), man habe längst das »Landstreichermäßige der ›Kunden‹ abgestreift. Kein buntgewürfeltes Tuch schmückt den Hals wie in den Anfangszeiten«. Wie viele Fotos zeigen, teilen sich Wandervögel und Vagabunden die staubige Landstraße als Raum der Fortbewegung. Deren Offenheit und Freiheit wird zwar oft besungen, aber so offen war die Landstraße dann doch nicht, denn am Ende der Ferien und der Wochenenden führte sie zurück in Schule und Elternhaus. Walt Whitmans »Song of the open road«, der in Teilen als programmatisches Motto der 1918 gegründeten, von der Jugendbewegung beeinflussten Zeitschrift »Die Wende« vorangestellt war (Oelkers 1991, S. 143), bleibt für die Gymnasiasten Sehnsucht. Dort heißt es in der letzten Strophe »... lass dich nicht aufhalten! Lass das Papier unbeschrieben auf dem Pult liegen und das Buch ungeöffnet im Regal! Lass die Werkzeuge in der Werkstatt liegen! Lass das Geld unverdient! Lass die Schule! Kümmere dich nicht ums Geschrei des Lehrers! Lass den Prediger auf der Kanzel predigen! Lass den Anwalt vor Gericht plädieren, lass den Richter das Gesetz auslegen ...« (Whitman 2009, S. 202).

7 Lagerfeuer und Fahrt gehörten von Anfang an zu den Aktivitäten der verschiedenen Gruppierungen der bürgerlichen Jugendbewegung, allerdings mit unterschiedlicher Gewichtung, wobei die kleine und große Fahrt beim Wandervogel eine größere Bedeutung besaß als z.B. bei den Pfadfindern, für die in ihren Anfängen das Feldlager und Aktivitäten wie Spurensuche, Pionierdienst und Naturerkundungen (Lion, in Seidelmann 1980) im Vordergrund standen. Dieser Unterschied mag seinen Grund in den Entstehungsmotiven der beiden Jugendgruppierungen haben. Obgleich mit äußerst wohlwollender Unterstützung von Eltern und Lehrern, entstand der Wandervogel aus dem starken Bestreben nach jugendlicher Selbstbestimmung und gegen die Bevormundung durch Erwachsene. Dieser Motivlage entspricht der Aufbruch zur selbst organisierten kleinen und großen Fahrt ins Neue und Unbekannte, wie es auch in einem der Lieder des Wandervogels heißt: »Mit uns zieht die neue Zeit!« Die Pfadfinder hingegen wurden zunächst 1909 von Erwachsenen als Verein für »Jugendsport in Wald und Feld« gegründet, der sich äußerst lebenspraktische Ziele setzte. Bereits zwei Jahre später schloss man sich dann als gegründeter Deutscher Pfadfinderbund (Seidelmann 1980) dem von ihrem Ehrenvorsitzenden Generalfeldmarschall von der Goltz ins Leben gerufenen »Jungdeutschlandbund« an, der seine Aufgabe in der körperlichen Ertüchtigung und der Stärkung der Wehrkraft sah. Zusammen mit den Maßnahmen des jugendpflegerischen Erlasses des Preußischen Kultusministeriums von 1911 sollte einer Entkräftung und zunehmenden Entartung der Jugend

3.

Während in der Schule die Interaktionen weitgehend im Klassenzimmer stattfinden, spielen sich viele Aktivitäten auf den Fahrten um das Lagerfeuer ab. Im Unterschied zur wohlgeordneten Sitzordnung im Klassenzimmer, die früher frontal auf die Lehrerposition zentriert war und mit erhöhtem Katheder ein Oben und Unten markierte, wird die Situation um das Feuer durch den Kreis bestimmt. Strukturell widersetzt sich diese geometrische Form einer hierarchischen konfrontativen Belehrungs- oder Befehlssituation. Ihre Symmetrie, die gegenseitige Sichtbarkeit, die gleichen Abstände zueinander verweisen auf die prinzipielle Gleichheit der Anwesenden. Gleichzeitig sorgt der Kreis für eine Kommunikationssituation, in der alle maximal sichtbar und hörbar sind. Allerdings ist dieser Strukturvorteil des Sitzkreises durch die Situation des Lagerfeuers etwas eingeschränkt.[8] Indem sich die Mitglieder einer Gruppe im Kreis zusammenfinden, vollziehen sie die bereits bestehende Gemeinschaft und stiften zugleich eine optimale Struktur, in der weitere Aktivitäten ihre gemeinschaftsfördernde Kraft entfalten können.

Bereits von dem in der Mitte brennenden Feuer geht eine vergemeinschaftende Kraft aus. Dies gilt vor allem für die Abendstunden, wenn alle sich um das Feuer versammeln und an seinem Licht und seiner Wärme partizipieren. Diese Atmosphäre einer vergemeinschaftenden Intimität wird treffend durch die Lichthülle veranschaulicht, die das Feuer gegen die Dunkelheit bildet und die die Gruppe umgibt, die aufgrund der nächtlichen Kälte näher zusammengerückt ist.

Auch die Aktivitäten der körperlichen Reproduktion, die um das Feuer herum durchgeführt werden – wie Kochen und Essen, ebenso wie Singen, Erzählen oder Vorlesen als Formen der ideellen Reproduktion – sind gemeinschaftsstiftende Handlungsabläufe.[9]

---

entgegengewirkt werden (Frobenius 1927). Die damit implizierte Kontrolle und Instrumentalisierung männlicher Jugendlicher lassen sich in einem übersichtlichen, überraschungsfrei planbaren Feldlager mit seinen in Alexander Lions Pfadfinderbuch ausführlich beschriebenen Routinen besonders gut umsetzen. Allerdings waren Kriegsspiel und völkisches Gedankengut dem Wandervogel nicht völlig fremd. In Hans Lissners zuerst 1910 erschienenem »Der Fahrtenspiegel« (1915, S. 60) heißt es unter offensichtlichem Hinweis auf die Pfadfinder »... Flaggensignale, Feuer- und Rauchtelegraph, Spurendeutung, Geländekunde. Dies und vieles andere ist so wandervogelmäßig, dass wir wahrlich nicht zu warten brauchen, bis ein besonderer Verein das als neuen Sport verkündet und ›einführen‹ will«.

8 Zum Sitzkreis siehe auch Amann 2004.
9 Neben den praktischen Funktionen des Feuers im Lager und auf Fahrt besaßen die brennenden Holzscheite auch mythisch-kultische Bedeutung. In dem Gedicht des Wandervogelführers Hjalmar Kutzleb »Heilige Feuer« (1921, S. 18f.) z.B. schafft das Licht Orientierung. »Fach an dein Licht, lass deine Klarheit fluten ... der starr und mächtig stand/ und schwieg, ein Funke weckt ihn auf zum Leben ... aufglüht das dunkle Land«. Assoziiert werden ursprungsmythische

Nicht nur in den Texten der Lieder werden die gemeinsamen Orientierungen, Sehnsüchte und Erlebniswelten thematisiert, auch in den Erzählungen, wenn die Älteren von vergangenen Fahrten berichten, werden der gemeinsame Erfahrungshintergrund und der Werteteppich, auf dem man sich bewegt, aktualisiert. Wenn von einem der sich um das Feuer Lagernden spannende und abenteuerliche Geschichten vorgelesen werden und alle Ohr sind, dann sind die erzählten Inhalte auch deshalb attraktiv, weil sie sich vom langweiligen literaturpädagogischen Pflichtprogramm des schulischen Unterrichts unterscheiden.[10] Die jugend-

---

Vorstellungen, wonach der Sieg des Lichts über die Dunkelheit zusammenfällt mit dem Ursprung allen Geschehens und der Gestaltungsmöglichkeit einer Ordnung. Geordnet wird im Falle Kutzleb das Land der Jugend. Bei den regelmäßig begangenen Sonnenwenden, bei denen die Jugendlichen Auf- und Abstieg der Sonne, Ankunft und Abschied des Lichts feiern, wird das Feuer »zum Tempelraum«, in dem man sich in die natürlichen Abläufe integriert und sie kultisch unterstützt.

10 Hinweise über die Praktik des Vorlesens waren in der mir zugänglichen Literatur spärlich. Dass bei Nestabenden viel vorgelesen und der Lesestoff diskutiert wurde, stellen Neuloh/Zilius (1982, S. 77ff.) bei einer Befragung älterer Mitglieder des Wandervogels fest. Auch die Verfasser des Wandervogelbuches (o.J.) bestätigten dies, ebenso wie Laqueur (1978), der in einzelnen Nestern gar kleine Bibliotheken vermutet. Die Lektürefavoriten der Befragten waren Walter Flex, Hermann Popert und Hermann Löns. Über weitere Lektüreinhalte lässt sich etwas aus einem Konflikt erfahren, den der Wandervogel mit dem Reformpädagogen Gustav Wyneken (1961) austrug. Der Gründer des Schulsystems der Freien Schulgemeinden warf dem Wandervogel vor, er habe keinen allzu hohen künstlerischen Geschmack, und stehe dazu noch dem Bereich der Kultur gleichgültig gegenüber. Die kulturelle Mittelmäßigkeit rühre daher, dass man sich dem Naturgefühl, schnellen Erlebnissen und spontanen Geschmackseindrücken allzu rasch und widerstandslos hingebe. Eine grundsätzliche Haltung der Jugend gegen klassische Inhalte, wie sie Blüher (1920) vertrat, der jugendliche Aktivitäten und manches abweichende Verhalten wie z.B. phantastische Indianerspiele, Karl-Moor-Erlebnisse, heimliche Ausbrüche bei Nacht und Nebel oder Flucht aus dem Elternhaus als Widerstand gegen die »klassizistische Verziehung des Charakters« deutete, lehnte Wyneken ab. Möge zwar gegenwärtig (um 1900) die von Blüher festgestellte romantische Haltung der Jugend bestehen, inhaltlich mal Indianer, mal Seeräuber sowie Griechen, Polen, Buren und auch mal das Mittelalter bevorzugen, so sei sie doch in der Lage, diese Inhalte zu überwinden und sich zukünftig der wahren Kunst und Kultur zu widmen. Solange die Schule ihrer Aufgabe der Kultur- und Kunstvermittlung nicht nachkomme, habe die Jugendbewegung sogar die Pflicht, die Ausfallbürgschaft dafür zu übernehmen. Die Praxis des Wandervogelalltags, die das folgende Zitat von Ziemer (1961, S. 425) auf den Punkt bringt, sah das durchaus anders: »Die Umwandlung der wöchentlichen Nestabende in einen musikalischen und literarischen Teil mit dem jungen Bach- und Chopin-Spieler am Klavier, einem Trio oder Quartett der musikalischen Könner, dem Vortrag Georgescher Gedichte und dem Vorlesen von Faust und Hamlet mit verteilten Stimmen wäre ein schnelles Ende dieser Zusammenkünfte gewesen«. Ein paar Zeilen weiter heißt es über die Jugendlichen, die am »Volks- und Hordenlied, Lautenspiel, rauhen Fahrten und nächtlichen Feuern« festhalten wollten: »Ihr jugendliches Sinnen und Trachten kreiste um Erlebnisse, für die es zwar aus der Welt der Erwachsenen keine rechten Bezeichnungen gab, die aber auch musischer, ganz sicherlich pädagogischer Art waren, denn sie formten Gemüt und Charakter stärker, als Elternhaus und Schule es konnten« (ebd, S. 425). Die von Wyneken erwähnten Indianer gehörten zum Personal des beliebtesten Lektürestoffes sowohl der proletarischen als auch der bürgerlichen Jugendlichen. Von den einen wurden

liche Gegenwelt hat auch ihre eigene Gegenlektüre. Von Indianern, Piraten, Entdeckern, Waldläufern, Goldgräbern, Tramps, Großwildjägern ist in der phantasiedisziplinierenden Lektüre der Schule nichts zu erfahren, es sei denn, es wird vor ihnen gewarnt. Die fiktiven weiten Reisen dieser Helden auf stürmischen Meeren, in Karawanen, durch die Wüste und in verbotene Städte, ihre Erkundungen von Flussläufen, ihre Entdeckungen geheimnisvoller Schätze, versunkener Reiche oder seit langen Zeiten gesuchter Quellen, ihre Qualen am Marterpfahl, ihre Kaperfahrten und Schiffsenterungen, Begegnungen in den Zelten der Beduinen und Tipis der Komantschen, ihre Kämpfe mit Löwen und Reptilien müssen heimlich gegen die Verbote der Lesemeister der Pädagogik angeeignet werden.

Lang ist die Geschichte des verborgenen jugendlichen Widerstands gegen lesepädagogische Bevormundung. Bereits in Joseph von Eichendorffs Roman »Ahnung und Gegenwart« findet sich eine wunderschöne Stelle, die von der unerlaubten abgetrotzten Leselust und ihrer pädagogischen Verfolgung berichtet. Der junge Graf Ferdinand wird eines Abends ganz zufällig bei einer Wanderung mit einer häuslichen Situation konfrontiert, in der ein Vater seiner gespannt lauschenden Familie Geschichten vorliest. Er lässt sich davon so beeindrucken, dass er seine Besuche wiederholt und schließlich einige bebilderte Bücher mit phantastischen Geschichten mit nach Hause nimmt, um sie dort heimlich zu lesen. Doch hören wir ihn selbst.

> »Da saß ich denn einsam im Garten und las die Megalone, Genovefa, die Haymonskinder und viele andere unermüdet der Reihe nach durch. Am liebsten wählte ich dazu meinen Sitz in dem Wipfel eines hohen Birnbaums, der am Abhange des Gartens stand, von wo ich dann über das Blütenmeer der niederen Bäume weit ins Land schauen konnte, oder an schwülen Nachmittagen die dunklen Wetterwolken über den Rand des Waldes langsam auf mich zukommen sah« (Eichendorff 1985, S. 106).

Es war dem jungen Grafen, »als hätten mir diese Bücher die goldenen Schlüssel zu den Wunderschätzen und der verborgenen Pracht der Natur gegeben« (ebd., S. 107). Gerade die ungeschickten Holzstiche reizen seine Vorstellungskraft so an, dass er die vor ihm liegende Landschaft mit Burgen und Städten ausschmückte und mit »ganzer Seele« in den Wolken segelte.

Diese Idylle des jugendlichen Eintauchens in fiktive Gegenwelten wird jäh unterbrochen, als der Hofmeister – ganz offensichtlich ein Exemplar der päda-

---

sie in Kolportageheftchen, von den anderen in Prachtausgaben konsumiert (Steinlein 1979, S. 178). Bis heute nimmt die Abenteuerliteratur bei Jugendlichen aller Schichten eine deutliche Spitzenstellung ein, wobei geschlechtsspezifische Unterschiede nicht allzu groß sind (Baumgärtner/Launer 2005).

gogischen Aufklärung – die heimliche Lektüre entdeckt und ihm die Bücher wegnimmt. An deren Stelle tritt nun zum Entsetzen des jungen Grafen die Kinderbibliothek Campes, den Eichendorff an anderer Stelle als einen zahmen Philister bezeichnete. Aus der musste er nun lernen, »wie man Bohnen steckt, sich selber Regenschirme macht, wenn man einmal wie Robinson auf eine wüste Insel verschlagen werden sollte, nebstbei mehrere Zucker gebackene edle Handlungen, einige Elternliebe und kindliche Liebe in Charaden« (ebd., S. 107f.). Doch der Korrekturversuch kommt zu spät, wie sich Ferdinand erinnert. Seine Phantasie hatte bereits »auf den waldgrünen Bergen unter den Wundern und Helden jener Geschichten gesunde freie Luft genug eingesogen, um sich des Anfalls einer ganzen nüchternen Welt zu erwehren« (ebd., S. 107).

In dieser Episode des Widerstands steckt nicht nur eine Kritik an pädagogischer Bevormundung,[11] sondern sie enthält auch einen lesepädagogischen Hinweis dort, wo Ferdinand über die Reizung seiner Vorstellungskraft spricht. Die ausgeliehenen Bücher sind nämlich in der Lage, einen imaginären Erfahrungsraum aufzuspannen, in den Ferdinand mit ganzer Seele hineinsegeln konnte. Das Gelesene bzw. das Gehörte setzt Phantasie frei, und diese Phantasie kann eine hilfreiche Funktion in dem Entwicklungsprozess übernehmen, in dem sich Kinder, aber vor allem Jugendliche befinden. Beide sind in Übergangsphasen, in denen sie sich auf die zukünftige Lebenspraxis der Erwachsenen spielerisch und verantwortungsentlastet vorbereiten können. Das, was in den Verwicklungen der fiktiven Abenteuerepisoden geschieht, besitzt eine strukturelle Ähnlichkeit mit dem Erfahrungsmaterial, mit dem Jugendliche konfrontiert sind, die bei der Vorbereitung auf den Erwachsenenstatus ihre Herkunftsfamilie verlassen müssen, um in fremder Umgebung eine eigene Position zu finden. Diese unsichere Zwischenexistenz lässt eine ambivalente psychodynamische Situation entstehen, in der Gefühle der Hilflosigkeit und Minderwertigkeit, Gefühle des Kontinuitäts- und Bindungsverlustes sowie Versagensängste sich mit

---

11 Versuche der Zensur jugendlicher Leseinhalte erreichten nach den Philanthropen in der Kaiserzeit, die auch eine Zeit des Umbruchs hin zu einer Massenkultur war, einen weiteren Höhepunkt. Wortführer war der Hamburger Pädagoge Heinrich Wolgast. Im gleichen Jahr 1896, in dem Hermann Hoffmann mit ersten Wanderungen der Steglitzer Gymnasiasten die Voraussetzung für die spätere Gründung des Wandervogels schuf, veröffentlichte er sein Buch »Das Elend unserer Jugendliteratur«, in dem er sich aus kulturpessimistischer Sicht, u.a. mit von »Millionen deutscher Knaben«, gekauften »Indianergeschichten in grellbuntem Umschlag« auseinandersetzt, die einen Angriff auf die »Absichten aller Erziehung und Bildung« darstellen (Wolgast o.J., S. 168f.). Diese Massenware – als Schund bezeichnet – war nicht nur eine Attacke gegen den bildungsbürgerlichen Lesekanon, sondern Abenteuer-, Schiffbruchs-, Indianer- und Kannibalen-Geschichten wurden auch verantwortlich gemacht für Schulmüdigkeit, Verwahrlosung, Vagabundieren, Brutalität oder Widerstand gegen die gesetzliche Ordnung (Steinlein 1979, S. 172f.). Keiner der Jugendschützer stellte sich die Frage, warum so viele Jugendliche von diesen Geschichten so intensiv gefesselt wurden.

illusionistischen Allmachts- und Größenphantasien zu einem widersprüchlichen Gemisch vereinigen. Aus diesem Amalgam der Gefühle sind es vor allem die Allmachts- und Größenphantasien, die den Jugendlichen bei seiner »Reise durch das Zwischenland« unterstützen können. Denn erst die Überschätzung des eigenen Selbst – so hat es Mario Erdheim (1984, S. 304) formuliert – ermöglicht den Wagemut, die äußere Welt infrage zu stellen sowie die übermächtigen Aufgaben anzugehen und die dadurch bedingten Verunsicherungen gleichzeitig zu ertragen.

Auch der Abenteurer befindet sich in einem Zwischenstadium, nachdem er die Sicherheit gebende vertraute Heimat verlassen hat und sich nun unter größten Anstrengungen selbstverantwortlich mit erheblichen Widerständen auseinandersetzt, sie überwindet, seine Ziele erreicht oder an ihnen scheitert.[12]

Die Phantasietätigkeit kann nun die Funktion eines internen Wirklichkeitssimulators (Bischof o.J.) übernehmen, der zusammen mit den Inhalten der Geschichten mentale Erfahrungsräume entwirft, in denen die phantasierten Eigenschaften der Helden alle Widerstände überwinden. Im prasselnden Funkenregen,

---

2 Dieses Moment des Abenteuerlichen, das in der jugendlichen Suche nach einer eigenen Position und in der damit verbundenen Auflehnung gegen die starren eingefahrenen Konventionen der bürgerlichen Ordnung sowie in der kühnen Selbsterprobung steckt, führt bei Hegel, dem Philosophen der bürgerlichen Gesellschaft, wie selbstverständlich doch wieder in die bestehende Ordnung zurück. In seiner Ästhetik schreibt er: »Jünglinge sind diese neuen Ritter, die sich durch den Weltlauf, der sich statt ihrer Ideale realisiert, durchschlagen müssen und es nun für ein Unglück halten, dass es überhaupt Familie, bürgerliche Gesellschaft, Staat, Gesetze, Berufsgeschäfte usf. gibt, weil diese substantiellen Lebensbeziehungen sich mit ihren Schranken grausam den Idealen und dem unendlichen Rechte des Herzens entgegensetzen. Nun gilt es, ein Loch in diese Ordnung der Dinge hineinzustoßen, die Welt zu verändern, zu verbessern oder ihr zum Trotz sich wenigstens einen Himmel auf Erden herauszuschneiden: das Mädchen wie es sein soll, sich zu suchen, es zu finden und es nun den schlimmen Verwandten oder sonstigen Mißverhältnissen abzugewinnen, abzuerobern und abzutrotzen. Diese Kämpfe nun aber sind in der modernen Welt nichts Weiteres als die Lehrjahre, die Erziehung des Individuums an der vorhandenen Wirklichkeit, und erhalten dadurch ihren wahren Sinn. Denn das Ende solcher Lehrjahre besteht darin, dass sich das Subjekt die Hörner abläuft, mit seinem Wünschen und Meinen sich in die bestehenden Verhältnisse und die Vernünftigkeit hineinbildet, in die Verkettung der Welt eintritt und sich in ihr einen angemessenen Standpunkt erwirbt. Mag einer auch noch soviel sich mit der Welt herumgezankt haben, umhergeschoben worden sein, zuletzt bekommt er meistens doch sein Mädchen und irgendeine Stellung, heiratet und wird ein Philister so gut wie die anderen auch; die Frau steht der Haushaltung vor, Kinder bleiben nicht aus, das angebetete Weib, das erst die Einzige, ein Engel war, nimmt sich ebenso aus wie alle anderen, das Amt, gibt Arbeit und Verdrießlichkeiten, die Ehe Hauskreuz, und so ist der ganze Katzenjammer der übrigen da« (Hegel 1995, S. 219f.). Hegels von der ritterlichen aventiure geprägte Vorstellung von Jugend betont das Episodische. Unter dieser Perspektive sind Jugendphase und Abenteuer in sich abgeschlossene vorübergehende Phänomene, die die bestehende Ordnung nicht antasten. Begreift man das Abenteuerliche hingegen als eine Habitusformation, die eine weltoffene, bewährungsorientierte, erfolgsoptimistische Haltung ausdrückt, die eine autonome Position zur Welt fundiert, dann bleibt sie über die Entwicklungsphase hinaus als eine fortdauernde Disposition bestehen, die freilich immer wieder bestätigt werden muss.

den die nachgelegten Holzscheite aufwirbeln, entsteht ein nicht alltäglicher faszinierender und suggestiver Hörraum, in dem die dem Vortrag Lauschenden mithilfe der Phantasie die Grenze zwischen ihrer unvollkommenen Realität und der imaginierten Welt des Vollkommenen der dargestellten Helden überschreiten können. Der jugendliche Zuhörer kann im Schutzraum der um das Feuer versammelten Gemeinschaft im mentalen Probehandeln Vorgriffe auf die Zukunft machen, dabei über die Identifikation zum imaginierten Helden werden, der das Geschehen bestimmt, der die Abenteuer besteht, der das Unrecht aus der Welt schafft, Geheimnisse lüftet, dem Übermächtigen trotzt, das schönste Mädchen befreit und es zur Ehefrau nimmt. Aber er kann auch ungestraft seine Aggressionen ausleben, die ebenso wie die Risikobereitschaft mit zunehmendem jugendlichem Autonomieanspruch ebenfalls ansteigen, und deren soziale Regulierung eingeübt werden muss, ehe sie ihre Funktion bei der begründeten Durchsetzung des in der Adoleszenzphase erprobten Identitätsentwurfs erfüllen können. Wenn auch die Rückreise aus der vollkommenen Welt der Phantasie nicht immer in eine konkrete Veränderung der realen Lebenssituation umschlägt, so lässt sich doch die Bedeutung der durch das Vorgelesene angeregten Phantasie für die jugendliche Subjektgenese und Autonomieförderung erkennen. Noch einmal anders ausgedrückt: Das imaginierte Abenteuer schafft einen intermediären Raum im Sinne Winnicotts (2002), in dem einerseits die eigene Unzulänglichkeit kompensiert,[13] andererseits Zukünftiges vorweggenommen wird, indem über die Identifikation mit der Handlungsfigur des Abenteuers und seiner Protagonisten die Grenzen des jugendlichen Selbst vorübergehend aufgehoben werden und sich damit die Möglichkeit des spielerischen mentalen Probehandelns mit ihnen eröffnet.

4.

Nun sind erzählte Abenteuer etwas anderes als Abenteuer, die real bestanden werden müssen. Vor der Erzählung muss sich etwas ereignet haben, das es Wert ist, erzählt zu werden. Erzählungen und Tagträume eignen sich fürs Lagerfeuer, das Abenteuer aber entfaltet seine volle Attraktivität nicht im Kopf oder zwischen zwei Buchdeckeln. Es drängt in die Welt hinaus. Wer über den Bilderstrom seines mentalen Probehandelns hinaus will, der muss seinen imaginierten Selbstentwurf den Widerständen und Krisen aussetzen, die die Welt bereithält. Aber welche Erfahrungen lassen sich bei kleinen und großen Fahrten machen?

---

13 Über den Antrieb der Phantasietätigkeit schreibt Freud (1999, S. 216): »Man darf sagen, der Glückliche phantasiert nie, nur der Unbefriedigte. Unbefriedigte Wünsche sind die Triebkräfte der Phantasie, und jede Phantasie ist eine Wunscherfüllung, eine Korrektur der unbefriedigenden Wirklichkeit«.

Am Lagerfeuer und auf Fahrt

Wer mit Rucksack, Kompass, Hordenpott, Landkarte oder Kanu und Segelboot auf große Fahrt geht, der muss die Sicherheit gebenden Routinen des Alltags hinter sich lassen. Wer die Sphäre des immer wieder Bewährten nicht verlässt, der kann auch nichts Neues erfahren. So fordert Hermann Hoffmann 1898 seine Sekundaner und Primaner auf:

> »Weg mit all dem Kram von Kursbüchern, Koffern und wie der Kram sonst noch heißen mag, den Ranzen von der Wand geholt ... Und hinein in die weite offene Welt, leichten Herzens, frei vom Zwang der Schule mit all ihren kleinen Sorgen, frei von den Sorgen um das ›Morgen‹, frei von der Aufsicht über jeden Schritt, ganz sein eigener Herr, der sich selbst diesen Weg sucht, wie ihm heute, wie ihm morgen gerade der Sinn steht« (Hoffmann 1968, S. 24).

Einmal aufgebrochen, ist er oder sie fortan mit einer Realität konfrontiert, die voll von Überraschungen ist. Wetterbedingungen ändern sich schlagartig, ein Sturm zieht auf, reißt die Fock in Fetzen, Ausrüstungsgegenstände gehen verloren, Wege stimmen nicht mit der Karte überein, Passagen sind blockiert, der Fels ist brüchiger als erwartet, Konflikte in der Gruppe brechen aus, die Füße schmerzen usw. Während im Alltag Widerstände und Krisenhaftes eher der Ausnahmefall sind, sind sie im abenteuerlichen Unterwegssein der Normalfall.

Da diejenigen, die unterwegs sind, nicht exakt bestimmen können, ob, wann und wo ein solches Ereignis eintritt, das den Handlungsablauf unterbricht, wird ihre Wirklichkeit, in der sie sich bewegen, vom Modus des Vielleicht, von der Möglichkeit regiert. Möglichkeiten sind noch verborgene Teile der Wirklichkeit. Sie sind, wie Robert Musil es ausdrückt, noch nicht geborene Wirklichkeiten. Erst wenn sie eintreten, führt uns der von ihnen ausgehende Widerstand bzw. das mit diesem verknüpfte Gefühl der Überraschung vor Augen, dass das Mögliche zu Wirklichkeit werden kann und dass die bestehende Wirklichkeit nur *eine* Möglichkeit ist. Dadurch verliert die Wirklichkeit zwar ihre erwartete Verlässlichkeit, sie wird ungewiss und instabil, allerdings wird sie aber dadurch gestaltbar, oder weniger offen formuliert, sie zwingt zum Handeln. Die mit den überraschenden Ereignissen einhergehenden Enttäuschungen und Erschütterungen der Wirklichkeitserwartungen und Handlungsroutinen verlangen ein Subjekt, das sich nicht an Sicherheiten klammert, sondern das die Undeterminiertheit unsicherer Situationen bewältigen will; ein Subjekt, wie es von Habermas in seiner Rezension des Buches von John Dewey »The Quest for Certainty« beschrieben wurde.

> »Die Suche nach Gewissheit ist die Kehrseite eines Risikobewusstseins, dem gegenwärtig ist, dass sich nur über eine produktive Verarbeitung von Enttäuschungen und die fortgesetzte Bewältigung von Problemen ›passende‹ Handlungsgewohnheiten herausbilden und verfertigen. Was den Menschen als handelndes Wesen auszeich-

net, ist dieses problemlösende Verhalten – zu wissen, dass man sich dabei auf keine andere Autorität verlassen kann als die eigene intelligente Anstrengung« (Habermas 2001, S. 158).

Auf große Fahrt gehen, heißt »[m]it dem Zufall und dem Scheitern an einer überraschenden Realität zurechtzukommen« (ebd.), sei es in wilder Natur oder in fremder Kultur. Mit dieser Erwartung wird die abenteuerliche Fahrt zu einer spielerischen Praxis des philosophischen Pragmatismus, dessen Absage an die Suche nach Sicherheit und risikofreiem Handeln sie verkörpert. Für Dewey (1981) ist das Abenteuer eine Metapher des Lebens. Zugespitzt könnte man sagen, sich auf abenteuerliche Fahrt zu begeben, heißt, im spielerischen Leben etwas erfahren zu können, was vielleicht im ernsten Leben hilfreich sein kann.

Lassen wir noch einmal Hermann Hoffmann, den frühen steglitzer Wanderführer zu Wort kommen:

> »Auf der Wanderschaft mit all ihren Wechselfällen wird auch der Zaghafte ein ›Kerl‹, ›da tritt kein andrer für ihn ein, auf sich selber steht er ganz allein!‹ Weder der sorgende Herr Papa, noch die ängstliche Frau Mama können beispringen, alte Tanten ihren Rat nicht geben. Sitzt der Wanderbursch in der Klemme, hat er mit dem Gastwirt die Preise herabzuhandeln, hat er sich verlaufen, verklettert, ist er ›abgebrannt‹, findet er kein Nachtquartier und hat er sonst ein Pech: hilft er sich dann nicht selbst, so hilft ihm überhaupt niemand. Und das erzieht fein zur Kaltblütigkeit, die zur Schärfung der Sinne! Die Rolle des Greises, der da ›auf dem Dach sitzt und sich nicht zu helfen weiß‹, gewöhnt man sich auf einer Fußwanderung gar bald ab! Und das Gruseln ist bald verlernt, wenn man erst ein paar Mal abends in dem ›dustern, dustern Wald‹ in unbekannter Gegend zur Feststellung des Weges die Wegweiser hat erklettern und mit Streichhölzern hat erleuchten müssen oder spät abends noch einige Meilen durch ein ›totes Moor‹ gewandert ist« (ebd., S. 32f.).

Nicht cartesischer Zweifel steht am Anfang eines Abenteuers, ganz im Gegenteil. Abenteuerliches Handeln ist von der Überzeugung getragen, auch dann noch erfolgreich handeln zu können, wenn die Aussichten dafür eher schlecht stehen. Diese selbstbestärkende Haltung, die auch mit der Maxime »Im Zweifelsfall wird es gut gehen« umschrieben werden kann, hat Ulrich Oevermann (2000) als strukturellen Optimismus bezeichnet.[14] Er ist eine der wichtigsten internen Instanzen, die den Bildungsprozess der Subjekte vorantreibt. Er unterstützt den

---

[14] Nach Oevermann ist der strukturelle Optimismus eine tief in das Körpergedächtnis eingegrabene Überzeugung, die aus einer bis in den pränatalen Bereich reichenden Erfahrungskette resultiert, in der der Wechsel von Geborgenheit und herausfordernden Umweltkontakten Thema war. Die gegensätzliche Überzeugung, der strukturelle Pessimismus, der bei Zweifelsfällen einer Lösung eher einen negativen Ausgang prognostiziert, ist hingegen entwicklungs- und bildungsfeindlich. Die Welt des strukturellen Pessimismus stellt keine Herausforderung, sondern eine Bedrohung dar.

Aufbruch zu großer Fahrt, indem er mögliche Zweifel durch Selbstgewissheit und Erfolgszuversicht relativiert. Wer überzeugt ist, »sich auf diese Welt, das Leben, die Menschen und nicht zuletzt auf sich selbst verlassen zu können« (Bischof o.J., S. 545), gewichtet Faktoren wie Trennungsängste oder Sicherheitsbedürfnisse, die den Aufbruch zur abenteuerlichen Fahrt und ins Ungewisse erschweren würden, nicht sehr hoch. Ohne den strukturellen Optimismus wären Marco Polo, Vasco da Gama, Fridtjof Nansen, James Cook und wie sie alle heißen mögen, vermutlich zu ihren Entdeckungsreisen nicht aufgebrochen.

Einmal den heimatlichen Alltag verlassen, zwingen die Überraschungen zu Entscheidungen, die nicht aufgeschoben werden können. Nehmen wir z. B. die folgende Situation bei einer Schneeschuhwanderung. Heftiger, dichter Schneefall, vielleicht ein Schneesturm, bricht herein. Die krisenhafte Situation[15] erzwingt

---

15 Wie der Begriff des strukturellen Optimismus stützt sich auch der hier verwendete Begriff der Krise auf den theoretischen Ansatz der objektiven Hermeneutik. Etymologisch schließt er an die juristische Bedeutung des griechischen Wortes an, die neben einer medizinischen steht. Sie bezieht sich auf die Phase der Urteilsfindung, in der das Für und Wider eines zu fällenden Urteils abgewogen wird. Der Krisenbegriff fokussiert hier kein psychisches Phänomen, sondern einen Vorgang, der strukturell zwingend von der Situation vorgegeben ist. Krisenhaftigkeit und die Suche nach Neuem entsteht, weil es keine routinehafte Vorlage gibt, die aufgetretene Krise zu bewältigen. Neben der für die Gestaltung von Zukunft verantwortlichen Krise der Entscheidung unterscheidet die objektive Hermeneutik die von »brute facts« wie materialen Widerständen oder überwältigenden Gefühlen ausgelöste traumatische Krise und die selbst erzeugte Krise der Muße, die bei der bedingungslosen Beschäftigung mit einer Sache auftreten kann. Im Rahmen einer abenteuerlichen Fahrt können alle drei Typen der Krise auftreten. In dem oben aufgeführten Beispiel liegen Bedingungen vor, in denen eine traumatische Krise auch zur Notwendigkeit konsequenzreicher Entscheidungen führt. Während die durch den Schneesturm verstärkte Kälte und Nässe und das eingeschränkte Sehen und Hören die Teilnehmer mit der Leiblichkeit ihrer Existenz konfrontiert, wird in der Entscheidungssituation die zwingende Bewährungspflicht jeder Lebenspraxis erfahrbar gemacht, die eigene Zukunft selbstverantwortlich gestalten zu müssen. Angesichts der drängenden Handlungsabläufe bei einer Fahrt tritt die selbst erzeugte Krise der Muße etwas in den Hintergrund. Immer ist etwas zu erledigen, um der widerständigen Wirklichkeit nicht ganz unvorbereitet zu begegnen. Die Öffnung für ästhetische Erfahrung, bzw. die müßige Beschäftigung mit einer Sache bedarf der Entlastung von störenden Bedrängnissen. Mancher Wandervogel, der auf die Bedeutung kontemplativer Momente einer Fahrt aufmerksam machte, war sich der Nachrangigkeit der selbstgenügsamen Hinwendung zur fremden Kultur oder Natur bewusst. Am allerspätesten wird beim Wandern das Sehen gelernt, bemerkt Fischer (1921, S. 55). Fragendes Sehen, Bereitschaft zur Stille und zum Hinhören, eine offene, staunende Seele, nicht Wissen und Einordnungsbedürfnis von kulturellen Phänomenen ist ein von seinen Wandergesellen. Auch Meyen, der seine Entdeckerfreude und seinen Forschergeist mit der engagierten Darstellung vieler Naturereignisse und Naturabläufe belegt (Meyen 1921), sieht in der Hinwendung zur Natur ein wichtiges Element der Wandervogelfahrt, auch wenn sie viel zu oft vernachlässigt wird. Erforderlich für die angemessene Naturbeobachtung sind für ihn ernsthaftes Beobachten, sich versenkendes Belauschen und rechtes Sehen mit klarem Auge, kurz – die Öffnung aller Sinne (zum Konzept der Krise s. Oevermann 1995b, 2001a; zur Ergiebigkeit des Wechselspiels von Krise und Routine für die Soziologie s. Oevermann 2008; zur Rekonstruktion der Krise als Strukturkern des Abenteuers s. Becker 2005, 2009).

Entscheidungen: Soll das Ende des Schneesturms abgewartet werden? Wird weitergegangen? Welche Formen des Schutzes vor Nässe und Kälte werden gewählt? Wie ist das Entfernungsverhältnis zwischen gegenwärtiger Situation und Etappenziel? Soll an der erreichten Stelle übernachtet werden? Man muss sich zwischen den Handlungsoptionen entscheiden. Je nach Entscheidung wird sich eine andere Wirklichkeit entwickeln. Man kann sich verirren, man kann Erfrierungen erleiden, man kann in einen Abgrund stürzen, man kann hungrig die Nacht oder eine ruhige, warme Nacht verbringen usw. Eine Nicht-Entscheidung gibt es nicht, denn eine Nicht-Entscheidung ist schließlich eine Entscheidung für die Unverfügbarkeit der Situation. Ob allerdings die richtige Entscheidung getroffen wurde, zeigt erst der weitere Wirklichkeitsverlauf, der durch die Entscheidung entstehen wird.

Wie die Handlungsverstrickungen der fiktiven Abenteuer können auch die Anforderungs- und Bewährungssituationen, die sich aus der Handlungsstruktur der realen abenteuerlichen Fahrt ergeben, als spielerisches Einübungsmedium der zukünftigen Erwachsenenidentität gelesen werden. Wird das Abenteuer als eine Kette Krisen erzeugender Überraschungen rekonstruiert, die durch Entscheidungen bewältigt werden müssen, dann erfährt nicht nur der strukturelle Optimismus als Sicherheit und Zuversicht gebende Instanz auf den abenteuerlichen Fahrten eine spielerische Selbstvergewisserung, sondern auch die Notwendigkeit, Entscheidungen selbstverantwortlich treffen zu müssen, um die Gestaltung einer vernünftigen Zukunft zu garantieren, wird leibnah erfahrbar gemacht. Ihre Bedeutsamkeit für die individuellen Entwicklungs- und Bildungsprozesse hat Oevermann deutlich herausgestellt:

>»Indem in genuinen Entscheidungskrisen das Subjekt sich dem Entscheidungszwang beugt und eine Entscheidung bewusst vollzieht, d.h.: die damit verbundene Begründungsverpflichtung auf sich nimmt, indem also das Subjekt in dieser Weise bewusst und verantwortlich in eine offene Zukunft hinein lebt und sie durch autonome Entscheidungen schließt, vollzieht es seinen Bildungsprozess und bildet seine Lebensgesetzlichkeit heraus. Es formt so zugleich sein Strukturpotenzial der Autonomie in einen je manifesten Grad von Autonomie um, es vollzieht seinen Individuierungsprozess in der bewussten Stellungnahme gegenüber dem objektiv vorgegebenen Individuierungsproblem« (Oevermann 1995a, S. 39f.).

Es darf nicht übersehen werden, dass es eine deutliche Fallhöhe zwischen der Bedeutungsebene gibt, auf der Erwachsene ihre Entscheidungen im Familien- und Berufskontext oder in der Eigenschaft als Staatsbürger bzw. Staatsbürgerin treffen müssen und jener, auf der im Allgemeinen Entscheidungen im Rahmen einer Fahrt gefällt werden. Dennoch lassen sich auch hier die zentralen Momente einer Entscheidung erfahren: Unterbrechung der Handlungssequenz durch ein widerständiges Ereignis, Irritation der bewährten Routinen, krisenhafte Öffnung der Zukunft durch Anschlussoptionen und ihre Schließung durch die getroffene Entscheidung, Hingabe an die gefundene Lösung und deren Bewährung, Entscheidungszwang und Begründungsverpflichtung.

5.

Abenteuer enden nicht, wenn alle Entscheidungen getroffen wurden, wenn der Rucksack schließlich im Zelt verstaut ist, die letzten Meter zur Hütte geschafft sind, das Kanu ans Ufer gezogen und die Kohte aufgebaut ist. Abenteuer leben weiter, z.B. am Lagerfeuer. Das Feuer, um es abschließend noch einmal in den Blick zu nehmen, ist ein von drängenden Handlungen des Abenteuers entlasteter Ort, an dem die gerade durchlebten Abenteuer in Form einer Nacherzählung häufig im Rückblick noch einmal bestanden werden. Abenteuergemeinschaften sind auch Erzählgemeinschaften. Je krisenhafter die Situationen waren, je heftiger der Sturm fegte, die See hoch ging, die Wege verblockt und die Anstiege steil waren, je weiter die Fernblicke und je erhabener die Ausblicke waren, desto mehr drängt es, davon zu erzählen. »Denn wovon das Herz voll ist, davon redet der Mund« heißt es bei dem Evangelisten Matthäus. Im Modus der Entlastung können die im Abenteuer gemachten Erfahrungen nun aus der Distanz auf ihre Verallgemeinerungsfähigkeit hin betrachtet und in den Haushalt bereits bewährter Routinen eingeordnet werden. In der Erzählung kann das Besondere der krisenhaften Situation, aus deren Bewältigung das Neue entstanden ist, angeeignet werden, indem das Neue in das Alte, das Spätere in das Frühere integriert werden.

In dieser dialektischen Bewegung von praktischer Erfahrung und narrativer Reflexion vollzieht sich ein Teil des Bildungsprozesses, in dem die Jugendlichen einerseits ihre Erfahrungsspielräume erweitern, andererseits ihre Haltung zur Welt erkennen und gegebenenfalls ändern können. Denn Erfahrungen machen die Jugendlichen in den Handlungsunterbrechungen nicht nur mit der Welt, sondern auch mit sich selbst. Sie erfahren z.B. etwas über ihre Erfolgszuversicht, ihre Ängstlichkeit, ihre Unbekümmertheit, ihre Vorsicht, ihre Risikobereitschaft, mit der sie sich den Widerständen stellen. So mancher entdeckt, dass er sich in der abenteuerlichen Situation anders verhalten hat, als er selbst erwartet hätte. Er ist vielleicht erfolgsoptimistischer, weniger ängstlich. Aber es könnte auch umgekehrt sein, dass er ängstlicher ist, als es ihm sein Selbstbild in der Vergangenheit suggeriert hatte. In der Erzählung kann er diesen überraschenden Entwicklungen nachgehen und für sich und andere in einen plausiblen Zusammenhang bringen. Er begibt sich auf biografische Spurensuche. Die neue Erfahrung kann die biografische Vergangenheit in einem anderen Licht erscheinen lassen. Sie ist nicht mehr festgelegt. In der Erzählung kann sie verflüssigt und neu erzählt werden. Wer sich anders erzählt, bringt Dynamik zumindest in sein Selbstbild.[16] Viele der Fahrtenberichte thematisieren das Feuer auch als Ort, an dem bis in die frühen Morgenstunden Zukunftsentwürfe und Biografieverläufe ausgetauscht wurden.

6.

Mit Lagerfeuer und abenteuerlicher Fahrt wurden zwei grundlegende Strukturorte der spielerisch entlasteten Subjektbildung dargestellt, die besonders attraktiv für Kinder und Jugendliche sind, ganz unabhängig davon, ob die beiden Lebensphasen bei den Pfadfindern oder dem Wandervogel verbracht wurden oder werden. Mit ihrer gemeinschaftsstiftenden Praxis bieten sie auf einer spielerischen, entlasteten und dennoch ernsten Ebene Möglichkeiten, den schwierigen Prozess der Ablösung vom Elternhaus und die komplementär dazu zunehmenden Autonomieansprüche unterstützend zu begleiten und zu erleichtern, wobei die Fahrt den eher aktiven Part übernimmt und das Lagerfeuer den eher reflexiven Part. Gegen die Unsicherheit einer Übergangsphase zwischen Vergangenem und dem noch nicht eingetretenen Zukünftigen oder zwischen dem Nicht-Mehr und dem Noch-Nicht – umgangssprachlich also zwischen allen Stühlen – übernehmen sie eine stabilisierende Funktion.

Strukturen garantieren zwar Handlungsmöglichkeiten, aber sie garantieren keine bestimmten Wirklichkeiten. Wie die Geschichte der Jugendbewegung zeigt, sind sie gegenüber Zu- und Eingriffen regressiver Ideologien indifferent. Besonders die Emotionen, die Lagerfeuer und Abenteuer freisetzen können, machten sie zugleich attraktiv für völkische, militaristische, ebenso wie für antisemitische und nationalsozialistische Zugriffe. Diese Anfälligkeit lässt sich nur kontrollieren, wenn die Aktivitäten in eine Jugendarbeit eingebunden sind, die sich konsequent an den Prinzipien einer demokratischen Pädagogik orientiert.

Mit dem Wechselspiel von Krise und Routine als seinem Strukturkern ist das Abenteuer eine über die Lebensphase der Jugend hinausweisende verdichtende Metapher einer menschlichen Daseinserfahrung. Wer sich in ein Abenteuer begibt, wird mit einer Realität konfrontiert, in der Zukunft zwar offen und unsicher und Handeln riskant wird, die aber deshalb auch gestaltbar ist. Damit schließt das Abenteuer an eine zentrale Grundlage moderner Gesellschaften an.

---

16 Zu den biografischen Reflexionsprozessen am Lagerfeuer vgl. Becker (2007). Zum Stellenwert des Verallgemeinerns bei der Aneignung von Erfahrung s. Buck (1969, 1984).

Warum sollte es dann nicht auch ein angemessenes Medium moderner Jugendbildung sein, wenn nicht nur das Wo – wie es einmal ein alter Wandervogel ausgedrückt hat – sondern auch das Wie und das Warum geklärt sind?

Literatur

Amann, Andreas (2004): Reflexive Vergemeinschaftung. Zu Struktur und Prozess gruppendynamischer Praxis. Diss. Frankfurt a.M.
Baumgärtner, Alfred Clemens/Launer, Christoph (2005): Abenteuerliteratur. In: Lange, G. (Hg.): Taschenbuch der Kinder- und Jugendliteratur, Bd.1. Baltmannsweiler: Schneider Verlag Hohengehren, S. 415-444.
Becker, Peter (2005): Das Abenteuer als eine Kategorie von Bildung. In: Bietz, J./Laging, R./Roscher, M. (Hg.): Bildungstheoretische Grundlagen der Bewegungs- und Sportpädagogik. Baltmannsweiler: Schneider Verlag Hohengehren, S. 227-249.
Becker, Peter (2007): What would happen if …? About the elective affinity between adventure and the conjunctivus potentialis. In: JAEOL, 7, H.1, S. 77-89.
Becker, Peter (2009): Outdoor Practices and Outdoor Equipment – Fields and Spaces to Form, to Test and to Present Different Forms of (Bourgeois) Subjectivity. In: Turcová, I./Martin, A. (Eds.): Outdoor Activities in Educational and Recreational Programmes. Prag.
Bischof, Nobert (o.J.): Das Kraftfeld der Mythen. München: Piper.
Blüher, Hans (1970): Wandervogel. Geschichte einer Jugendbewegung. Erster Teil: Heimat und Aufgang. Prien: Anthropos.
Buck, Günther (1969): Lernen und Erfahrung. Stuttgart: Kohlhammer.
Buck, Günther (1984): Rückwege aus der Entfremdung. Paderborn: Schöningh.
Copalle, Siegfried/Ahrens; Heinrich (1954): Chronik der Freien Deutschen Jugendbewegung. Bad Godesberg: Voggenreiter.
Dewey, John (1981): Existence as Precarious and as Stable. In: Ders.: The Later Works 1925-1953, Vol. I, 1925 hrsg. v. Brydston, J.A. und Carbondale, S. 42-68.
Eichendorff, Joseph v. (1985): Ahnung und Gegenwart, hrsg. v. Frühwald, W./Schillbach, B. Frankfurt a.M.: Dt. Klassiker Verlag.
Erdheim, Mario (1982): Die gesellschaftliche Produktion von Unbewußtheit. Frankfurt a.M.: Suhrkamp.
Fischer, Frank (1921): Wandern und Schauen. Hartenstein: Greifenverlag.
Freud, Siegmund (1999): Gesammelte Werke, Bd. VII. Frankfurt a.M.: Fischer, S. 211-223.
Frobenius, Else (1927): Mit uns zieht die neue Zeit. Berlin: Deutsche Buchgemeinschaft.
Habermas, Jürgen (2001): John Dewey: The Quest for Certainty. In: Ders.: Zeit der Übergänge. Frankfurt a.M.: Suhrkamp, S. 155-159.
Hegel, Georg Wilhelm Friedrich (1995): Vorlesungen über die Ästhetik, II. Frankfurt a.M.: Suhrkamp.
Hegel, Georg Wilhelm Friedrich (1996): Werke 4: Nürnberger und Heidelberger Schriften 1808-1817. Frankfurt a.M.: Suhrkamp.

Hoffmann, Hermann (1968): Hoch das Wandern. In: Kindt, W. (Hg.): Die Wandervogelzeit. Düsseldorf: Diederichs, S. 23-34.
Joas, Hans (1992): Pragmatismus und Gesellschaftstheorie. Frankfurt a.M.: Suhrkamp.
Kindt, Werner, (Hg.) (1968): Die Wandervogelzeit, Dokumentation der Jugendbewegung II. Düsseldorf: Diederichs.
Kutzlieb, Hjalmar (1921): Landfahrerbuch. Leipzig: Matthes.
Laqeur, Walter (1978): Die deutsche Jugendbewegung. Köln: Wissenschaft + Politik.
Lissner, Hans (1915): Der Fahrtenspiegel. Leipzig.
Meyen, Treumann-Albrecht (1921): Stromerfahrten. Hartenstein: Greifenverlag.
Mix, York-Gothart (2000): Generations- und Schulkonflikte in der Literatur des Fin de Siècle und des Expressionismus. In: Ders. (Hg.): Naturalismus, Fin de siècle, Expressionismus 1890-1918. München: Hanser, S. 314-322.
Mogge, Winfried/Reulecke, Jürgen (1988): Hoher Meißner 1913. Köln: Wissenschaft + Politik.
Neuloh, Otto/Zilius, Wilhelm (1982): Die Wandervögel. Göttingen: Vandenhoeck und Ruprecht.
Oelkers, Jürgen (1991): Reformpädagogik und die Literatur des Fin de Siècle. In: Ders.: Erziehung als Paradoxie der Moderne. Weinheim: Beltz, S. 143-160.
Oevermann, Ulrich (1979): Sozialisationstheorie. Ansätze zu einer soziologischen Sozialisationstheorie und ihre Konsequenzen für die allgemeine soziologische Analyse. In: Lüschen, G. (Hg.): Deutsche Soziologie seit 1945. Opladen: Westdeutscher Verlag, S. 143-168.
Oevermann, Ulrich (1995a): Ein Modell der Struktur von Religiosität. In: Wohlrab-Sahr, M.: (Hg.): Biographie und Religion. Frankfurt a.M.: Campus, S. 27-102.
Oevermann, Ulrich (1995b): Genetischer Strukturalismus und das sozialwissenschaftliche Problem der Erklärung der Entstehung des Neuen. In: Müller-Doohm, S. (Hg.): Jenseits der Utopie. Frankfurt a.M.: Suhrkamp, S. 267-336.
Oevermann, Ulrich (2000): Bewährungsdynamik und Jenseitskonzepte – Konstitutionsbedingungen von Lebenspraxis. unv. MS.
Oevermann, Ulrich (2001a): Die Philosophie von Charles Sanders Pierce als Philosophie der Krise. In: Wagner, H.-J.: Objektive Hermeneutik und Bildung des Subjekts. Weilerswist: Velbrück, S. 209-246.
Oevermann, Ulrich (2001b): Die Soziologie der Generationenbeziehungen und der historischen Generationen aus strukturalistischer Sicht und ihrer Bedeutung für die Schulpädagogik. In: Kramer, R.-T. u.a. (Hg.): Pädagogische Generationenbeziehungen. Opladen: Leske u. Budrich, S. 78-128.
Oevermann, Ulrich (2008): »Krise und Routine« als analytisches Paradigma in den Sozialwissenschaften (Abschiedsvorlesung). unv. MS.
Schomburg/Koetschau (o. J.): Das Wandervogel-Buch. Oranienburg: Selbstverlag 1. Wandervogel.
Seidelmann, Karl (1980): Die Pfadfinder in der deutschen Jugendgeschichte, Teil 2,1 – Quellen und Dokumente. Hannover: Schroedel.
Steinlein; Rüdiger (1979): In finstern und blutigen Gründen. Das Indianerbuch als Jugendmassenlektüre. In: Merkel, J./Richter, D. (Hg.): Sammlung alter Kinderbücher, Bd. 4. München: Weismann, S. 135-181.

Wende, Waltraud (2004): »Die Schule ist die einzige moderne Kulturfrage, die ich ernst nehme«. In: Solbach, A. (Hg.): Hermann Hesse und die literarische Moderne. Frankfurt a.M.: Suhrkamp, S. 202-223.

Whitman, Walt (2009): Grasblätter. München: Hanser.

Winnicott, Donald Woods (2002): Vom Spiel zur Kreativität. Stuttgart: Klett-Cotta.

Wolgast, Heinrich (o.J.): Das Elend unserer Jugendliteratur. Worms: Kessinger Pub Co.

Wyneken, Gustav (1961): Wandervogel und Freie Schulgemeinde. In: Ziemer, G./Wolf, H. (Hg.): Wandervogel und Freideutsche Jugend. Bad Godesberg: Voggenreiter, S. 426-433.

Ziemer, Gerhard/Wolf, Hans (Hg.) (1961):Wandervogel und Freideutsche Jugend. Bad Godesberg: Voggenreiter, S. 50, S. 77, S. 425.

Zweig, Stefan (2009): Die Welt von Gestern. Erinnerungen eines Europäers. Frankfurt a.M.: Fischer.

Gemeinschaft und Traditionen als Anachronismen?
Pfade finden und sich verorten jenseits der Moderne

Yvonne Niekrenz

Sowohl dem Begriff Gemeinschaft als auch dem Terminus Tradition haften normative Konnotationen an – und diese sind zumeist positiv. Gemeinschaft gilt als bejahenswert, verspricht sie doch so etwas wie Sicherheit und Kontinuität. Traditionen erzählen von der Vergangenheit, bringen uns mit ihr in Kontakt und werden in den meisten Fällen ebenfalls als erhaltens- und liebenswerte Dinge angesehen. Aber: »Im semantischen Speicher der Gegenwartsgesellschaft erscheint Gemeinschaft oftmals als Element, das von der Moderne verdrängt, ausgelöscht, verhindert oder verbannt wurde« (Gertenbach et al. 2010, S. 9f.). Ähnliches gilt für Traditionen, die doch geradezu Antagonismen der Moderne zu sein scheinen. Wie Gemeinschaft, Traditionen und das Pfadfinden mit der Moderne verknüpft sind und welche Rolle Gemeinschaft und Traditionen heute, in einer Zeit jenseits der Moderne auch für das Pfadfinden spielen, will der vorliegende Beitrag klären. *Sind Gemeinschaft und Traditionen bloß noch Anachronismen? Und wie ist die auf Traditionen angewiesene Pfadfinderbewegung heute zu verorten?* Mit einem gegenwartsdiagnostischen Blick auf die Themen Gemeinschaft und Traditionen werde ich Pfade finden, um die Herausforderungen und Bewältigungsweisen der Pfadfinderbewegung jenseits der Moderne zu beschreiben. Dabei werde ich zunächst die Begriffe Gemeinschaft und Traditionen und deren Zusammenhang mit der Moderne erläutern, deren strukturelle Bedingungen auch entscheidend für die Begründung der Pfadfinderbewegung waren (1). Daran schließen sich der gegenwärtige Blick auf das Beziehungskonzept Gemeinschaft (2) sowie die Frage nach den Funktionen von Traditionen für Gemeinschaften an (3). Schließlich wird der aktuelle Umgang mit Traditionen und Aspekten von Gemeinschaft und Vergemeinschaftung in der Pfadfinderbewegung unter die Lupe genommen (4).

1. »Kinder der Moderne«: Gemeinschaft, Traditionen und die Pfadfinder

Die Soziologie als Disziplin ist in der Moderne entstanden, und für ihre Entwicklung ist der Gemeinschaftsbegriff von Beginn an von hoher Bedeutung.

Ferdinand Tönnies konzipiert im Jahr 1887 ›Gemeinschaft‹ und ›Gesellschaft‹ als Dichotomie und führt diese beiden als Grundbegriffe in die noch junge Wissenschaft Soziologie ein. Die Unterscheidung zwischen Gemeinschaft und Gesellschaft ist nicht selbstverständlich, sondern als »Kind der Moderne« zu begreifen: Bis weit ins 18. Jahrhundert wird der Begriff ›Gemeinschaft‹ synonym mit ›Gesellschaft‹ verwendet. Erst im Jahr 1799 unterscheidet Friedrich Schleiermacher in seiner »Theorie des geselligen Betragens« zum ersten Mal terminologisch explizit zwischen den beiden Begriffen (vgl. Riedel 1975, S. 832). Ferdinand Tönnies' Buch »Gemeinschaft und Gesellschaft« steht im Wirkungszusammenhang mit der sozialen Bewegung des 19. Jahrhunderts und ist vor dem Hintergrund des rasant beschleunigten Industrialisierungs- und Urbanisierungsprozesses sowie der sich verändernden Lebensformen zu verstehen. Gemeinschaft und Gesellschaft beschreiben bei Tönnies zwei verschiedene Beziehungsmuster: Gemeinschaft umfasst »reales und organisches Leben« (Tönnies 1991, S. 3), das Vertrautheit und gewachsene Beziehungen voraussetzt. Gesellschaft hingegen ist eine ideelle und mechanische Bildung, »ist die Öffentlichkeit, ist die Welt« (ebd.). Gemeinschaft sei das dauernde und echte Zusammenleben, Gesellschaft nur ein vorübergehendes und scheinbares (vgl. ebd., S. 4). Spätestens am Ende des 18. Jahrhunderts ist die Sorge um die Gemeinschaft im bürgerlichen Diskurs fest verwurzelt. Sie gilt als bedroht oder gar als längst verloren. Darauf verweist auch Tönnies' sozialromantische Metaphorik, die Gesellschaft geradezu als einen Verfallsbegriff bzw. als notwendiges Feindbild von Gemeinschaft etabliert. Die Gemeinschaft gehöre einer längst vergangenen Zeit an, in der sie sich aus engen, naturwüchsigen Beziehungen knüpfte, die moderne Gesellschaften nicht (mehr) zu realisieren vermögen (vgl. Lüdemann 2004, S. 103f.). Die »kalte«, moderne Gesellschaft lässt in dieser sozialromantischen Sicht keinen Platz für die Wärme und Geborgenheit bietende Gemeinschaft. Umso mehr aber wächst die Sehnsucht nach Gemeinschaft, deren Traditionen und dem (vermeintlich) harmonischen Miteinander der Vormoderne.

›Tradition‹ stammt vom Lateinischen *tradere* (übergeben, überliefern, hinterlassen). Aus einer soziologischen Perspektive stellen Traditionen eine Menge von Praktiken, Glaubensorientierungen oder Denkweisen dar, die in der Gegenwart existieren, aber von der Vergangenheit geerbt sind. »The term ›tradition‹ refers to a set of practices, a constellation of beliefs, or a mode of thinking that exists in the present, but was inherited from the past« (Gross 1992, S. 8). Für die Sozialwissenschaften sind formal alle Traditionen interessant, die sich heute noch im sozialen Handeln der Akteure finden. Traditionen zeichnen sich durch eine besondere Wertschätzung oder einen besonderen Anspruch aufgrund ihrer Vergangenheitsorientierung aus. Strukturell ist Tradition auf Wiederholung, Weitergabe und Ritualisierung angelegt. Durch den Wiederholungscharakter bedeuten Traditionen Kontrolle über die Zeit, die ebenso kennzeichnend für sie ist wie die bindende Kraft, die durch ihren normativen oder moralischen Gehalt und die emotionale Besetzung entsteht. Das hängt unter anderem damit zusammen, dass mittels Tradition nicht nur Erinnerungen geweckt werden, sondern die Vergangenheit und die damit verbundenen Gefühle bis zu einem bestimmten Grad wieder erlebt werden können. Traditionen und Bräuche[1] bieten die Chance zur Stabilisierung und Bewahrung des eingeschlagenen Lebenskonzepts, weil sie das Gefühl geben, »das Richtige« zu tun. »Tradition ist Wiederholung und nimmt eine Art von Wahrheit an, die im Gegensatz zu ›rationaler Überprüfung‹ steht« (Giddens 1993, S. 453). Traditionen wirken wie ein sozialer Klebstoff für Gemeinschaften, wie ich später noch zeigen werde (S. 153f.).

Inwieweit können auch Traditionen als unmittelbar mit der Moderne verbunden angesehen werden? Häufig wird doch gerade davon ausgegangen, Tradition befinde sich in einem Konflikt mit allem Modernen, ja, stelle sogar deren Gegenteil dar. Es wird eine Polarität angenommen, die vor allem darin begründet ist, dass Tradition als statisch gesehen wird. Übersehen wird dabei häufig, dass Traditionen ebenso wie das Gesamt von gesellschaftlichen Normen und Werten sich verändern und keineswegs konsistent sind (vgl. Gusfield 1967, S. 353). Das Alte wird dabei nicht zwingend durch das Neue ersetzt, sondern die neuen Formen mehren die Zahl der Möglichkeiten, und beide Modelle können Seite an Seite existieren und von denselben Individuen genutzt werden. Tradition und Moderne sind nicht konfliktträchtig, sondern sollten de-ideologisiert betrachtet werden (vgl. Bendix 1970, S. 303) als koexistente Phänomene, die sich sogar gegenseitig verstärken, auch wenn häufig davon ausgegangen wird, dass die Moderne die Traditionen schwächt oder verdrängt. »Die Geschichte der Moderne besteht zum großen Teil aus der *Rekonstruktion der Traditionen*, die sie auflöst« (Giddens 1993, S. 445; Herv. i.O.). Die Moderne also ist nicht traditionslos, sondern von einem anderen Umgang mit Traditionen geprägt. Jene werden zum Teil entleert, revitalisiert und problematisiert in dem Versuch, mithilfe dieses Mediums die Vergangenheit in der Gegenwart zu rekonstruieren. Tradition und Moderne schließen sich nicht aus, sondern benutzen sich wechselseitig.

Ein »Kind der Moderne« ist auch das Pfadfindertum als große jugendkulturelle Bewegung, dessen »Geburt« gerade durch die gesellschaftlichen und kulturellen Umstände zu Beginn des 20. Jahrhunderts begünstigt wurde. Die zunehmende Pädagogisierung von Kindheit und Jugend, z.B. durch die Schulpflicht, die Ausdifferenzierung des Bildungssystems und das Jahrgangsklassenprinzip sowie die zunehmende Verhäuslichung der Altersphasen Kindheit und

---

1 Traditionen unterscheiden sich von Bräuchen, die als etablierte soziale Praxis ebenfalls mit der Vergangenheit verbunden sind, indem Bräuche oberflächlichere Verhaltensweisen darstellen, die weniger stark mit Werten aufgeladen sind wie Traditionen (vgl. Gross 1992, S. 12).

Jugend durch eine längere Verweildauer in der Herkunftsfamilie führten zusammen mit der Entstehung der bürgerlichen Familie in der bürgerlichen Gesellschaft zu einer Vorstellung von Jugend, die als neuzeitlich gilt und sich mit einem mitunter enthusiastischen Zukunftsglauben verbindet (vgl. Ferchhoff 2007, S. 34). Jugend und Jugendlichkeit werden fortan zum gesellschaftlichen Leitbild, und Jugendliche beginnen zunehmend, sich zu organisieren. Jugendbewegungen wie der Wandervogel oder die Pfadfinder mit ihren zivilisationskritischen und naturromantischen Anklängen befriedigen die Sehnsucht nach Gemeinschaft, nach einem Leben in Gleichaltrigengruppen, nach Stadtflucht und Abenteuer in einer wilden Natur ohne erwachsene Aufsichtspersonen wie Eltern oder Lehrer. Das Wandern oder die Fahrt in einheitlicher Kluft, mit Rucksäcken, Zelten, Liedern und kameradschaftlichen Versprechen prägen zudem ein neues, auch äußerlich sichtbares Bild von ›Jugend‹. Man gibt sich Namen, Symbole und Wappen, man pflegt das Schlichte und eher Volkstümliche, man liebt das ungezwungene Beisammensein, das Lagerfeuer, die Wanderlieder. Hier setzt eine selbstbezügliche Traditionsbildung ein, die noch heute eine wichtige Rolle für das Pfadfinden und für die Pfadfinder spielt. Obgleich die rituellen Praktiken in der Gründungszeit der Pfadfinder – trotz aller romantischen Anleihen – ›modern‹ sind, haben sie heute einen leicht anachronistischen Anschein. Heute gilt die Moderne als längst an ihr Ende gelangt; sie ist sozusagen »aus der Mode« gekommen. So kommt es, dass sie nicht nur in den Sozialwissenschaften, sondern auch im öffentlichen Diskurs nicht zu überhören sind: die Abschiedsworte und Nachrufe, die vom Ende der Moderne sprechen. Wenn die Sozialwissenschaften jedoch vom *Ende der Moderne* sprechen, meinen sie damit eigentlich einen Neuanfang, nämlich die Entstehung einer postmodernen, posttraditionalen oder ähnlich etikettierten Gesellschaft. Wie sehen in dieser Gesellschaft – jenseits der Moderne – Gemeinschaften aus bzw. wie werden sie von den Sozialwissenschaften beschrieben?

2. Gemeinschaften in der Gegenwart – ein Auslaufmodell?

Das Interesse an Gemeinschaften ist insbesondere dann hoch, wenn man Gemeinschaften in der Krise wähnt. Dies zeigt sich bereits bei Ferdinand Tönnies, dessen Entwurf in der Zeit der Weimarer Republik vielfach aufgenommen wird, auch wenn man dabei häufig übersieht, dass die von Tönnies als Idealtypen angelegten Termini Gemeinschaft und Gesellschaft reine Konstruktionen sind und nicht in der Realität beobachtbare empirische Tatsachen. Zwischen den Jahren 1933 und 1945 organisiert sich die »deutsche Soziologie« als eine von nationalsozialistischen Vertretern betriebene Soziologie um den Schlüsselbegriff Gemeinschaft. Dieser Strang der Disziplin avanciert im Dritten Reich zur Wissenschaft von der Gemeinschaft, was von vielen Kritikern, darunter Helmuth Plessner, Thomas Mann und Theodor Geiger vor 1933 und Ralf Dahrendorf, Theodor W. Adorno und René König nach 1945, als Ausdruck einer Weigerung gesehen wird, sich auf die Gegebenheiten der modernen Gesellschaft einzulassen. Man wirft dieser Entwicklung neuromantischen Zivilisationspessimismus, Antimodernismus und den erklärten Willen zur Regression vor (vgl. Breuer 2002, S. 354). Dieser Kult der Gemeinschaft und die Dogmatisierung soziologischer Begriffe führen dazu, dass der Gemeinschaftsbegriff in Deutschland noch heute eine gewisse Ambivalenz hervorruft.

Heute gelangen Diskussionen um die Gemeinschaft vor allem auf die Tagesordnung, wenn es um »aggressiven« Kapitalismus und Neoliberalismus geht. Im Kommunitarismus etwa ist die Gemeinschaft sehr präsent. Ihr wird – im Zusammenhang mit einer Kritik am zügellosen Egoismus – ein unvergleichbarer Wert zugemessen, und sie wird als einziger Ort mit verbindlichen Regeln gesehen, als Weg zu einem guten Leben und einer »guten« Gesellschaft. Der Kommunitarismus löst sich dabei von der absolutistischen Vorstellung von Gemeinschaft und sieht im Gemeinschaftlichen die Basis für Gerechtigkeitsgrundsätze und die gemeinschaftliche Konzeption des Guten. Erst die Gemeinschaft könne zur Selbstwerdung des Menschen und schließlich zum Entstehen von Gesellschaft beitragen. In der Gemeinschaft wird also das ›Eigentliche‹ der Gesellschaft entdeckt, der verlorene und wiederzugewinnende Teil ihres Wesens (vgl. Lüdemann 2004, S. 135). Um eine Abkehr von traditionalen Vorstellungen deutlich zu machen, postulieren die Kommunitaristen ihre Auffassung von Kollektivität als eine *posttraditionale* Gemeinschaft (vgl. Honneth 1995).

Der Begriff der posttraditionalen Gemeinschaften deutet darauf hin, dass sich kollektive Lebensformen verändern und erneuern – keineswegs verschwinden sie, wie immer wieder im Diskurs um den »Verlust der Gemeinschaft« beschworen wird. Die Rede vom Verlust der Gemeinschaft greift Lebenserfahrungen auf, die Bindungen an Ehepartner, Vereine, Nachbarn, Kirchen usw. als instabil markieren. Die Herauslösung der Individuen aus traditionellen Bindungen verstärkt einerseits den Wunsch nach der Verbundenheit mit Anderen und nach menschlicher Nähe. Andererseits – und dies macht die Ambivalenz aus, die nicht zuletzt zur Entstehung posttraditionaler Gemeinschaften führt – bestehen die Menschen auf ihrer Selbstverwirklichung und Unabhängigkeit. Dass die Autonomie des Einzelnen und die Durchsetzung individueller Entschlüsse mit traditionellen Gemeinschaften nur schwer vereinbar sind, liegt auf der Hand.

Die Menschen in modernen Industriegesellschaften scheinen dieses Ambivalenzproblem mit der Suche nach und der (vorübergehenden) Mitgliedschaft in posttraditionalen Gemeinschaften zu lösen, die – in einem weiteren, hier vorzustellenden Entwurf, der sich von dem der Kommunitaristen unterscheidet – inhaltlich auch situative Vergemeinschaftungsprozesse einschließen. Der insbesondere bei Ronald Hitzler, Anne Honer und Michaela Pfadenhauer (2008) nicht normative, sondern beschreibende Zuschnitt von Gemeinschaften verortet diese *innerhalb* von Gesellschaften und nicht als Gegenentwurf zur Gesellschaft. Während die klassischen soziologischen Begriffsbestimmungen von Max Weber (Weber 1980, S. 21ff.) aber auch Ferdinand Tönnies, Georg Simmel und Émile Durkheim übereinstimmend betonen, dass Gemeinschaften bzw. Vergemeinschaftungen zeitlich stabile soziale Gruppierungen darstellen, wird in diesem Entwurf gerade auf die Flüchtigkeit von Kollektiven verwiesen. Der Terminus ›posttraditionale Vergemeinschaftung‹ bezeichnet hier einen Modus sozialer Aggregation, »der sich insbesondere dadurch auszeichnet, daß die *freiwillige Einbindung des Individuums auf seiner kontingenten Entscheidung für eine temporäre Mitgliedschaft in einer – typischerweise von einer Organisations-Elite im Zusammenhang mit Profitinteressen stabilisierten und perpetuierten – (vorzugsweise freizeit- und konsumorientierten) sozialen Agglomeration* beruht« (Hitzler 1998, S. 82, Herv. i.O.). Diese Kollektive resultieren aus der Konglomeration von oft kommerziell evozierten Zugehörigkeitsentscheidungen. Auf der Suche nach Verlässlichkeit, Sicherheit und Zugehörigkeit geht der Mensch Optionen zur Wiedervergemeinschaftung ein und wechselt symptomatischerweise von Gruppenorientierung zu Gruppenorientierung. Dabei entsteht eine Collage an Partizipationen und das »Spektrum von Sinn-Provinzen« (ebd.), in dem das Individuum sich bewegt. Ziel und Interesse posttraditionaler Gemeinschaften sind lediglich die gemeinsame Handlung; andere Motivationen und Interessen werden nicht geteilt. Die Abgrenzung zur Umwelt erfolgt durch ein Wir-Bewusstsein, das in der subjektiven Perspektive des sich vergemeinschaftenden Individuums idealerweise als reziprok unterstellt wird. »[D]as Verhältnis zu einem, zu mehreren, zu vielen anderen konstituiert sich im Akt der Vergemeinschaftung und in der Fortdauer der Gemeinschaft zumindest in Abgrenzung zu einem, zu mehreren oder zu vielen ›Dritten‹« (Hitzler 1998, S. 83). Posttraditionale Gemeinschaften finden sich beispielsweise in Szenen, Fanclubs, Internetforen, auf Festivals, im Straßenkarneval, bei Flashmobs oder City Marathons.

Der Entwurf der posttraditionalen Gemeinschaften nimmt starke Bezüge zu Konzepten von Michel Maffesoli und Zygmunt Bauman auf, wenn etwa der Vergemeinschaftungsmodus posttraditionaler Gemeinschaften mit Maffesolis Entwürfen in »The Time of the Tribes« (Maffesoli 1996) und Baumans Neostämmen (z.B. in Bauman 1995) verglichen wird. Mit der »Rückkehr der Stämme« (The Time of the Tribes) beschreibt Maffesoli einen weitreichenden Wandel der Gesellschaft, die nun mehr und mehr durch ein vielfach zergliedertes und sich ständig neu formierendes Netz von Stämmen gekennzeichnet ist. Der Begriff ›Stamm‹ ist dabei als Alternativbegriff zur ›Gemeinschaft‹ zu verstehen und wird metaphorisch benutzt. Der archaisierende Begriff soll auf die Deindividualisierung hinweisen. Maffesolis Tribalismus bezeichnet eine Form von Sozialität, die mit ihren liberalen Partizipationsmöglichkeiten typisch für die Gegenwart ist, weil es nicht um zweckorientierte Gruppen geht, sondern um geteilte Erlebnisse, Gefühle und Affekte ohne rationale Grundlagen. Für Zygmunt Bauman ist der Neotribalismus ein deutlicher Indikator der Postmoderne. Neostämme beschreibt er bildhaft als »Kristallisationen in gesättigter Lösung [...], die wieder und wieder durch zufälliges Eindringen eines noch so winzigen Partikelchens oder durch leichte Störung ausgelöst werden, wobei Zeit und Ort unmöglich im voraus bestimmt werden können« (Bauman 1995, S. 211). In ihrer Flüchtigkeit überdauern sie ihre Mitglieder im Gegensatz zu »klassischen« Stämmen nicht, denn die sozialen Beziehungsformen in der Postmoderne zeichnen sich mehr und mehr durch Fragmentierung und Episodenhaftigkeit aus. Für Bauman stellen *Nebensein, Mitsein* und *Fürsein* die grundsätzlichen Modi des Zusammenseins dar (vgl. Bauman 1997, S. 84ff.). *Nebensein* folgt dem Interesse am Ausbleiben von Konsequenzen der Interaktion. Die Folgenlosigkeit ist die Maxime dieser Art von Begegnung, die fragmentarisch, episodisch bleibt, und in der die Individuen nicht in ihrer Einzigartigkeit wahrgenommen werden, sondern nur als »an der Seite«, als Möblierung des Raumes (vgl. ebd., S. 85). Die oben beschriebenen posttraditionalen Gemeinschaften sind als flüchtige Varianten Beispiele dafür. Das Nebensein kann in *Mitsein* übergehen. Dann entstehen wechselseitige Abhängigkeiten, indem derjenige »an der Seite« zum Gegenstand der Aufmerksamkeit wird, allerdings einer weiterhin flüchtigen Aufmerksamkeit, die jeweils nur »aktuell« relevant und durch Konventionen geregelt ist (vgl. ebd., S. 87). Das *Fürsein* bezeichnet ein Zusammensein, das nicht darauf zielt, Distanz zu halten und die Zeit zu verkürzen. Es ist »ein Sprung aus der Isolation zur Einheit; gleichwohl nicht zu einer *Verschmelzung* [...], sondern zu einer *Legierung*, deren Kostbarkeit allein auf der Erhaltung der Andersheit und Identität ihrer Ingredienzien beruht. In das Fürsein tritt man um des Schutzes und der Verteidigung der Einzigartigkeit des Anderen willen ein« (ebd., S. 88, Herv. i.O.). Das Fürsein geschieht einem und kommt in seiner reinen Form als Liebe vor.

Die Art und Weise, wie wir Beziehungen eingehen und pflegen, bestimmt unsere Lebensführung und unser In-der-Welt-Sein. Die drei Formen des Zusammenseins – Nebensein, Mitsein und Fürsein – kommen in der Postmoderne zu unterschiedlichen Anteilen vor. Am häufigsten ist das Nebensein mit seiner Folgenlosigkeit von Interaktion und am seltensten das Fürsein mit seinen auf den Anderen gerichteten Emotionen, die diesen Anderen der Welt der Konvention und Routinen entreißt und ihn einer Welt ohne universale Regeln zuführt. Das

Gemeinschaft und Traditionen als Anachronismen?

Fürsein ist die Form, die in Zeiten fortschreitender Pluralisierung und Individualisierung schwieriger denn je wird, aber zugleich auch wichtiger und ersehnter als jemals zuvor.

> »Je mehr die traditionellen Bindungen an Bedeutung verlieren, desto mehr werden die unmittelbar nahen Personen wichtig für das Bewußtsein und Selbstbewußtsein des Menschen, für seinen inneren Platz in der Welt, ja für sein körperliches und seelisches Wohlbefinden« (Beck/Beck-Gernsheim 1990, S. 70).

Auf die Erfahrung des Verlusts an stabilen Bindungen wird also mit einer Aufwertung von familialen und intimen Beziehungen reagiert. Zugleich wird das Bedürfnis nach Autonomie und Selbstverwirklichung in folgenlosen Verbindungen wie z.B. posttraditionalen Gemeinschaften befriedigt, die vorübergehend Zugehörigkeit ermöglichen, insgesamt aber keine Verpflichtungen und kaum Einschränkungen mit sich bringen.

Gemeinschaften sind demnach heute keineswegs Anachronismen, sondern kommen in der sozialen Wirklichkeit in sehr großer Pluralität und Optionenvielfalt vor. Insbesondere für die Altersphase Jugend, in der mit der Moderne und dem Aufkommen der bürgerlichen Jugendbewegungen Jugendliche mehr und mehr die Möglichkeit erhalten, sich in der Gleichaltrigengruppe ihrer selbst zu versichern, gibt es breite Wahlmöglichkeiten bei der Suche nach Vergemeinschaftung und Solidarität. Neben den traditionellen Bindungen in Familie, Nachbarschaft, Freundschaft und Verein gibt es jugendkulturelle Gemeinschaften und Szenen, wo Jugendliche Gemeinsamkeiten in jugendkulturellen und jugendbewegten Ausdrucksstilen finden und entwickeln können. Jugendliche leben heute sehr verschiedene Beziehungsmodelle, die mitunter auch ohne persönliche Kontakte von Angesicht zu Angesicht auskommen, sondern beispielsweise ausschließlich im Internet stattfinden können. Nebensein, Mitsein und Fürsein kennen sie in allen Facetten, und es ist auch gerade eine entscheidende Entwicklungsaufgabe des Jugendalters, Kompetenzen in den unterschiedlichen Bereichen der sozialen Beziehungen auszuprägen. Sie verfügen über mehrere voneinander getrennte Mitgliedschaften in verschiedenen Bezugsgruppen, in denen Altershomogenität eine große Rolle spielt (vgl. Fend 2005, S. 145). In den verschiedenen ausdifferenzierten Beziehungskontexten setzen sie sich auf vielfältige Weise in Szene, spielen unterschiedliche Rollen und bilden eine den aktuellen Anforderungen der Individualisierung entsprechende Patchwork-Persönlichkeit aus (vgl. Ferchhoff/Neubauer 1997, S. 7f.).

Der Ort, wo intime, persönliche Bindungen erlernt und praktiziert werden, ist die Gemeinschaft der Herkunftsfamilie. Die Jugendphase ist aber auch mit der Aufgabe verbunden, sich von den Eltern zu lösen und eine von unmittelbaren

Kontrollen unabhängige Selbstverantwortung und Autonomie einzuüben – ein Umbau dieser sozialen Beziehung wird erwartet. »Dies alles verlangt auch eine Reorganisation der sozialen Beziehungen, von autoritativen und emotional intensiven Bindungen an Eltern zu selbstständig eingegangenen Verpflichtungen und Bindungen an selbstgewählte Partner« (Fend 2005, S. 160). Jugendliche müssen also Vorstellungen entwickeln über gelingende Liebesbeziehungen, müssen sich gedanklich und handelnd mit der Hinwendung zu einem Partner und auch mit der Trennung und Ablösung von ihm auseinandersetzen. Ebenso wichtig sind Freunde als Vertrauenspersonen. Cliquen bzw. Peergroups und Freundschaften haben für Jugendliche in den vergangenen Jahrzehnten einen sehr starken Bedeutungszuwachs erfahren. Die Beziehungen in Gleichaltrigengruppen sind ein wichtiges Lernfeld, »das für den Aufbau von Kompetenzen der Lebensbewältigung unter modernen Lebensverhältnissen von großer Bedeutung ist« (Fend 2005, S. 170). Sie lernen hier, ihre sozialen Beziehungen – und alle Chancen und Risiken, die damit einhergehen – zu organisieren.

Jugendliche Pfadfinder gehen in ihren Gruppen ebenfalls Beziehungen unterschiedlicher Intensität und Qualität ein. Einerseits bestehen hier losere Bekanntschaften (»Kumpels«) und festere Freundschaften, andererseits weist die Gruppenbildung einen semiformellen bis formalisierten Organisationsgrad auf. Das Pfadfindertum erlaubt den Jugendlichen – mit Zygmunt Bauman gesprochen – das Fürsein mit Anderen; etwa wenn Geschwister oder »erste große Lieben« ebenfalls zur Gruppe gehören. Das Mitsein mit Freunden, Kumpels und Gefährten ist die wohl am häufigsten gelebte Sozialbeziehung in der Pfadfinderei. Aber auch das Nebensein, das »nur an der Seite«-Vorkommen, spielt eine Rolle; etwa bei den großen Bundeslagern, zu denen viele Pfadfinder unterschiedlicher Verbände anreisen und Zeit nebeneinander verbringen, denselben thematischen Fokus teilen, aber nur einen fragmentarisch und oberflächlich bleibenden Kontakt zueinander aufnehmen. Das Pfadfinden ermöglicht neben dem Erlernen und Organisieren von Beziehungen zu Gleichaltrigen einen Rahmen für die Selbsterfahrung des Jugendlichen jenseits elterlicher Fürsorge und Aufsicht. Das Erlangen von Selbstständigkeit, Selbstgewissheit und Autonomie sind wichtige Aufgaben im Entwicklungsprozess, deren Bewältigung die jugendkulturelle Gemeinschaft der Pfadfinder anstoßen und fördern kann. Der Kontakt zur Generation der Eltern und der Älteren wird dabei häufig mittels Traditionen organisiert. Auf die Bedeutung von Traditionen für Gemeinschaften wird das folgende Kapitel eingehen.

Gemeinschaft und Traditionen als Anachronismen? 153

3. Der soziale Klebstoff – Funktionen von Traditionen für Gemeinschaften[2]

Wenn die Menschen seit etwa fünfzehntausend Jahren in Gemeinschaften siedeln und grob gerechnet alle 25 Jahre eine neue Generation entsteht, dann existieren feste Gemeinschaften seit etwa 600 Generationen. Was die Menschen über einen so langen Zeitraum hinweg verband, war der kollektive Überlebenswille; was die Gemeinschaften kulturell und emotional zusammenhielt, war die verbindende Kraft der Traditionen *(glue of tradition,* Gross 1992, S. 20). Traditionen sind nicht nur Übermittler von Werten, sie evozieren auch mit ihren Ritualen gemeinschaftliche Handlungen der Individuen und stärken damit die Gruppe nach innen und außen. Nach innen stärken sie über das Wiedererleben gemeinsam geteilter vergangener Momente und die Ausrichtung auf die Gemeinschaft das Wir-Gefühl und die Gruppenidentität. Nach außen schaffen sie über die Autorität der Traditionen Differenz und deren Anerkennung.

Wenn Traditionen auch in gegenwärtigen, westlichen Gesellschaften jenseits der Moderne fortleben, so verändern sie sich stark und vielleicht grundlegender als sie es je getan haben. Sie existieren fragmentiert und dekontextualisiert fort, leben unverändert in der Peripherie weiter oder bestehen rationalisiert und kommerzialisiert im Zentrum des Alltagslebens. Traditionen können auf »natürliche« Weise überleben (durch die leidenschaftliche Loyalität kleiner Gruppen oder Kollektive) oder künstlich aufrechterhalten werden (von außen durch die Anstrengungen politischer oder wirtschaftlicher Kräfte). In der sogenannten posttraditionalen Gesellschaft erfolgt teilweise eine Rückkehr zu den Traditionen, die sich vielerorts beobachten lässt, beispielsweise bei volkstümlichen Festen und in Vereinen der Brauchtumspflege. Aber diese Art der Rückbesinnung hat eine Entleerung der Traditionen oder Aufladung mit neuen Botschaften zur Folge.

Woher kommt diese Neigung zur Rückkehr zu den Traditionen? Es scheint ein Bedürfnis, ein Sehnen nach ihnen zu geben, das mit ihrer ursprünglichen Funktion zusammenhängt. Als Orientierungshilfen definierten sie in vormodernen Gesellschaften Werte, sorgten für Kontinuität und boten Handlungsmuster an. Das Bedürfnis nach Tradition ist tief in den Individuen verwurzelt (vgl. Gross 1992, S. 64). Traditionen entstehen nicht, weil wir uns nach Ordnung und Kohärenz im gesellschaftlichen Leben sehnen, sondern weil sie ein psychisches Begehren nach Traditionen befriedigen, das schon seit vielen Generationen besteht. Was paradox klingt, ist eigentlich das Ergebnis eines Trugschlusses: Über lange Zeit haben Traditionen Bedürfnisse befriedigt, sodass sie für die eigentliche Quelle dieses Begehrens gehalten wurden. Sie erfüllen das Verlangen

---

2 Die Argumentation dieses Abschnitts habe ich bereits entwickelt in Niekrenz 2008.

nach bestimmten Grundbedürfnissen wie Sicherheit, Kontinuität und Verwurzelung, die in eine Sehnsucht nach Traditionen übersetzt werden. Dabei sind Traditionen nur die Medien, nur Hülsen für eine Botschaft. Mithilfe moderner Massenmedien können heute regional begrenzte Traditionen in jeden Winkel der Welt übertragen werden und dort als Hülsen benutzt werden, ohne jemals mit Botschaften versehen zu werden. Auf diese Weise können Traditionen auch Globalisierungstendenzen und andere Prozesse der (Post-)Moderne verstärken (z.B. bei dem für Wohnungseinrichtungen immer häufiger zitierten Feng Shui oder fernöstlichen Entspannungsmethoden wie QiGong). Hier muss man sich freilich von der »traditionellen« Vorstellung von Traditionen verabschieden, um diese als Globalisierungsbeschleuniger deuten zu können.

4. Das »Sowohl-als auch« leben – Traditionen, Gemeinschaft und die Pfadfinder

Die Pfadfinderbewegung ist eine globale Jugendbewegung, die von Anfang an eine selbstbezügliche Traditionsbildung betrieben hat. Aus Ritualen, die Robert Baden-Powell mit einer erzieherischen Intention etabliert hatte, sind Traditionen geworden, die von Pfadfindergeneration zu -generation weitergegeben werden und damit auf »natürliche« Weise überleben. Sie transportieren die Werte, die sich mit der Pfadfinderbewegung verbinden. Insofern ist die Pfadfinderbewegung eine traditional orientierte Gemeinschaft, die auf Stabilität und Verbindlichkeit ausgerichtet ist. Ihre Orientierung an Symbolen und Ritualen aus traditionalen Gesellschaften dokumentiert eine Sehnsucht nach der Vergangenheit, nach Kontinuität und Verlässlichkeit. Pfadfinder können das Bedürfnis nach Tradition, also Verlässlichkeit und Stabilität, und das Bedürfnis nach Gemeinschaft und festen Bindungen befriedigen. Auch das Sehnen nach gelebter Spiritualität bzw. Religiosität integriert die Pfadfinderpädagogik. Sie verweist mit ihrer romantisierten Naturbezogenheit und auch sprachlich auf die Vorzeit, etwa mit den archaischen Bezeichnungen »Stamm« und »Sippe«, dem Totemtier, dem Schlachtruf, der heraldischen Lilie als Symbol usw.

Die Traditionen der Pfadfinderbewegung sind vielfältig und ausdifferenziert – jeder Stamm entwickelt eigene eingelebte Gewohnheiten und Traditionen. Autorität, Authentizität und Sinn der Traditionen können nur dann erhalten werden, wenn sie gehütet, an die nächste Generation Face-to-Face weitergegeben werden und sich auf die Gruppe beziehen. Die einzelnen Mitglieder aggregieren Gemeinschaften auf der Grundlage von Verträgen, Verpflichtungen, Absprachen, Bindungen und Konsens. Die Suche nach und die Bildung von Gemeinschaften ist schon Tradition an sich – egal, ob es sich um verlässliche oder flüchtige

Beziehungen handelt (vgl. Morris 1996, S. 226). Die Pfadfinder verstärken die Gruppenkohäsion durch traditionelle Symbole wie die Kluft, das Halstuch, den Pfadfindergruß und auch durch die leidenschaftlich gepflegte Gegnerschaft gegen Dritte, z.B. andere Verbände oder Stämme. Letztere wirkt in hohem Maß vergemeinschaftend, wie bereits Georg Simmel feststellte:

> »Es ist eine Tatsache von der größten soziologischen Bedeutung, [...] daß die gemeinsame Gegnerschaft gegen einen Dritten unter allen Umständen zusammenschließend wirkt, und zwar mit sehr viel größerer Sicherheit so wirkt, als die gemeinsame freundliche Beziehung zu einem Dritten« (Simmel 1968, S. 457).

Aversionen gegen Dritte wirken in jeder Art von Gruppenbildung einheitsfördernd, weil die Unterscheidung zwischen Freund und Gegner die sozialen Beziehungen spürbar macht und die Notwendigkeit zum Erhalt der Gruppe ins Bewusstsein rückt.

Die Gruppenbeziehungen im Pfadfinderalltag (z.B. in der Gruppenstunde) beleben das Konzept der Gemeinschaft und bieten vor allem das Mit-Sein als Interaktionsmodus an. Das Gegenüber wird zum Gegenstand der Aufmerksamkeit, es entstehen wechselseitige Abhängigkeiten, die Verantwortlichkeit füreinander und das Orientieren an Konventionen, die sich u.a. als Traditionen ausdrücken. Auch traditional orientierte Vergemeinschaftungen wie die Pfadfinder sind mit »posttraditionalen« Traditionen konfrontiert. Das sind solche Traditionen, denen etwa durch die Massenmedien und Marktinteressen ein Warencharakter verliehen wird. Sie werden in ein Objekt transformiert, das man verpacken und verkaufen kann (vgl. Gross 1992, S. 72). Das Verlangen nach Tradition kann nämlich umgewandelt werden in ein Verlangen nach Objekten, die Traditionen andeuten oder repräsentieren, so wie die Suche nach Stabilität in eine Sehnsucht nach der »guten alten Zeit« transformiert und über verschiedene Produkte dargestellt und vermarktet werden kann (vgl. Gross 1992, S. 73). Nostalgie als ein Hang zur Vergangenheit ist gut zu verkaufen und stellt eine stabile Einnahmequelle dar. Heute enthält sie zum einen den Wunsch, in eine Zeit zurückzukehren, die vermeintlich erfüllender war, und auch eine Tendenz, die Vergangenheit zu idealisieren oder zu verklären (vgl. Gross 1992, S. 75).

An der Kommerzialisierung von Traditionen sind elektronische Medien maßgeblich auf verschiedenen Stufen beteiligt. Sie schaffen zum einen die Voraussetzung dafür, dass Traditionen transformiert werden müssen und können, und sie helfen, das Bedürfnis nach ihnen zu verstärken. Massenmedien deritualisieren, depersonalisieren und delokalisieren Traditionen. Traditionen werden aus ihrem ursprünglichen lokalen Kontext herausgelöst und überall auf der Welt sichtbar (vgl. Thompson 1996, S. 99). Diese Entwicklungen führen auch dazu, dass Traditionen nicht mehr auf die Überlieferung durch *Face-to-Face Interaktion* angewiesen sind. So ist die Herauslösung von Traditionen aus lokalen Kontexten Voraussetzung für eine Wiedereinbettung in neue und andere Territorien – ein Überschreiten der Grenzen personaler Interaktionen. Massenmedien können also gezielt für eine Revitalisierung und Wiedereinbettung von Traditionen sorgen und spielen damit nicht nur Märkten in die Hände, sondern befördern auch eine kontinuierliche Hybridisierung der Kultur (vgl. Thompson 1996, S. 106), die sich auch in der Pfadfinderbewegung findet. Eine Gruppe des Verbands Christlicher Pfadfinderinnen und Pfadfinder in Mecklenburg-Vorpommern etwa zelebriert nach dem Vorbild US-amerikanischer Christen alljährlich das sogenannte »*burning of the greens*«, bei dem Tannenbäume verbrannt sowie beachtliche Tannenbaumweitwürfe und geschicktes Adventskranzzielwerfen mit kleinen Preisen belohnt werden.

»Die post-traditionale Gesellschaft ist die erste wirklich *globale Gesellschaft*« (Giddens 1993, S. 477, Herv. i.O.). Das hat zur Folge, dass unterschiedliche Traditionen miteinander in Kontakt treten, alternative Lebensformen sichtbar werden und »das Fremde« nicht mehr außerhalb ist, sondern sich aktiv einbringt. Pfadfinder nutzen solche posttraditionalen Traditionen dekontextualisiert, adaptieren und überführen sie teilweise in »ihre« Traditionen. Die Erosion von Traditionen ist ja kein unumkehrbarer Prozess, sondern Traditionen können durchaus wieder eingebettet werden und eine erneute Aufladung mit Werten und Moral erfahren. Gerade im Osten Deutschlands betreiben viele der jungen Gruppen und Stämme eine Wiedererfindung von Tradition *(reinvention of tradition)*, um auf diese Weise Gruppenidentität zu erlangen und die Gruppenbindung zu stärken. Viele Beispiele für die Integration posttraditionaler Entwürfe in den Pfadfinderalltag ließen sich anführen – etwa Mister X, bei dem Pfadfinder als »Mitarbeiter« von Scotland Yard einem ›Mister X‹ im urbanen Raum auf der Spur sind. Hier wird der Erfahrungsraum von der Natur in die Stadt verlagert – ein Modell, das sich auch in erlebnisorientierten Bildungsangeboten der Jugend-(sozial-)arbeit unter dem Namen *City Bound* wieder findet. *City Bound* und *Criminal Games* wie ›Mister X‹ setzen darauf, die Erfahrungswelt Stadt mit neuen Augen zu sehen und die Kompetenzen der Kinder und Jugendlichen im urbanen Raum zu erweitern.

Die Pfadfinderbewegung hat längst auf moderne Technologien und die Möglichkeiten, aber auch Zwänge der Massenkommunikation reagiert. GPS und Kompass existieren nebeneinander. Internet und Handy gehören selbstverständlich zur Organisation von Treffen dazu. Die Selbstinszenierung von Sippen und Stämmen findet über eigene Homepages statt; über Blogs und Chats tauscht man sich über Erlebnisse aus. Lager und Fahrten werden mit Digital- und Videokamera dokumentiert, um sich auf diese Weise an gemeinsame Abenteuer erinnern zu können. Die Koexistenz-These, die von einem Nebeneinander von Tradition und (Post-)Moderne ausgeht, lässt sich heute an den Pfadfindern exemplifizieren. Sie leben kein »Entweder-oder«, sondern ein »Sowohl-als auch« (s. Abb. 1).

Abbildung 1: Traditionen und »Post-Traditionen«

Kein „entweder-oder", sondern „sowohl-als auch"

Traditionen	„Post-Traditionen"
• gehütet • face-to-face überliefert • authentisch • sinnhaft • transportieren Werte	• dekontextualisiert benutzt • kaum Interesse an Überlieferung und Stabilisierung • keine Orientierungsfunktion • können adaptiert werden

Zu den überlieferten traditionalen Elementen, die noch heute von großer Bedeutung sind, zählen das Halstuch und die Kluft, die sowohl als Zeichen der Mitgliedschaft fungieren als auch für Verbindlichkeit und Verantwortung stehen. Deutlich zeichnet sich nach wie vor die hohe Bedeutung des Lagerfeuers und des gemeinsamen Singens ab, wie etwa anhand des Bandes »56 Geschichten, eine Idee« (Stiftung Pfadfinden 2009) nachzuvollziehen ist. Das Errichten des Lagerplatzes bei Landeslagern oder das Übernachten unter einfachsten Bedingungen auf Fahrt ist in den hier versammelten Geschichten aus sechzig Jahren Pfadfindertum in Deutschland nach wie vor ein wiederkehrendes Erzählelement, das mit Faszination belegt ist. Die Flaggen und Wimpel der Stämme und Verbände sind noch immer wichtige Zeichen der Distinktion und Integration. Das Betonen der Einfachheit, der pragmatischen Handlungsmaxime und des handwerklichen Geschicks als Ergebnis eines selbstverständlichen *Learning by Doing* ist ebenso einhellig Gegenstand vieler Pfadfindergeschichten aus sechs Jahrzehnten. Zugleich sind selbstverständlich auch posttraditionale Elemente zu finden und erobern sich ihren Platz bei den Pfadfindern des 21. Jahrhunderts. Aus mir vorliegendem Foto- und Videomaterial, mit dem Pfadfinder des Verbands Christlicher Pfadfinderinnen und Pfadfinder in Mecklenburg-Vorpommern ihr Landeslager 2009 zum persönlichen Gebrauch dokumentiert haben, lässt sich der Schluss ziehen, dass posttraditionale Elemente ganz selbstverständlich integriert und spielerisch mit traditionalen Elementen verknüpft werden. Die Jugendlichen inszenieren sich dabei als selbstbestimmt und selbstbewusst im Umgang mit

Traditionen, dekontextualisierten Anleihen aus anderen Kulturen oder Formaten der modernen Massenmedien. Sie inszenieren dabei – wie bereits in den Anfangsjahren der Pfadfinderbewegung – ein Zugleich von Globalisierung und Regionalisierung, bedienen sich an dem überlieferten Repertoire und an dem, was ihnen die bunte Warenwelt heute bietet.

Pfadfinder bewegen sich in einem spielerischen und kreativen Nebeneinander von Traditionen, deren posttraditionalen Adaptionen und Innovationen. Dies ist als ein Zeichen für die notwendige Dynamik jeder traditional orientierten Gemeinschaft zu verstehen. Pfadfinder sind darauf angewiesen, Vergangenheit, Gegenwart und Zukunft im Heute zu integrieren und sie zu einem posttraditionalen Potpourri zu vereinen. Mit einer konsequenten Fokussierung auf ihre eigene Tradition bewahren sie ihre Identität und verbinden Gegenwart mit Vergangenheit. Mit einer Integration von neuen Technologien und einem erfindungsreichen Umgang mit populärkulturellen Mustern verweisen sie auf die Zukunft einer der ältesten Jugendbewegungen.

Literatur

Bauman, Zygmunt (1995): Postmoderne Ethik. Hamburg: Hamburger Edition.
Bauman, Zygmunt (1997): Flaneure, Spieler und Touristen. Essays zu postmodernen Lebensformen. Hamburg: Hamburger Edition.
Beck, Ulrich/Beck-Gernsheim, Elisabeth (1990): Das ganz normale Chaos der Liebe. Frankfurt a.M.: Suhrkamp.
Bendix, Reinhard (1970): Tradition and Modernity Reconsidered. In: Plotnicov, Leonard/ Tunden Arthur (Hg.): Essays in Comparative Social Stratification. Pittsburgh: University of Pittsburgh Press, S. 273-336.
Breuer, Stefan (2002): »Gemeinschaft« in der »deutschen Soziologie«. In: Zeitschrift für Soziologie. Jg. 31. 354-372.
Fend, Helmut (2005): Entwicklungspsychologie des Jugendalters. Nachdruck der 3., durchgesehenen Auflage 2003. Wiesbaden: VS.
Ferchhoff, Wilfried (2007): Jugend und Jugendkulturen im 21. Jahrhundert. Lebensformen und Lebensstile. Wiesbaden: VS Verlag.
Ferchhoff, Wilfried/Neubauer, Georg (1997): Patchwork-Jugend. Eine Einführung in postmoderne Sichtweisen. Opladen: Leske + Budrich.
Gertenbach, Lars/Laux, Henning/Rosa, Hartmut/Strecker, David (2010): Theorien der Gemeinschaft zur Einführung. Hamburg: Junius.
Giddens, Anthony (1993): Tradition in der post-traditionalen Gesellschaft. In: Soziale Welt. Bd.44. 445-485.
Gross, David (1992): The Past in Ruins. Traditions and the Critique of Modernity. Amhearst: University of Massachusetts Press.

Gusfield, Joseph R. (1967): Tradition and Modernity: Misplaced Polarities in the Study of Social Change. In: The American Journal of Sociology, 72, S. 351-362.

Hitzler, Ronald (1998): Posttraditionale Vergemeinschaftung. Über neue Formen der Sozialbindung. In: Berliner Debatte INITIAL. 9. Jahrgang. 1/1998. 81-89.

Hitzler, Ronald/Honer, Anne/Pfadenhauer, Michaela (Hg.) (2008): Posttraditionale Gemeinschaften. Theoretische und ethnografische Erkundungen. Wiesbaden: VS.

Honneth, Axel (1995): Posttraditionale Gemeinschaften. Ein konzeptueller Vorschlag. In: Brumlik, Micha/Brunkhorst, Hauke (Hg.): Gemeinschaft und Gerechtigkeit. Frankfurt am Main: Fischer, 260-270. Zuerst 1993.

Lüdemann, Susanne (2004): Metaphern der Gesellschaft. Studien zum soziologischen und politischen Imaginären. München: Wilhelm Fink.

Maffesoli, Michel (1996): The Time of the Tribes. The Decline of Individualism in Mass Society. London: Sage. Zuerst Paris 1988.

Morris, Paul (1996): Community Beyond Tradition. in: Heelas, Paul/Lash, Scott/Morris, Paul (Hg.): Detraditionalization. Critical Reflections on Authority and Identity. Oxford: Blackwell, S. 223-249.

Niekrenz, Yvonne (2008): Traditionen in posttraditionaler Vergemeinschaftung. In: Hitzler, Ronald/Honer, Anne/Pfadenhauer, Michaela (Hg.): Posttraditionale Gemeinschaften. Theoretische und ethnografische Erkundungen. Wiesbaden: VS, S. 270-284.

Riedel, Manfred (1975): Gesellschaft, Gemeinschaft. In: Brunner, Otto/Conze, Werner/Koselleck, Reinhart (Hg.): Geschichtliche Grundbegriffe. Historisches Lexikon zur politisch-sozialen Sprache in Deutschland. Band 2. Stuttgart: Klett-Cotta, 801-862.

Simmel, Georg (1968): Soziologie. Untersuchung über die Formen der Vergesellschaftung. Berlin: Duncker & Humblot. Zuerst 1908.

Stiftung Pfadfinden (Hg.) (2009): 56 Geschichten, eine Idee. Pfadfinder erzählen aus sechs Jahrzehnten. Wesel: vdL.

Thompson, John B. (1996): Tradition and Self in a Mediated World. In: Heelas, Paul/Lash, Scott/Morris, Paul (Hg.): Detraditionalization. Critical Reflections on Authority and Identity. Oxford: Blackwell, 89-108.

Tönnies, Ferdinand (1991): Gemeinschaft und Gesellschaft. Grundbegriffe der reinen Soziologie. Neudruck der 8. Aufl. von 1935, 3., unveränderte Aufl. Darmstadt: Wissenschaftliche Buchgesellschaft. Zuerst 1887.

Weber, Max (1980): Wirtschaft und Gesellschaft. Grundriss der verstehenden Soziologie. Tübingen: Mohr. Zuerst 1922.

Pfadfinden in der Krise? Zur Zukunftsfähigkeit eines Jugendverbandes

Jörgen Schulze-Krüdener

1. Sind Pfadfinderinnen und Pfadfinder anders als andere?

Die Jugendstudie »Die bunte Welt der Pfadfinderinnen und Pfadfinder in der Deutschen Pfadfinderschaft St. Georg« (Schulze-Krüdener 2011) macht deutlich und bestätigt zugleich, dass es (auch) kirchliche Jugendverbände zu Beginn des 21. Jahrhunderts nicht leicht haben: Schwindende Mitgliederzahlen und Nachwuchssorgen, die Rekrutierung, Schulung und Qualifizierung freiwillig tätiger Mitarbeiterinnen und Mitarbeiter, veränderte Einstellungen zu Religion, Glauben und Kirche, die Konkurrenz auf dem kommerziellen Markt und zunehmend bedrohliche Sparmaßnahmen sind Herausforderungen, denen sich Jugendverbandsarbeit derzeit stellen muss. Und schließlich: Heutige Jugendliche führen ein anderes Leben als die Generationen vor ihnen. Wenn ein Phänomen die jugendliche Lebenswelt nach dem Zweiten Weltkrieg geprägt hat, dann ist es die Fülle, Vielfalt und Transit von jugendkulturellen Szenen, Stilen und Praxisformen (die auf andere Jugendliche eine positive Ausstrahlung haben).

Die Sinus-Milieu-Studie U27 »Wie ticken Jugendliche?« (Wippermann/ Calmbach 2007), die im Auftrag des Bundes der katholischen Jugend (BDKJ) und des Bischöflichen Hilfswerkes MISEREOR die Lebenswelten von katholischen Jugendlichen und jungen Erwachsenen untersucht hat, zeigt, wie selbstverständlich heute junge Menschen Kirche, ihre inhaltlichen Ansprüche und sozialen Formen aus der Warte der eigenen Lebensplanung und Lebensgestaltung beurteilen: »Typisch für alle Jugendlichen und jungen Erwachsenen ist, dass sie das Image der Kirche sowie kirchlicher Organisationen vor dem Hintergrund ihrer eigenen kulturellen Orientierungen und Präferenzen bewerten, für anschlussfähig oder für inkompatibel befinden« (a.a.O., S. 28). Die Mitgliedschaft in kirchlichen Organisationen muss somit geeignet sein, die Vorstellungen von der eigenen Persönlichkeit auszudrücken und positive Resonanz im Umfeld der Gleichaltrigen zu erzeugen (vgl. Hobelsberger 2008, S. 298): »Bringt mich die Mitgliedschaft und das Engagement in einer kirchlichen Pfadfinderorganisation praktisch weiter und wie sehe ich mit Kirche aus? Mit der katholischen Jugendarbeit darf ich nicht ›scheiße‹ aussehen«.

Jugendliche wollen wissen, ob und wie man selbst aufgrund der Mitgliedschaft und Teilnahme im katholischen Pfadfinderverband im ästhetischen und soziokulturellen Sinn »besonders schön aussehe. Es genügt nicht mehr, aufgrund der Mitgliedschaft *nicht* als rückständiger, biederer Außenseiter zu gelten. Vielmehr müssen die katholischen Verbände glaubhaft kommunizieren, dass man bei ihnen ›in‹ und innovativ, modern und überlegen ist, bzw. solche Leute trifft« (Wippermann/Calmbach 2007, S. 31).

Wie passen solche Anforderungen an einen zeitgemäßen, zukunfts*fähigen* und zukunfts*befähigenden* Pfadfinderjugendverband, der an der Lebenswirklichkeit von Jugendlichen anzusetzen hat, mit den (Fremd-)Bildern zusammen, die immer wieder öffentlichkeitswirksam an prominenter Stelle vermittelt werden. So ist etwa in der Frankfurter Allgemeinen Sonntagszeitung vom 29. Juli 2007 zu lesen:

> »Seit 100 Jahren gibt es Pfadfinder, aber was sie genau machen, wissen viele nicht: komische Hosen tragen, alten Damen helfen, viel im Wald rumlaufen? ... Dass sie die Natur als großen Abenteuerspielplatz wahrnehmen, auf dem fast alles erlaubt ist, solange man nichts kaputt macht. ... Pfadfinder sind auch nicht überall gerne gesehen. ... Wegen ihrer braunen Kluft, ihres militärischen Gründers und der strengen Hierarchien innerhalb der Stämme bringen viele Leute sie immer wieder in einen rechtsnationalen Zusammenhang. Unsinn, meint Gruppenleiter Daniel entschieden. Die Nazis hätten die Pfadfindermethoden gestohlen, um ihre Kinder für den Krieg vorzubereiten – und gleichzeitig die Pfadfinder selbst verboten, weil sie ihnen zu freigeistig und christlich waren. Doch die Uniformen, das Unterordnen in einer Gruppe und das Naturverliebte wirkt auf viele noch heute komisch. ›Viele haben einfach eine falsche Vorstellung davon, was wir überhaupt machen‹, meint Josi. ›Die denken, wir laufen durch den Wald, sammeln Pilze, schlachten Hasen und hängen die an Bäumen auf. Dabei sind wir eine ganz normale Jugendgruppe‹«.

Und an anderer Stelle heißt es ergänzend:

> »Über Pfadfinder lässt sich reden, aber nicht kontrovers diskutieren wie über die Jugendbewegungen der Moderne, die fast immer mit einer Provokation auf die öffentliche Bühne gestoßen sind. Pfadfinder nicht. Sie geben keinen Anlass zu Debatten über Drogen wie die Love-Parade oder über Gewalt an Schulen, wie es Computerspiele getan haben. Über Pfadfinder mag man Vorurteile haben, aber selten eine Meinung – das Höchstmaß der Kritik ist, dass sie einem egal sind. Welcher Werbekunde würde sich für eine solche Gruppe interessieren? Und wer wittert ein Geschäft mit einer Szene, die in der Zeit des Leichtbauzeltes auf Konstruktionen aus Stoff und Holz vertraut, die statt Goretex lieber Schlupfjacken aus Wolltuch trägt und selber singt, statt iPod zu hören?« (Die Zeit vom 9. August 2007).

Mit Blick auf solche »Einschätzungen bzw. Vorurteile«, die eine Kluft zwischen Jugendkultur und Pfadfinderei konstatieren, stellt sich in Zeiten einer durch und durch kommerzialisierten und medienbeherrschten Welt naturgemäß die Frage, »warum bloß« Kinder und Jugendliche »pfadfinden«. Diese Frage stellt sich verschärft noch für einen katholischen Pfadfinderverband, wenn beachtet wird, dass Religion im Leben der meisten Jugendlichen eine nur mäßige Rolle spielt (vgl. Albert/Hurrelmann/Quenzel 2010, S. 204ff.). Oder ist die hundertjährige Geschichte der »weltweiten Bewegung« Pfadfinder (vgl. The Scout Association 2007) bereits ein sehr deutlicher Hinweis darauf, dass es – so der Jugendforscher Klaus Hurrelmann im Interview mit der Aachener DPSG-Pfadfinderzeitung »avanti« (2007, S. 8) – den »Pfadfinderorganisationen gelungen ist, mit der Zeit zu gehen, ohne die Zeit in einer falschen Weise nur überrumpeln zu wollen oder vor der Zeit mit der Entwicklung sein zu wollen oder dem Zeitgeist hinterherzuhecheln«.

In der Sinus-Milieu-Studie U27 wird diese Frage aufgegriffen und konstatiert, dass es einen großen Graben zwischen der katholischen Jugendarbeit (bzw. ihrem Image und ihrer Ausstrahlung) und den großen jugendlichen Lebenswelten gibt (vgl. Wippermann/Calmbach 2007, S. 26):

> »Die meisten Jugendlichen haben schlicht keine Vorstellung davon, was der für sie besondere Vorteil und Nutzen der katholischen Jugendarbeit sein könnte. ... Katholische Jugendverbände sind ein Auffangbecken für jene, die sonst keinen Anschluss finden, die behäbig und heimatverbunden sind, in biederer Bürgerlichkeit verharren und lokal verhaftet sind – oft dicke, behäbige, langweilige, skurrile, weltfremde Leute. So wie sie Mitgliedschaft im örtlichen (Dorf-)Verein suchen, werden sie Mitglied in der lokalen katholischen Jugendgruppe, die ihnen Sicherheit gibt und ein ›warmes Nest‹ ist«.

Mit Blick darauf ist für Klaus Hurrelmann der »Musterpfadfinder« »zehn bis elf Jahre alt, männlich, eher unauffällig, leistungsfähig, bereit, sich anzupassen, halbwegs guter Schüler, will etwas in einer Organisation erleben, weil er selbst nicht genügend Anregungen bekommt, Selbstbewusstsein auf der Kippe, ›kein großer Konsumfreak‹« (zit. nach Die Zeit vom 9. August 2007). Die anhaltende Attraktivität der Pfadfinderei in der heutigen Zeit liegt – so heißt es an anderer Stelle ergänzend (Hurrelmann 2007, S. 7) – dabei in einer Art Gegenprogramm: Pfadfinder wissen um die Modernität der Medien und ihrer Leistungen als eine

> »sehr künstliche Umwelt, ... in der man wunderbare, superiöse, enorme Informationen und Anregungen erhalten kann, aber man muss dabei passiv sitzen bleiben und kann im Grunde gar nichts tun, außer vielleicht ein paar Fingerspitzen zu bewegen oder sich ins Sofa zu setzen. Und da genau liegen die Pfadfinder mit ihrem

Gegenangebot, was vielleicht sonst nur der ein oder andere Sportverein schafft, der ein gutes Wir-Gefühl bildet. Also, raus aus der künstlichen Welt und hinein in die reale Welt. Auseinandersetzung mit der Natur, aber dann eben auch mit dem eigenen Körper anbieten, und dann ein Gefühl erleben zu können in einer Gruppe zu sein und gleichzeitig auch noch Herausforderungen wahrzunehmen«.

Mit Blick auf die bisherigen Ausführungen stellt sich für die Deutsche Pfadfinderschaft St. Georg (DPSG) als *den* katholischen Pfadfinderinnen- und Pfadfinderjugendverband die Frage, mit welchen Instrumenten die veränderte gesellschaftliche, jugendkulturelle, verbandliche und religiöse Wirklichkeit eingefangen und wie entsprechend auch auf die Kluft zwischen Kirchenkultur und Jugendkultur reagiert werden kann.

»Kirchliche Jugendverbände sind Vierfüßler eines sozialen Körpers, der von Hirnen und Herzen aus freiwilligem Engagement angetrieben wird: Mit dem einen Bein stehen sie im *politischen Bereich*, wollen die Interessen junger Menschen bündeln und nach innen wie außen vertreten, und zwar auf demokratischen Weg. Sie stehen mit einem anderen Bein aber auch im *Freizeitbereich* und wollen diese für und mit Jugendlichen sinnvoll gestalten. Mit einem dritten Bein stehen sie als außerschulische pädagogische Anbieter auch im *Bildungsbereich*. Als katholische Verbände sind sie *Teil der Kirche* und wollen jungen Menschen Geschmack am Christentum vermitteln und zu einer sinnhaltigen Lebensführung der jungen Menschen beitragen. Diese vier Beine sind manchmal unterschiedlich stark. Manchmal ist das eine kürzer als das andere, manchmal wollen sie nicht in die gleiche Richtung laufen und zwingen zu äußerst komplexen Spagatfiguren« (Ebertz 2008, S. 2).

Tatsächlich zeigen die Befunde der Pfadfinderstudie, die in einer regional angelegten und qualitativ-empirisch ausgerichteten Untersuchung das Verbandsleben, die Strukturen und die Biografien der verschiedenen Akteure im »DPSG-Diözesanverband Trier« untersucht, dass die »Hirne und Herzen« der jugendlichen und auch erwachsenen Pfadfinderinnen und Pfadfinder ganz unterschiedlichen Logiken folgen: Für die einen ist der Pfadfinderjugendverband nicht modern genug; sie sehen in ihm Relikte einer überholten Vergangenheit, dessen Strukturen, Gruppenrituale und Methoden nicht mehr zeitgemäß seien. Für andere hat sich die Pfadfinderei zu sehr an moderne Formen, Themen und Ausgestaltungen angepasst und sich von den traditionellen Pfadfinderleitbildern entfernt; sie betrachten die vielfältigen neuen Ansätze und Ideen eher skeptisch und sehen in ihnen einen Verrat an den alten Idealen, eine unzulässige Konzession an einen fragwürdigen modernen Zeitgeschmack (vgl. Fauser/Fischer/Münchmeier 2006, S. 289).

Mit Blick darauf wird deutlich, dass »das Nichtstun«, »das Abzuwarten, was auf den Jugendverband zu kommt«, »die Dinge auszusitzen«, nicht ausreichen. Vielmehr ist es notwendig, nach innen und nach außen zu klären, wozu der Pfadfinderverband zuständig sein will und kann, wie der spezifische Beitrag dieses Jugendverbandes zum Aufwachsen junger Menschen aussehen kann und wie die Deutsche Pfadfinderschaft Sankt Georg zu ihrer Pflicht als katholischer Jugendverband steht, Heranwachsenden Wege und Perspektiven in eine lebenswerte Zukunft zu eröffnen. Die Zukunft(sfähigkeit) dieses Pfadfinderverbandes hängt davon ab. Grundlage für die weiteren Ausführungen bildet die Auswertung von explorativen und biografischen Interviews mit Mitgliedern der DPSG in der Wölflings-, Jungpfadfinder-, Pfadfinder- und Roverstufe wie auch mit Verbandsfunktionären (Leiter, Stammesvorsitzende, Mitglieder der Diözesanleitung) und der Dokumentenanalyse von schriftlich fixierten Verbandsdokumenten. Auch wenn es sich hierbei um eine Regionalstudie handelt und es ohne Zweifel Unterschiede zu anderen DPSG-Diözesanverbänden gibt, was deren Ausrichtung und Profil angeht, wird im Weiteren davon ausgegangen, dass die zentralen Ergebnisse bei aller Vorsicht mehr oder weniger übertragbar sind.

2. Geschichte und Ziele der DPSG im Überblick

Die am 7. Oktober 1929 gegründete Deutsche Pfadfinderschaft Sankt Georg (DPSG) als katholischer Pfadfinderinnen- und Pfadfinderverband ist mit derzeit ca. 95.000 Mitgliedern einer der größten Jugendverbände Deutschlands. Die DPSG engagiert sich im Sinne der Ökumene und steht deswegen Mitgliedern anderer Konfessionen und Religionen offen gegenüber. Zusammen mit dem (interkonfessionellen) Bund der Pfadfinderinnen und Pfadfinder (BdP) und dem (evangelischen) Verband Christlicher Pfadfinderinnen und Pfadfinder (VCP) bilden sie den Ring deutscher Pfadfinderverbände (RdP), der Mitglied in der Weltorganisation der Pfadfinderbewegung (WOSM) und im Deutschen Bundesjugendring ist. Gemeinsam mit katholischen Pfadfinderverbänden aus anderen Staaten ist die DPSG Mitglied in der Internationalen Katholischen Konferenz des Pfadfindertums. Das Zusammenleben der Kinder, Jugendlichen und jungen Erwachsenen innerhalb der DPSG gliedert sich in Stämme, Bezirke und Diözesen: Die DPSG ist bundesweit in 25 Diözesen vertreten, zählt rund 1.400 Stämme und knapp 60 Siedlungen (die noch nicht als Stamm anerkannt sind), in denen konkret mit Kindern und Jugendlichen gearbeitet wird, sowie 137 Bezirke, in denen die Stämme auf regionaler Ebene vernetzt sind (Stand 29.06.2011). Im DPSG-Diözesanverband Trier sind über 5.000 Mitglieder engagiert. Sie finden sich in 10 Bezirken und über 80 Stämmen.

Die über achtzigjährige Geschichte der DPSG ist relativ gut dokumentiert: so etwa 1979 in dem Band »Berichte und Beiträge, Skizzen und Erinnerungen zum 50jährigen Bestehen der DPSG« (Meyer 1979) und im Jahr 2003 im Buch »Pfadfinden. Abenteuer und mehr. 75 Jahre Pfadfinderschaft Sankt Georg« (Bundesvorstand 2003). Auch über die historischen Entwicklungslinien der Georgspfadfinder im Diözesanverband Trier liegen aufbereitete Informationen vor (vgl. Molz 2004). Trier hat für die Geburtsstunde der DPSG eine zentrale Bedeutung, denn auf der Trierer »Reichstagung« 1931 vollzog sich die endgültige Aufnahme der DPSG in den Katholischen Jungmännerverband. Diese erfolgte – so der Trierer Kurat Oster (1931, S. 8f.) in seiner Schrift »Weltpfadfindertum und kath. Pfadfindertum« –

> »gerade zur rechten Zeit ..., um manche von uns vor dem Abschwenken in die interkonfessionelle und zum Teil politisch orientierten ›Pfadfinderbünde‹ zu bewahren. Denn die Mitgliedschaft kathol. Jungen in nichtkatholischen Bünden, auch wenn sie in eigenen Gruppen derselben formiert sind, bedeutet eine Lockerung des katholischen Gemeinschaftslebens, Abstandhaltung von der übrigen katholischen bündigen Jugend, eine Glaubensgefahr und Entfremdung gegenüber den vielen katholischen Gegenwartsaufgaben. ... Die Deutsche Pfadfinderschaft St. Georg ... will durch das besondere System des Pfadfindertums eine bewusste Erziehung und Selbstbildung der jungen Pfadfinder zu Katholiken, vaterlandstreuen, charakterfesten, allzeit bereiten Menschen«.

1938 wurde die DPSG vom nationalsozialistischen Regime zwangsweise aufgelöst und verboten, der Verband wurde jedoch in »Gemeinschaft Sankt Georg« umbenannt, und viele Gruppen arbeiteten in der Illegalität weiter. Der Aufbau neuer Pfadfindergruppen auf örtlicher Ebene griff nach 1945 zunächst auf die Inhalte und Methoden der Zeit vor 1938 mit ihrer stark autoritätsbezogenen, gehorsamlastigen Gruppenkultur zurück. Ende der 1950er-Jahre fand im »Georgspfadfinder. Führungszeitschrift der DPSG« eine kontrovers geführte Debatte um ein zeitgemäßes Pfadfindertum statt, die – gebremst durch die katholische Kirche – schließlich erst zum Ende der 1960er-Jahre zu Reformen der Pfadfinderpädagogik führte: Auf einer Titelseite der Pfadfinderzeitschrift »Entwürfe« ist etwa zu lesen »Heißa, wir demokratisieren« oder in der Zeitschrift »rover« heißt es: »Lasst uns ungehorsam sein!«:

> »Selber geistig-spirituell an ihrer Herkunft nicht nur aus dem internationalen Pfadfindertum gebunden, sondern de facto stärker noch an die Traditionen und Prägungen des deutschen Katholizismus, fiel ... (dem Pfadfinderjugendverband quasi, JSK) über Nacht die schier unlösbare Aufgabe zu, zwischen den Erwartungen und Nichterwartungen von Amtskirche und eigener Mitgliedschaft zu vermitteln. Gleichzeitig musste sie inmitten einer durch die neu entdeckten kirchlichen wie gesellschaftlichen Werte und entsprechend kritischer gewordenen Einstellungen der jungen Generation deren veränderten Selbstidealen Rechnung tragen und gleichermaßen zu

neuen Lebens- und Arbeitsformen für die verbandlichen Gruppen vorstoßen« (Bundesvorstand 2003, S. 81).

Dadurch angestoßen änderten sich im ehemaligen Jungenverband DPSG die Vorstellungen über die Organisation der Geschlechter – auch um den bedrohlichen Bedeutungsschwund pfadfinderischer Jugendarbeit abzuwenden (vgl. Suthues 2006) – und diese fanden in der Überarbeitung der Ordnung des nunmehr koedukativen Verbandes 1971 ihren Abschluss in einer Neufassung: Seither können auch Mädchen und Frauen Mitglied in der DPSG werden. Ein weiterer zentraler Punkt dieser Neufassung der Verbandsordnung waren die »Grundlinien unserer Lebensauffassung«, die für das pfadfinderische Leben und Handeln Orientierung geben wollen. In diesem Verständnis soll das Leben in Hoffnung, in Freiheit, in tätiger Solidarität und in Wahrheit religiöse Grundhaltungen darstellen. Die Pfadfinderakteure sind dabei aufgefordert, Jesus Christus als Schrittmacher auf eine Zukunft hin zu entdecken, die der Glaube weist:

> »War die bisherige Praxis von einer frontalen Beispielserziehung geprägt gewesen, die in kurzen Hosen und mit kräftigem Drill als allmächtiger Feldmeister daher kam, so ließ die DPSG diese als verengend erlebte scoutistische Tradition nun hinter sich und schlug einen Weg ein, der sie vom Waldläuferimage befreien sollte« (Bundesvorstand 2003, S. 87).

In der Ablösungsphase des Verbandes von einer als verengend erlebten Tradition erfolgte parallel zur inhaltlichen Neuorientierung, die auch durch den Würzburger Synodenbeschluss von 1975 »Ziele und Aufgaben kirchlicher Jugendarbeit« forciert wurde, eine verbandliche Dynamik, die die Mitgliederzahl innerhalb des katholischen Dachverbandes stark anwachsen ließ (1959: 66.000; 1984: 110.000 Mitglieder).

Im Vordergrund der Programmdiskussionen der 1980er-Jahre standen die Zusammenhänge zwischen pädagogischem und politischem Engagement, die Betonung der Mitverantwortung als Verband in Kirche und Gesellschaft sowie die Überarbeitung der Kennzeichen pfadfinderischer Erziehung.

> »Die DPSG nahm sich vor – und konzipierte dies in der Ordnung des Verbandes von 1986 –, eine ganzheitliche Erziehung zur Selbstbestimmung anzustreben, jungen Menschen zu helfen, kreative Menschen mit offenen Augen und aufrechtem Gang zu werden, mit einem Gefühl für die notwendige Initiative und die Verantwortlichkeit gegenüber der Gesellschaft und daraus resultierenden aktiven Einbindung in den Lebenszusammenhang auf der Grundlage von Gerechtigkeit und Frieden. Jedem einzelnen solle sich in der Teilhabe am Leben in den Gruppen des Verbandes die Möglichkeit erschließen, sich in und mit der Gruppe zu entwickeln« (Bundesvorstand 2003, S. 90).

Ihre Fortschreibung finden diese Vorstellungen in der neuen Ordnung für die Deutsche Pfadfinderschaft Sankt Georg, die 2005 beschlossen wurde und auch der Orientierung ihrer Mitglieder dient. Hier eine Zusammenfassung des Kernstücks (vgl. www.dpsg.de/verband/ordnung [29.9.2010]):

2.1 »Ziele und Menschenbild

Die DPSG ist Teil einer weltweiten Erziehungsbewegung, die sich an alle jungen Menschen wendet. Sie eröffnet ihnen im Rahmen der Prinzipien der Pfadfinderbewegung und auf der Grundlage der biblischen Botschaft die Chance, durch selbst gesetzte Ziele und prägende Erlebnisse die eigene Persönlichkeit zu entwickeln.

In der DPSG lernen Kinder und Jugendliche ihre sozialen, emotionalen, spirituellen, geistigen sowie körperlichen Fähigkeiten einzusetzen. Die DPSG erzieht ihre Mitglieder zu einer kritischen Weltsicht und schafft einen Freiraum für neue Ideen. So handeln sie als verantwortungsbewusste Bürgerinnen und Bürger, als Christinnen und Christen in ihrer lokalen, nationalen und weltweiten Gemeinschaft.

Junge Menschen und Erwachsene machen in der DPSG die Erfahrung, dass sie von Gott und den Menschen angenommen und geliebt werden.

2.2 Verantwortung gegenüber Gott

Als Mitglieder der DPSG halten wir fest an den Grundsätzen des christlichen Glaubens. Das Wirken Jesu Christi ist Vorbild für unser Leben. Wir handeln aus der Verantwortung, die sich aus der Zugehörigkeit des Verbandes zur katholischen Kirche und unserem Glauben an Gott ergibt.

2.3 Verantwortung gegenüber anderen

Als Mitglieder der DPSG stehen wir in der Verantwortung zur Mitgestaltung der lokalen, nationalen und internationalen Gemeinschaft. Wir leisten einen Beitrag zur Weiterentwicklung der Gesellschaft zu mehr Gerechtigkeit und Frieden. Wir achten die Würde der Mitmenschen und schützen die Natur.

2.4 Verantwortung gegenüber sich selbst

Als Mitglieder der DPSG nehmen wir den Schutz und die Weiterentwicklung der eigenen Person bewusst in die Hand. Der Verband unterstützt uns besonders bei der Weiterentwicklung unserer Persönlichkeit.

2.5 Pfadfinderische Methode

Die pfadfinderische Methode in der DPSG ist ein System fortschreitender Selbsterziehung junger Menschen:

- Aufeinander aufbauende und attraktive, an der Lebenswelt der Mitglieder orientierte Programme
- Gesetz der Pfadfinderinnen und Pfadfinder und das Versprechen
- Prinzip Learning by Doing
- Arbeit im Wechselspiel von Klein- und Großgruppen, die das fortschreitende Entdecken und die Übernahme von Verantwortung sowie die Erziehung zur Selbstständigkeit fördert.

Unter der Leitung Erwachsener unterstützen die Aktivitäten und Programme die persönliche Entwicklung junger Menschen«.

Das pädagogische Grundprinzip des Pfadfindens ist – so heißt es in einer weiteren Selbstdarstellung der DPSG »Pfadfinden. Mehr als ein Abenteuer« (o.J.) – »erstaunlich schlicht: Kinder und Jugendliche erziehen sich mit Unterstützung der erwachsenen Leiterinnen und Leiter selbst. Jede und jeder bringt seine Fähigkeiten ein, gelernt wird während des gemeinsamen Handelns«. Die pfadfinderische Erziehung innerhalb der DPSG folgt neben dem »Lernen durch das eigene Tun (*Learning by Doing*)« weiteren Prinzipien, die schon der Gründer der Pfadfinderbewegung (Lord Robert Baden-Powell) entwickelt hat:

- Orientiere die pfadfinderische Arbeit an den Bedürfnissen der Mädchen und Jungen selbst (look at the boy and the girl).
- Beachte die jeweilige Situation, in der du dich befindest (look at the situation).
- Nimm dein Leben selbst in die Hand und bestimme seine Richtung: Erziehung in zunehmender Selbstbestimmung (paddle your own canoe).
- Entwickle eine lebendige Beziehung zu Gott: Verantwortung gegenüber Gott, anderen und sich selbst (duty to god, duty to others, duty to myself).

Unter Berücksichtigung dieser pädagogischen Grundprinzipien und Kennzeichen pfadfinderischer Erziehung beschreibt das nachstehende (2005 beschlossene) Gesetz der Georgspfadfinder Regeln, an die sich alle Mitglieder des Verbandes zu halten haben. Als Pfadfinderin, als Pfadfinder ...

- begegne ich allen Menschen mit Respekt und habe alle Pfadfinderinnen und Pfadfinder als Geschwister.
- entwickle ich eine eigene Meinung und stehe für diese ein.
- gehe ich zuversichtlich und mit wachen Augen durch die Welt.
- sage ich, was ich denke, und tue ich, was ich sage.
- bin ich höflich und helfe da, wo es notwendig ist.
- lebe ich einfach und umweltbewusst.
- mache ich nichts halb und gebe auch in Schwierigkeiten nicht auf.
- stehe ich zu meiner Herkunft und zu meinem Glauben.

Um ein zeitgemäßes Pfadfindertum leben zu können, werden – so zumindest der Anspruch des Verbandes – das Pfadfindergesetz und die Prinzipien der pfadfinderischen Erziehung auf dem Hintergrund der Arbeit mit Kindern und Jugendlichen reflektiert und auf die aktuellen Bedürfnisse und Lebenslagen der jungen Menschen abgestimmt: Mädchen und Jungen können

- im 8. Lebensjahr Mitglied einer Wölflingsmeute werden und in dieser ihren Alltag entdecken und gestalten,
- im 11. Lebensjahr Mitglied eines Jugendpfadfindertrupps werden, in dem sie gemeinsam den Beginn der Jugend entdecken,
- im 15. Lebensjahr Mitglied eines Pfadfindertrupps werden, in dem sie es wagen, ihren eigenen Weg zu gehen und
- im 18. Lebensjahr Mitglied einer Roverrunde werden, in der sie die Welt erkunden und Probleme anpacken.

Als Leiterinnen und Leiter oder mit der Übernahme einer anderen Aufgabe im Verband (Vorstand in Stamm, Bezirk und Diözese, Referent der Stufen, Mitglied in Arbeitskreisen usw.) werden Erwachsene Mitglied der DPSG. Insgesamt wird die Arbeit des Pfadfinderverbandes auf Stammes-, Bezirks-, Diözesan- und Bundesebene von freiwillig tätigen Leitungskräften getragen. Hauptberufliche Mitarbeiterinnen und Mitarbeiter auf Diözesan- und Bundesebene unterstützen das freiwillige Engagement, sichern Fachlichkeit in pädagogischen wie auch jugendpolitischen Fragestellungen und übernehmen Aufgaben in der Geschäftsführung des Verbandes. Kuratinnen bzw. Kuraten arbeiten als gleichberechtigte Mitglieder in den Vorständen des Verbandes mit und beraten in Fragen des Glaubens und der Spiritualität.

3. Die bunte und vielfältige Welt der Pfadfinderinnen und Pfadfinder: Ausgewählte Befunde

Im Folgenden werden ausgewählte, für die Jugendarbeit der DPSG wichtige Ergebnisse der Trierer Pfadfinder(regional)studie skizziert (wobei die Originaltöne aus den sprachlich bereinigten Interviews mit den Pfadfinderakteuren kursiv gedruckt sind).

3.1 »Einmal Pfadfinder, immer Pfadfinder«: Gründe und Teilnahmemotive

Es ist eine gute Tradition der Jugendverbandsforschung, zunächst in den Blick zu nehmen, wie Kinder und Jugendliche zum Verband kommen und warum Erwachsene ein »ehrenamtliches« Amt als Leiter, Stammesvorsitzender oder Mitglied der Diözesanleitung übernehmen, das mit einem hohen Zeitaufwand und Anstrengungen verbunden ist.

Der zentrale Rekrutierungsweg zum Pfadfinderverband ist der Zugang durch persönliche Kontakte im sozialen Umfeld, also vor allem durch Freunde/Peers und seltener durch Familienangehörige (manchmal kann aber von einer Pfadfindertradition gesprochen werden, bei der die Mitgliedschaft bereits über mehrere Generationen »vererbt« wird): *»Ein Freund von mir hat gesagt, dass er bei den Pfadfindern ist und dass er im Stamm der einzige Junge sei. Er fragte mich, ob ich einmal mitkommen möchte. Dann habe ich mir einmal die Gruppenstunde angeguckt und es hat mir gefallen. Und dann bin ich da geblieben«* (Quentin, 15 Jahre). Ein gewisses Zufallsmoment ist nicht nur beim Verbandseintritt nicht von der Hand zu weisen, sondern auch bei der Übernahme eines freiwilligen Verbandsengagements. Was vielfach als Freizeitbeschäftigung im Alltag jenseits der Schule begann, entwickelt sich für viele mit der Zeit zu einer Identifikation mit dem Pfadfinderstamm und später zu einem festen Engagement. Die Initiative hierzu ergreift oftmals der Pfadfinderverband, indem er werbend auftritt oder Mitglieder wie selbstverständlich ins Engagement *hineinschiebt*. Der Pfadfinderverband wird so für viele zu einem biografisch bedeutsamen Lebensort, und nahezu alle befragten Stammesvorsitzenden strukturieren ihr Leben mittels der Pfadfinderei: Der Alltag wird weitgehend dem Engagement angepasst, indem etwa die Gruppenstunden auf das freie Wochenende gelegt werden und in einem Fall sogar die berufliche Arbeitszeit reduziert wird: *»Pfadfinder ist man 24 Stunden am Tag und der Verband bestimmt mein Leben«* (Albert, 45 J.). Oft werden auch Familienangehörige, die (noch) nicht Mitglied in der DPSG sind, von dieser Verbandsdynamik erfasst und *helfen hier und da aus*. Hierzu stellvertretend die Aussage von Friederike (31 Jahre):

> *»Apropos Familie, meinen Mann habe ich dann auch rekrutiert. Der ist notgedrungen dazu gekommen. Wenn irgendeine Aktion war, dann habe ich den immer gefragt: Kannst du mir hier grad mal helfen? Oder wenn wir das Friedenslicht aus Bethlehem holen und an Weihnachten zu den Menschen in Krankenhäusern, Altenheimen usw. bringen: Ich brauche da noch jemanden, der Auto fährt. Oder so: Kannst du mal die Sachen ins Lager fahren? Und irgendwann hat er dann gedacht, dass er auch richtig beitreten kann, wenn er sowieso immer hilft. Und dem macht das auch Spaß. Mittlerweile fahren wir bei Lager immer mit der ganzen Familie mit, also jetzt auch unser Kleiner. Das ist ja dann auch Zeit, die wir zusammen verbringen können. Und mein Mann, der bolzt dann mit den Jungs, und das macht denen natürlich auch Spaß. Mit einem Mann können die ja ganz andere Sachen machen. Aber Gruppenstunden macht mein Mann eigentlich nicht. Wenn er Zeit hat, macht er auch da mal mit. Aber das ist eher sporadisch. Ja, und meiner Schwägerin, der erging es genauso. Die ist von meinem Bruder, der auch Gruppenleiter und Stammesvorstand ist, da reingezogen worden. Das ist schon so was wie ein Familienunternehmen hier«.*

Das freiwillige Engagement im Pfadfinderverband mit seinen Ansprüchen und Zielvorstellungen kann aber auch zur psychischen und/oder familiären Belastung werden (vgl. bereits Funk/Winter 1993). Mehrfach klingt an, dass das Engagement eine zeitliche Einschränkung und ständige Bereitschaft bedeutet. Verschärfend kommt hinzu, dass der große Druck, dem Jugendliche heutzutage ausgesetzt sind – Stichworte sind zum Beispiel Nachmittagsunterricht, Schwierigkeiten bei der Arbeitsfindung oder Familienverhältnisse, in denen sie mehr Verantwortung übernehmen müssen – den Jugendverband immer mehr als Ort des Freizeitkonsums reduzieren lässt. Nichtsdestotrotz ist für die meisten der befragten Jugendlichen klar *(Nils, 15 Jahre)*, dass sie sich später im Verband als Gruppenleiter engagieren wollen. Für Patricia (17 Jahre) ist es das erklärte Ziel ihrer Pfadfinderinnenkarriere, später Gruppenleiterin zu werden: *»Letztendlich ist es das Ziel, dass man selbst einmal Leiterin werden will. ... Denn es macht Spaß, das gleiche, was man selber erlebt hat, später auch anderen Kindern beizubringen«.* Es gibt aber auch Verbandsaussteiger. Werden jugendliche Pfadfinder und Rover danach gefragt, warum manche aus ihrem Stamm ausgestiegen sind, werden verschiedene Gründe angeführt. Unter anderem *Langeweile*, ein *Leiterwechsel*, aber auch, dass das Image darunter leidet, wenn man Mitglied bei den Pfadfindern ist: *»Ich kenne welche, die haben sich geschämt, wenn die coolen Freunde vorbeikamen, und haben sich hinterm Gebüsch versteckt« (Finn, 19 Jahre).* Bei einigen liegt es auch an der mangelnden Identifikation mit der Pfadfinderei: *»Entweder haben es die Leute nicht verstanden oder sie konnten sich nicht so wirklich damit identifizieren, was wir als Pfadfinder machen. Wenn wir zelten gegangen waren und einer hat darauf kein Bock, dann ist das schwierig, Pfadfinder zu sein« (Tobias, 17 Jahre).*

3.2 »Jeden Tag eine gute Tat«:
Identitätsentwicklung als Kennzeichen pfadfinderischen Lebens

Über das Vehikel des pfadfinderischen Tuns verfolgt der Pfadfinderverband das Ziel, jungen Menschen die Möglichkeit zu eröffnen, Fragen und Antworten zu sich selbst, zu ihrer Lebensplanung, zu den von ihnen favorisierten Lebensaufgaben und -zielen zu suchen und zu finden. Handlungsmaxime und Werte der Pfadfinderbewegung werden dabei infrage gestellt, diskutiert, das eigene Handeln daran gemessen und reflektiert (vgl. Weide 2004). Die Frage »Wer bin ich«, also die Frage nach der eigenen Identität, die die Menschen nicht nur im Jugendalter, sondern über die gesamte Lebensspanne beschäftigt, ist hierbei von hoher Bedeutung. Identität wird dabei als etwas Erarbeitetes, Gelerntes und Optionales betrachtet (im Gegensatz zu etwas Abgeleitetem, Ererbtem oder Zugewiesenem; vgl. Hafeneger 2009, S. 111). Mit Blick darauf hat Pfadfinderei *»viel mit der Lebenseinstellung zu tun, es hat mit Idealen zu tun, es hat mit Werten, mit Wertvorstellungen, mit einer Idee des Lebens, des Miteinanders des Umgangs mit Menschen, des Umgangs mit der Natur, mit Tieren zu tun und auch einfach so mit der sozialen Neugier an Kindern, Jugendlichen und Erwachsenen, an anderen Kulturen. Das ist das, was für mich Pfadfindersein ausmacht« (Erwin, 28 Jahre).*

In einer Situation der gesellschaftlichen Unübersichtlichkeit und Widersprüchlichkeit wird es gerade für Jugendliche in wachsendem Umfang zur Aufgabe, die Identitätsbildung und auch ihre Selbstdarstellung selbst zu bewerkstelligen. Junge Menschen sind heute zunehmend selbst für das Gelingen der eigenen Biografie verantwortlich (vgl. Schulze-Krüdener 2009). In dieser Situation setzt sich die DPSG als Teil einer weltweiten Erziehungsbewegung das Ziel, »im Rahmen der Prinzipien der Pfadfinderbewegung und auf der Grundlage der biblischen Botschaft die Chance (zu eröffnen), durch selbst gesetzte Ziele und prägende Erlebnisse die eigene Persönlichkeit zu entdecken und zu entwickeln« (DPSG 2007, S. 8). Die DPSG versteht sich als Erziehungsverband, der durch die pfadfinderische Methode als ein System fortschreitender Selbsterziehung junger Menschen gekennzeichnet ist. Kennzeichen pfadfinderischer Erziehung sind unter anderem altersgerechte Erfahrungen, das Pfadfindergesetz und Pfadfindergelöbnis, Learning by Doing, das Zusammenspiel von Groß- und Kleingruppe (vgl. DPSG 2007, S. 21ff.). Pfadfinderische Erziehung setzt – so heißt es im »Gesamtverbandlichen Ausbildungskonzept der DPSG« vom Mai 2008 – weiter voraus, dass die Gruppenleiterinnen und Gruppenleiter die nötigen Kompetenzen zu dieser Tätigkeit in der modularisierten, pfadfindertypischen und international anerkannten Woodbadge-Ausbildung erwerben. Die Schulung und Qualifizierung von freiwillig tätigen Leiterinnen und Leitern in der Pfadfindergruppe ist auch ein Thema und eine Aufgabe im DPSG-Diözesanverband Trier. Deutlich wird, dass mit der Ausbildung nicht nur die Hoffnung verknüpft wird, dass gut ausgebildete Leiter dem Verband länger zur Verfügung stehen und der Verband seine Identität weitervermitteln kann, sondern dass auch mit den Möglichkeiten der eigenen Weiterentwicklung geworben wird: *»Wir haben eine eigene Pädagogik und sowohl die Gruppenleiter als auch die Kinder müssen entsprechend dieser Pädagogik ausgebildet werden. Gerade wenn ich Spaß habe und motiviert bin, mich als Gruppenleiter ausbilden zu lassen, merke ich, dass ich in der Ausbildung Kompetenzen erwerbe, die ich auch später im Berufsleben gebrauchen kann«* (Jonas, 44 Jahre).

Dementsprechend sammeln auch die Kinder und Jugendlichen durch verschiedene Angebote im Rahmen der Gruppenstunden, besonderen Aktionen (wie die Jahresaktion »Flinke Hände, flinke Füße«; Hike) sowie der Pfadfindergroßzeltlager (Jamboree) Erfahrungen, welche sie befähigen sollen, eigene Meinungen, eigene Wertvorstellungen usw. zu entwickeln. In der Regel werden die Angebote von den Kindern und Jugendlichen dabei selbst ausgewählt und initiiert. Einen entscheidenden Einfluss haben hierbei auch die Leiterinnen und Leiter, die sowohl eine Orientierungsfunktion haben als auch gezielt auf *»die Probleme innerhalb des Stammes«* (Nils, 15 Jahre) eingehen. Die Beziehung zum Gruppenleiter ändert sich im Laufe der Pfadfinderzeit: Während in den Kinderstufen die Leiterin bzw. der Leiter vornehmlich die Rolle einer Erziehungsperson einnimmt, wünschen sich die Jugendlichen eher einen Kumpeltyp: *»Der Leiter ist letztendlich ein Freund, der schon ein paar Jahre älter ist und der in vielen Sachen schon mehr Erfahrung hat. Wenn man in der gemütlichen Runde zusammensitzt und mit ihm über Probleme redet, ist das eine Hilfe«* (Tobias, 17 Jahre).

In den Interviews mit den Stammesvorsitzenden und den Mitgliedern der Diözesanleitung bestätigt sich, dass die Förderung von Selbstständigkeit und Eigenverantwortung im Verbandsgeschehen einen zentralen Stellenwert innehat. So wird darauf verwiesen, dass der Pfadfinderverband seine jugendlichen Mitglieder dabei unterstützt, neue Wege zu gehen und den Mut zu haben, ihr Leben nach ihren eigenen Wünschen und Interessen zu gestalten. *»Wir wollen jedem Jugendlichen die Chance geben, sein Leben ein bisschen anders zu gestalten, oder so zu gestalten, wie er es vielleicht nicht erleben würde, wenn er alleine wäre«* (Horst, 39 Jahre). Die Kinder und Jugendlichen werden von der Gruppe und deren Leiterin bzw. Leiter darüber hinaus ermutigt, vielfältige Erfahrungen zu sammeln: *»So ein Leben in tätiger Solidarität ist einfach wichtig. Füreinander da sein, miteinander unterwegs zu sein, sich gegenseitig auszuhelfen ... Die Möglichkeit haben, sich frei zu entfalten und dabei getragen zu sein von der Gruppe. Ja, das ist was, was uns als Pfadfinder ausmacht. Darüber hinaus ist für* uns das Leben in und mit der Natur wichtig, weil dieses elementare Erfahrungen ermöglicht, die so in der Stadt nicht immer möglich sind. Und für uns als DPSG ist schließlich wichtig, dass wir das Ganze noch verbinden mit dem Glauben« (Barbara, 26 Jahre).

Werden die Aussagen der Pfadfinderjugendlichen zu diesem Thema betrachtet, fällt auf, dass die meisten der interviewten Pfadfinder und Rover berichten, dass vieles, was sie bei den Georgspfadfindern lernen, für sie irgendwann selbstverständlich geworden ist und auch im Alltag eine Bedeutung hat, das heißt, die pfadfinderischen Wertvorstellungen stehen für sie in engem Zusammenhang mit ihrem tatsächlichen Handeln. So geben Pfadfinderinnen und Pfadfinder jedweder Altersstufe an, dass sie auch außerhalb des Verbandslebens darauf achten, die Umwelt nicht zu zerstören, weil sie es einfach gewohnt sind: *»Das ist irgendwie eine Selbstverständlichkeit geworden, dass wir die Natur nicht zerstören. Das heißt aber nicht, dass wir auch mal ein Blatt oder so von dem Baum rupfen, aber halt nix Größeres« (Birthe, 15 Jahre).* Hilfsbereitschaft ist ebenfalls ein Verhalten, welches von vielen geschätzt wird. Wiederholt wird das Pfadfindermotto »Jeden Tag eine gute Tat« angeführt. Auch wenn dieses häufig belächelt wird, findet es doch Berücksichtigung: *»Wir sagen manchmal so aus Spaß ›Jeden Tag eine gute Tat‹, aber im Grunde gucken wir schon, wo wir Leuten helfen können, dass wir denen auch tatsächlich helfen« (Janina, 16 Jahre).*

3.3 Pfadfinden in Altersstufen: Stufenwechsel im Wandel

Der Pfadfinderverband versucht, durch die Stufenpädagogik, *»die es so dezidiert in keinem anderen Jugendverband gibt« (Arndt, 41 Jahre)*, in altersgerechter Weise Kinder und Jugendliche zu selbstständigem, sozialem und verantwortlichem Handeln anzuregen. Dabei stehen Gruppenerlebnisse und -aktivitäten im Vordergrund. Im Sinne dieser Stufenpädagogik sind auch die verbandsinternen Übergänge, die Stufenwechsel, zu betrachten. Dadurch soll gewährleistet werden, dass Kinder und Jugendliche in ihrem Alter entsprechenden Gruppen sind (Wölflinge, Jungpfadfinder, Pfadfinder, Rover). Einzelne Kinder bzw. Jugendliche wechseln anhand des Alters in die nächsthöhere Stufe und können sich dort – so der verbandliche Anspruch – in Auseinandersetzung mit neuen Rollen, Individuen, Erfahrungen und Anforderungen weiterentwickeln. Auch wenn die Altersdifferenzierung mehrheitlich als *zeitgemäß* und *erforderlich* beschrieben wird, gibt es auch kritische Töne: *»Eine Schwäche ist, dass die Altersstufenpädagogik von Verbandseite sehr festgeschrieben ist und diese manchen einfach nicht gerecht wird. Die Altersspannen sind eigentlich zu groß. So gibt es in der Jungpfadfinderstufe 13-jährige Mädels, die schon so weit sind, dass die mit* *einem 11-jährigen Jungen nichts mehr anfangen können. Aber immerhin gibt es diese Altersstufen, und wenn es sie nicht geben würde, wären sie vielleicht mit noch Jüngeren zusammen« (Claudia, 35 Jahre).*

Die Pfadfinderstudie zeigt, dass in der Verbandsordnung die Stufenwechsel der Mitglieder »entsprechend ihrem persönlichen Entwicklungsstand und Alter« (vgl. DPSG 2007a, S. 22) zwar geregelt ist, aber die Realität oftmals eine andere ist und es in den Stämmen keine einheitliche praktische Umsetzung gibt. Vielmehr wird deutlich, dass Kinder und Jugendliche sich nicht auf die Möglichkeit gestalteter und bewusster Übergänge verlassen können, sondern die Durchführung der Stufenwechsel von Stamm zu Stamm, von Leiter zu Leiter variiert: Während teilweise die Stufenwechsel im Sinne der Verbandsphilosophie erfolgen, die einzelnen Gruppenmitglieder entsprechend ihres Alters wechseln und sie in der neuen Gruppe von einem neuen Leiter empfangen werden, haben andere keinen Übergang erlebt. Das heißt, die ganze Gruppe samt vertrautem Leiter wechselt gemeinsam in die nächste Stufe: *»Die gängige Praxis in vielen Stämmen ist so, dass man als Wölflingsleiter anfängt und die Gruppe, bis sie auseinanderfällt, leitet. Von daher gibt es so gesehen keinen Übergang, außer man nennt die Gruppe anders, weil sie älter geworden ist und die dann eine andere Halstuchfarbe bekommen« (Daniel, 36 Jahre).* Für diejenigen Mitglieder des Pfadfinderverbandes, die einen ritualisierten Stufenwechsel erlebt haben, stellt dies ein bedeutsames Stammesereignis dar: *»Bei der Stufung mussten wir ein Pfadfinderversprechen abgeben und haben dann feierlich das Tuch mit der jeweiligen Farbe der Stufe bekommen. Es war ziemlich festlich und viele Leute, fast der ganze Stamm, war dabei. Es sehr schön« (Cedric, 15 Jahre).* Eine weitere Verbandsakteurin stellt heraus, dass der Übergang gleichsam die Verabschiedung vom Alten und das bewusste Annehmen des Neuen darstellt: *»Es ist wichtig, dass man den Stufenwechsel zusammen mit den Kindern plant und diesen auch richtig feiert. Es muss klar werden, dass das etwas Besonderes ist: Es hört was auf, es beginnt was Neues und dies muss auch gestaltet werden. Wir haben das einmal so organisiert, dass wir durch einen Tunnel gegangen sind und die Älteren haben die Jüngeren abgeholt« (Beate, 27 Jahre).* Stellvertretend für weitere verdeutlicht diese Aussage die Bedeutung von Ritualen bei Übergängen in die nächste Pfadfinderaltersstufe, die das Ereignis zu etwas Besonderem werden lässt.

3.4 Typisch Pfadfinden? Die Gruppenstunde als Zentrum

Das Zentrum der pfadfinderischen Aktivitäten bilden die Gruppenstunden. Während in den Kinderstufen der Wölflinge und Jungpfadfinder noch stark das Spiel(en) im Vordergrund steht, stehen in den Jugendstufen (Pfadfinder, Rover) thematische Diskussions- und Gesprächsrunden, die Auseinandersetzung mit der Zukunft und den eigenen Lebensperspektiven im Mittelpunkt: »*Als Wölfling ist man da, um Spaß zu haben und mit anderen zu spielen. Bei den Jungpfadfindern geht es auch noch teilweise darum, doch dann fängt man so langsam an, sich in den Gruppenstunden Gedanken zu machen, was man im Ort für Sachen machen kann. Bei den Pfadfindern wird das extremer und als Rover ist man schon Mitglied der Leiterrunde und entscheidet wirklich am Stammesgeschehen mit*« (Markus, 18 Jahre).

Die Aufteilung in die vier Altersstufen lässt laut Verbandsordnung den jeweiligen Bedürfnissen fast uneingeschränkt Raum. »Pfadfinderische Erziehung wird wirksam im zusammenhängenden Entwicklungsprozess der Altersstufen. Dieser Prozess ermöglicht das Miteinander in einer Gruppe von Gleichaltrigen und eröffnet einen Zuwachs an Selbstständigkeit« (DPSG 2007, S. 23). Die Inhalte der Gruppenstunden sind seitens des Pfadfinderverbandes nicht vorgeschrieben, sondern leiten sich von der jeweiligen Gruppe und ihren Mitgliedern ab. Damit ist die Möglichkeit gegeben, »die gemachten Erfahrungen fortschreitend zu vertiefen und sich neue Entwicklungsziele zu setzen« (ebd.).

Die Aussagen der Pfadfinder und Rover unterstreichen, dass dieser Jugendverband in der Lage ist, seinen Jugendlichen »etwas zu bieten« und neue Erfahrungshorizonte zu eröffnen. Allerdings beschränken diese sich in der Regel auf einzelne Aktivitäten, welche eher die Ausnahme sind. So wird von den meisten Jugendlichen das Zeltlager als *das* Ereignis genannt, welches herausragend und besonders gut in Erinnerung geblieben ist. Dieses Zeltlager findet in der Mehrzahl der Stämme einmal jährlich, meist an Pfingsten statt.

Die wöchentlich stattfindenden Gruppenstunden werden aber durchaus kontrovers eingeschätzt. Auf der einen Seite wird kritisiert, dass in den Gruppenstunden zu wenig Pfadfinderisches stattfindet. »*Meist sitzen wir da rum und unterhalten uns über irgendetwas, also ich finde, wir sollten schon ein bisschen noch was anderes machen*« (Daniela, 16 Jahre). Mancherorts ist das *Abhängen* der jugendlichen Pfadfinderinnen und Pfadfinder eine unmittelbare Folge der oft von Verbandsseite konstatierten Krise der Jugendstufe, das heißt, dass die Wölflings- und Jungpfadfindergruppen zwar noch gut besucht sind, die Pfadfinder- und Roverstufe jedoch abnehmende Mitgliederzahlen zu verzeichnen haben. In den Stämmen selbst wird dies besonders deutlich, wenn eine Pfadfindergruppe oft nur noch wenige Mitglieder hat oder keine Rovergruppe mehr existiert: »*Wir sind in der Gruppenstunde teilweise nur zu zweit oder zu dritt, weil viele im Moment gehen. Und von daher machen wir im Moment nicht so viel*« (Helena, 18 Jahre). Auch wenn es für einige Mitglieder der Diözesanleitung selbstverständlich und *normal* ist, dass Jugendliche andere Interessen entwickeln, stellt dies für einzelne Stämme eine immense Herausforderung dar: »*Eine der großen*

Pfadfinden in der Krise? 177

Herausforderungen ist es, dieses Wegbrechen der Jugendstufen zu verhindern. Es gilt, genau hinzugucken, warum passiert das. Warum sind Jugendliche nicht mehr interessiert? Warum haben wir so unglaublich viele Wölflinge, die ganz elend nerven, in jedem Lager. Aber warum sind keine Jugendlichen mehr da, warum laufen sie alle mit 15 weg? Warum sind andere Sachen für sie interessanter? Sind wir nicht mehr interessant, oder liegt es an den Stämmen, an den Leitern?« (Heike, 26 Jahre).

Die Gruppenstunde dient häufig – so der zusammenfassende Befund der vorliegenden Aussagen – als Ort, Freunde zu treffen; jeder macht, wozu er Lust hat und politische bzw. soziale Aktionen, welche langfristiger Planung bedürfen, finden kaum oder gar nicht statt. Auch die Themen Glauben, internationale Gerechtigkeit etc., welche für die DPSG auf der Ordnungsebene wesentlich sind, finden kaum Platz im pfadfinderischen Alltag auf Stammesebene. So geben nur wenige Jugendliche an, dass sie in der Gruppenstunde über Religion, Kirche oder Glauben gesprochen haben. Nichtsdestotrotz würden auf der anderen Seite nur wenige gerne öfter etwas »Pfadfindertypisches« unternehmen: In der Regel sind die Jugendlichen mit ihren Gruppenstunden zufrieden, obwohl deren Inhalte in ihrer Sicht vordergründig mit dem Pfadfindersein wenig bis nichts zu tun haben. Für sie hat nicht das Programm der Gruppe, haben nicht die behandelten Themen einen zentralen Stellenwert, sondern die in der Gruppe erlebte Gemeinschaft.

Insgesamt betrachtet zeigt sich, dass das Antwortverhalten der interviewten Mitglieder dieses Pfadfinderverbandes auf eine große Offenheit der Angebote schließen lässt: Es finden zwar pfadfinderische oder religiöse Aktivitäten statt, andere Dinge stehen aber anscheinend im Vordergrund. Vergleicht man die Aussagen der Jugendlichen mit denen der Stammesvorsitzenden, zeigen sich Differenzen. Im Gegensatz zu den jugendlichen Pfadfindern geben diese an, dass in den Gruppenstunden pfadfinderische Aktivitäten die Regel sind: *»Wir leben zunächst dieses Klischeepfadfinderhafte, zumindest ein Außenstehender würde das so nennen: Also wir machen Zeltlager, wir gehen in unser Gelände, wir schauen uns Wald, Flur und alles an. Und der andere Teil ist, dass wir zusammensitzen und uns überlegen, was tun wir, welche Projekte gehen wir an, wo engagieren wir uns in der Gemeinde, wo können wir uns in der Kirche engagieren, was können wir mal als längerfristiges Projekt auflegen, wo man Ausdauer mitbringen muss« (Bernd, 50 Jahre).*

3.5 Verband in der Kirche: Die Rolle des »Lebens aus dem Glauben«

Der katholische Pfadfinderjugendverband möchte seinen jugendlichen (und auch erwachsenen) Mitgliedern den Glauben »vorschlagen, ... ihn schmackhaft machen – ihnen Möglichkeiten geben, ihn kennenzulernen und sich damit auseinanderzusetzen, ihn für sich zu entdecken, sich für ihn zu entscheiden und ihn in der Gemeinschaft zu leben. ... Gerade da, wo sie nicht mehr offen und kritisch nach ihrem Glauben fragen, wollen wir sie aus der Reserve locken, sie zum Fragen bringen und gemeinsam nach Antworten suchen. Dabei akzeptieren wir, wenn sich Menschen gegen dieses Angebot entscheiden« (DPSG 2008a). Dieser Auszug aus den »Jugendpastoralen Ansätzen in der DPSG« unterstreicht einerseits die wichtige Rolle von Religiosität bzw. ihrer Rückbindung an den Glauben, und formuliert andererseits die Erwartungen an die Glaubensweitergabe stufenspezifisch innerhalb der Gruppenstunden. Auch wenn *»in den Gruppenstunden selber der christliche Glauben schon mit drin ist« (Gundula, 35 Jahre),* zeigt unsere Analyse, dass die Umsetzung dieses religionspädagogischen Verständnisses auf Schwierigkeiten im Pfadfinderalltag trifft. *»Der Glaube hat für mich schon auch einen Stellenwert, aber es ist heute schwierig, das an die Kinder auch weiterzugeben. Auch wird das heutzutage in den Familien nicht mehr so gefördert. Auch deswegen habe ich meine Schwierigkeiten, den Glauben weiterzugeben«* (Albert, 45 Jahre). Und letztendlich muss jede Pfadfinderin und jeder Pfadfinder unabhängig vom Alter selbst entscheiden, welche Bedeutung der Glaube für sie bzw. ihn hat: *»Für mich ist mein Glaube Geländer, die Treppe gehe ich alleine, aber ab und zu brauche ich dieses Geländer, wo ich mich festhalten kann, und das ist für mich der christliche Glaube. Wenn ich wackle, dann brauche ich dieses Geländer. Ich lebe meinen christlichen Glauben meinen Jugendlichen vor und rege sie dadurch zum Nachdenken an. Aber sie müssen ihren eigenen Weg finden, ich kann nicht sagen, ob der christliche Glaube für sie der richtige ist, ich weiß nur, dass er für mich der richtige ist«* (Ina, 41 Jahre). Unisono geben auch andere erwachsene Pfadfinderakteure an, dass der Glaube in ihrem Leben zwar zentral ist und sie mit ihrem gelebten Glauben Vorbilder für die Kinder und Jugendlichen sein wollen, aber Religiosität und Spiritualität nur selten Thema im pfadfinderischen Alltag ist. *»Wo man am meisten damit in Berührung kommt, ist beim Pfingstlager oder beim Stufenwechsel, weil dann auch immer ein kleiner Gottesdienst stattfindet, der dann katholisch ist. Aber ansonsten kommt man mit dem Glauben gar nicht in Berührung«* (Saskia, 13 Jahre). Die meisten jugendlichen Pfadfinder geben als einzigen Berührungspunkt mit dem Glauben im Pfadfinderalltag den Pfingstlagergottesdienst an, *»ansonsten haben wir damit eher nix zu tun«* (Helena, 18 Jahre). Dies schließt aber nicht aus, dass in einzelnen Stämmen die Rückbindung an den christlichen Glauben in der katholischen Kirche wesentlich stärker gelebt wird.

Unabhängig hiervon vertreten alle interviewten jugendlichen Pfadfinder Werte wie gelebte Nächstenliebe und Gemeinschaft, die aus der ursprünglich religiösen Tradition stammen bzw. durch den katholischen Jugendverband gestützt werden. Auch die Distanz vieler »eigentlich« kirchennaher (katholischer) Pfadfinderinnen und Pfadfinder unabhängig vom Alter zu Religiosität und Spiritualität führt nicht dazu, dass sie diese Werte aufgeben. Lässt sich eine solche Entwicklung als Indikator für die gleichberechtigte Pluralität religiöser und weltlicher Wertesetzung und somit als »Verringerung der Lebensbedeutung des religiösen Elementes« (Albert/Hurrelmann/Quenzel 2010, S. 206) bei jungen Menschen heute deuten, findet dies verbandsintern nicht überall Akzeptanz. In dieser Situation werden verstärkt Forderungen laut, dass »*der Glaube und Spiritualität im Verband wieder mehr gelebt werden müssen. Andere Themenfelder stehen zu stark im Vordergrund und Spiritualität, Glaubensfragen oder das Glaubensthema insgesamt kommen oft zu kurz, obwohl dies ein wesentlicher Bestandteil der Pfadfinderarbeit ist*« *(Jonas, 44 Jahre).* Im Gegensatz hierzu gehören für den siebzehnjährigen Tobias »*der christliche Glaube und Pfadfinderei nicht unbedingt zusammen ... Auch wenn es Tradition ist und das immer so bei den Pfadfindern gemacht wurde, ist das eine Sache, die ich infrage stelle*«.

3.6 Faszination Pfadfinder: Gemeinschaft ist das Wichtigste

Was macht eigentlich das Pfadfinder-Sein aus? Die Antworten auf diese Frage beziehen sich unabhängig von Alter bzw. Altersgruppe vornehmlich auf das in der Pfadfindergruppe erlebte Gemeinschaftsgefühl. Alle Pfadfinderakteure betonen unisono die Bedeutung von Gemeinschaft, die gleichsam die Voraussetzung für die formalisierte Mitgliedschaft im Pfadfinderjugendverband ist. Als Begründung für das Mitmachen und das Engagieren in der Gruppe wird wiederholt auf das Gegensatzpaar »Gemeinschaft statt Leistung« verwiesen: »*Im Sportverein haben alle dasselbe Ziel, nämlich Spiele zu gewinnen, und bei uns Pfadfindern hat man das Ziel, Gemeinschaft zu erhalten*« *(Markus, 18 Jahre).*

Einigkeit besteht weiterhin darüber, dass dieses Gemeinschaftsgefühl nicht losgelöst von den stattfindenden Aktivitäten, also etwa vom Unterwegs-Sein mit der Pfadfindergruppe, zu betrachten ist: »*Für mich ist die Gemeinschaft das Zentrale. ... Mit Leuten zusammen zu sein, ja mit diesen auszukommen. Spaß haben, was erleben, Erfahrungen machen. Das bedeutet für mich Pfadfinderei*« *(Tobias, 17 Jahre).* Eine herausragende Bedeutung hat unbestritten das kollektive (Pfingst-)Zeltlager als eine besondere, aus dem Alltag herausgehobene Daseinserfahrung: »*Das Zeltlager ist ganz anders, als wenn man zuhause sein Wochenende verbringt. Kein technischer Schnickschnack und so was*« *(Markus, 18 Jahre).* Andere wiederum verbinden mit Gemeinsamkeit vor allem das Zusammensein mit Menschen auf der gleichen Wellenlänge: »*Die Faszination der Pfadfinderei macht für mich die Gemeinschaft aus. Immer, wenn man irgendwo einen Pfadfinder trifft oder jemanden, der früher einmal bei den Pfadfindern war, hat man irgendwie direkt so einen Draht zu dem. Also da gibt es keine Scheuphase und man hat direkt so ein offenes Ohr und einen Anknüpfungspunkt« (Ernst, 26 Jahre).* Alles zusammen kann auch dazu führen, dass die Pfadfinderei zu einer Art Ersatzheimat wird: *»Es gibt ja diesen Satz ›einmal Pfadfinder, immer Pfadfinder‹* – da ist was dran. Und wenn ich an unsere diversen Wohnortwechsel denke, dann ist die DPSG immer ein Stück Zuhause gewesen. Egal wo ich hinziehe, die DPSG hat die gleichen Strukturen ... da fühle ich mich gleich irgendwie zuhause« (Christel, 55 Jahre).

4. Kluft als Symbol der Pfadfinder

Das sandfarbene Hemd mit zwei Brusttaschen, über dessen linker Brusttasche das Nationalitäten-Abzeichen und auf der rechten das Stufen-Abzeichen angebracht sind, markiert die symbolische Erkennungs- und Zugehörigkeitswelt aller Pfadfinderinnen und Pfadfinder in der DPSG (vgl. zu den weiteren Abzeichen die Regelungen in der sog. Kluft-Ordnung) (DPSG Bundesleitung 2007, S. 66). Diese Zeichen symbolisieren Gemeinschaft, und alle interviewten Georgspfadfinderinnen und Georgspfadfinder stehen der Kluft ausschließlich positiv gegenüber: *»Die Kluft ist quasi ein Markenzeichen, das ist wie ein Ausweis, den man immer zeigt« (Finn, 19 Jahre).* In Ergänzung hierzu ist für den fünfzehnjährigen Emil die *»Kluft das Symbol, dass man zum Pfadfindertum gehört. Eigentlich ist sie wie eine Uniform. Man zeigt damit: Ich bin voll dabei«.* Solche Aussagen machen deutlich, dass sich über die Kluft nicht nur die Gemeinschaft und letztendlich die Idee der Pfadfinderei ausdrückt. Vielmehr ermöglicht das gemeinsame Klufttragen als *»Identifikationszeichen« (Tobias, 17 Jahre)* auch im Gegenzug, sich von Anderen abzugrenzen. Im Gegensatz zu den jugendlichen Pfadfindern verweisen einige »ältere« Pfadfinder, die auf eine längere Verbandszugehörigkeit zurückblicken können und/oder als Leiter oder Mitglied im Diözesanverband engagiert sind, auf das zwiespältige Verhältnis zur Tradition des Klufttragens im Pfadfinderverband:

> *»Die Kluft gehört für mich heute nicht mehr dazu. Ich bin zwar auch mit der Kluft groß geworden, aber wir haben uns Anfang der 1980er-Jahre, als das Thema Frieden Konjunktur hatte und die Kluft für manche Leute sehr militaristisch wirkte, im Stamm für uns entschieden, die Kluft abzuschaffen. ... Ich toleriere aber, wenn jetzt wieder Kinder, Jugendliche, Erwachsene die Kluft anziehen und sich mit ihr identifizieren. Ich fühle mich mit der Kluft aber nicht wohl und um ein guter Pfadfinder zu sein, brauche ich auch keine Kluft. Das ist eben geprägt durch meine Geschichte.*

Pfadfinden in der Krise? 181

Wenn ich zehn Jahre früher oder auch zehn Jahre später Pfadfinder gewesen wäre, dann wäre die Kluft, glaub ich, auch für mich selbstverständlich« (Jonas, 44 Jahre).

In Abgrenzung zu solchen Stimmen verweisen andere Verbandsfunktionäre auf die Modernisierung der Kluft als Symbol in der Verbandsgeschichte und stellen (wie die jugendlichen Pfadfinder) deren positive Ausstrahlung in die verbandliche Pfadfinderszene heraus: *»Im Prinzip ist es nur eine Tracht und vor allem ein Ausdruck der Gemeinschaft an sich. Die Kluft hat ja nix Militärisches in dem Sinn. Die DPSG hat ja bereits schon sehr früh diese militärischen Zeichen an der Kluft abgeschafft« (Albert, 45 Jahre).*

In der Pfadfinderstudie lässt sich somit feststellen, dass die Kluft für Pfadfinderjugendliche zu Beginn des 21. Jahrhunderts wieder einen großen Stellenwert besitzt. Hatte sich in der Vergangenheit der Pfadfinderverband von solcherart Symbolen eher distanziert, eignet sich die heutige Pfadfindergeneration diese Symbole wieder an. Das Aufleben der symbolischen Pfadfinderwelt, die die Gruppenidentifikation, die Gruppenorientierung und ihre Demonstration sowie Abgrenzung nach außen immer mehr zu bestimmen scheint (vgl. bereits Böhnisch/Gängler/Winter 1991, S. 326), geht einher mit dem »Erfolg« der Pfadfinderbewegung in einer globalisierten Welt: *»Wenn wir von der Diözesanleitung einen offizielleren Auftritt haben oder zum Beispiel auf Begegnungsreisen in Ruanda waren, dann ziehe ich auch meine Kluft an, um zu repräsentieren, und auch um zu zeigen: Wir sind alle eine Pfadfinderbewegung und ich bin Pfadfinderin. ... Als wir damals in Afrika mit unserer Kluft ankamen, sind wir dort auf Händen getragen worden« (Heike, 26 Jahre).*

5. Schlussbemerkung: Der Pfadfinderjugendverband zwischen Tradition und Moderne

Die Befunde der Pfadfinderstudie verweisen auf unterschiedliche Sichtweisen und Wahrnehmungen bzw. Einschätzungen der Alltagsrealitäten von erwachsenen Pfadfinderinnen/Pfadfindern, die sich etwa als Leiterin bzw. Leiter in der Gruppe engagieren oder Mitglied in der Diözesanleitung sind, auf der einen Seite und Georgspfadfinderinnen/-pfadfinder aller Altersstufen auf der anderen Seite. Dies ist nicht überraschend, denn das »daraus entstehende Spannungsverhältnis muss als ein Struktur- und Wesenselement der Jugendarbeit *(und damit auch der DPSG als Jugendverband, JSK)* gesehen werden, das dem Verbandsleben erst seine Produktivität verleiht« (Fauser/Fischer/Münchmeier 2006, S. 28). Die unterschiedlichen Blicke sind nicht nur Ausdruck von mehr oder weniger virulenten Spannungen im untersuchten katholischen Pfadfinderverband, sondern eröffnen weitreichende Auseinandersetzungsmöglichkeiten über Wertorientierungen, Einstellungen zu Kirche, Glauben und kirchliche Jugendarbeit, Vergemeinschaftung, Aktivierung und Einbindung junger Menschen und letztendlich zur Frage der Zukunftsfähigkeit dieses Jugendverbandes.

Sicher ist: Die »Pfadis« zu Beginn des 21. Jahrhunderts haben nichts mehr gemein mit dem Bild, das sich viele noch immer von ihnen machen. Nach wie vor klaffen bei den Pfadfindern Image und Realität weit auseinander. Vorbei ist die Zeit, da sich die Pfadfinderinnen und Pfadfinder als kirchenhörige Gemeindejugend verstanden. Kirchenkontakte gibt es noch, aber sie bestimmen nicht mehr den Pfadfinderalltag. Auch wenn (Gottes-)Glaube und Spiritualität in vielen Pfadfinderstämmen eher randständige Themen sind, vertreten die Pfadfinderinnen und Pfadfinder nichtsdestotrotz christliche Werte. Werden weitere Ansprüche und Anforderungen, die die Deutsche Pfadfinderschaft Sankt Georg in ihrer Verbandsordnung usw. formuliert, mit der Pfadfinderpraxis in vielen Stämmen verglichen, zeigen sich weitere Diskrepanzen:

- Die Inhalte in den Gruppenstunden unterscheiden sich nicht durchgängig von Angeboten und Arbeitsweisen in offenen Jugendtreffs. Eine Weiterentwicklung der Gruppe könnte in der Idee der Projektarbeit liegen.
- Die Stufenwechsel werden in den Stämmen oftmals nicht vollzogen und damit wird die pfadfindertypische Stufenpädagogik unterlaufen.
- Durch das Wegbrechen der Jugendstufe (genauer: der Pfadfinder- und der Roverstufe) in vielen Stämmen wird die Nachwuchsbeschaffung zusehends schwieriger.

Hinzu kommt, dass sich immer weniger erwachsene Pfadfinder finden lassen, die bereit sind, eine Leitungsfunktion (auf Stammesebene etc.) zu übernehmen. Ein Grund hierfür ist dem Verband seit Längerem bekannt: Die Leistungsprofile der Leiterinnen/Leiter haben »teilweise ein Niveau erreicht, dem ausgebildete Sozialpädagogen kaum genügen können« (Funk/Winter 1993, S. 144).

Veraltet ist auch das oft karikierte Bild von den Pimpfen in Uniform, die allzeit bereit sind, »alte Mütterchen notfalls gegen deren Willen über die Straße zu führen« – wie es nachhaltig Eingang gefunden hat in »Fähnlein Fieselschweif« im Donald-Duck-Comic. Für die heutige Pfadfinderjugend symbolisiert die Kluft (und für manche vor allem das Halstuch) die Zugehörigkeit zur DPSG, sie schafft Einheit und erzeugt ein Wir-Gefühl. Insofern leistet die Kluft, die sich zudem als Kleidungsstück beim Zelten als überaus zweckmäßig erweist, einen wichtigen Beitrag dazu, dass eine gemeinsame Identität »Wir als Pfadfindergemeinschaft« entstehen kann. Hierbei darf nicht vergessen werden, dass das Anbieten von Gemeinschaft, die immer Verbindlichkeit, Regeln und feste Strukturen mit sich bringt, ein nicht selbstverständlich attraktives Angebot für junge Menschen ist. Aber nicht allein darin begründet sich die Attraktivität der Pfadfinderei in der heutigen Zeit, sondern auch aus ihrer »einmaligen Mischung aus Selbstentfaltungsangebot, Verantwortlichkeit, Erlebnis, Abenteuer in sicherer Struktur, aber doch mit spielerischer Herausforderung, *(den vielfältigen Chancen, JSK)* neue Terrains zu erobern und Körperlichkeit anzubieten« (Hurrelmann 2007, S. 10). Die Pfadfinderstudie bestätigt dies dahingehend, dass die Deutsche Pfadfinderschaft Sankt Georg für viele Pfadfinderinnen und Pfadfinder zu einem biografisch bedeutsamen Lebensort geworden ist. Die Wölflingsmeute, die Jungpfadfindertruppe, der Pfadfindertrupp und die Roverrunde bieten vielen jungen Menschen sicheren Rückhalt mit vielfältigen Erfahrungs- und Sozialisationsqualitäten und eröffnen weitreichende Gelegenheitsstrukturen. Auch wenn Pfadfinden wirkt, bedeutet dies aber nicht, dass der Pfadfinderjugendverband kein Modernitätsdefizit hätte – die Zeichen der Zeit stehen auf Veränderung hin zu einem zeitgemäßen Pfadfindertum. Hierbei geht es nicht nur um die Erfindung völlig neuer Dinge, sondern auch um die Übersetzung der Traditionen.

Literatur

Böhnisch, Lothar/Gängler, Hans/Winter, Reinhard (1991): Die symbolische Welt der Jugendverbände. In: Böhnisch, Lothar/Gängler, Hans/Rauschenbach, Thomas (Hg.): Handbuch Jugendverbände. Eine Ortsbestimmung der Jugendverbandsarbeit in Analysen und Selbstdarstellungen. Weinheim/München: Juventa, S. 326-330.
Bundesvorstand der DPSG (2003): Pfadfinden. Abenteuer und mehr. 75 Jahre Deutsche Pfadfinderschaft Sankt Georg.: Neuss-Holzheim: Georgs-Verlag.
Deutsche Pfadfinderschaft Sankt Georg Bundesleitung (2007): Ordnung der Deutschen Pfadfinderschaft. 2. korrigierte Aufl. Neuss-Holzheim: Georgs-Verlag.
Deutsche Pfadfinderschaft Sankt Georg Bundesleitung (2008): Gesamtverbandliches Ausbildungskonzept der Deutschen Pfadfinderschaft Sankt Georg. Beschluss der Bundesleitung am 3. Mai 2008: Eigenverlag.
Deutsche Pfadfinderschaft Sankt Georg Bundesleitung (2008a): Leben aus dem Glauben. Jugendpastorale Ansätze in der DPSG. Beschluss der Bundesleitung der DPSG vom 6. September 2008.
Deutsche Pfadfinderschaft Sankt Georg Bundesleitung (o.J.): Pfadfinden. Mehr als ein Abenteuer. Informationen über die Deutsche Pfadfinderschaft Sankt Georg. Neuss-Holzheim: Georgs-Verlag.
Ebertz, Michael N. (2008): Resonanz und Distanz: Jugendliche und ihr Verhältnis zu Politik, Bildung, Freizeit und Religion. In: BDKJ: SINUS-Milieu-Studie U27, S. 1-10. http://.mileus-kirche.de/dokumente/U27-BDKJ-Materialien. 29.06.2011.
Frankfurter Allgemeine Sonntagszeitung vom 29. Juli 2007: Die Welt als Abenteuerspielplatz.

Fauser, Katrin/Fischer, Arthur/Münchmeier, Richard (Hg.) (2006): Jugendliche als Akteure im Verband. Ergebnisse einer empirischen Untersuchung der Evangelischen Jugend. Opladen/Farmington Hills: Barbara Budrich.

Funk, Heide/Winter, Reinhard (1993): Das modernisierte Ehrenamt. Selbstentfaltung und Anerkennung für junge Frauen und Männer im Lebenszusammenhang des Jugendverbandes. Hg. von der Bundesleitung der Deutschen Pfadfinderschaft Sankt Georg. Bonn: Köllen.

Hafeneger, Benno (2009): Jugend und Jugendkulturen. In: Schulze-Krüdener, Jörgen (Hg.) (2009): Lebensalter und Soziale Arbeit: Jugend. Bd. 3 Basiswissen Soziale Arbeit. Hg. von Homfeldt, H-G./Schulze-Krüdener. Baltmannsweiler: Schneider Verlag Hohengehren, S. 110-125.

Hobelsberger, Hans (2008): Wie sehe ich mit Kirche aus? Lebenswelten junger Menschen in der Sinus-Milieustudie U 27. In: Herder Korrespondenz. Monatshefte für Gesellschaft und Religion. 62, H. 2, S. 295-299.

Hurrelmann, Klaus (2007): 100 Jahre und kein bisschen leise. Interview über die Attraktivität der Pfadfinderei in der heutigen Zeit. In: avanti. Deutsche Pfadfinderschaft Sankt Georg Diözesanverband Aachen: H. 4, S. 7-10.

Meyer, Harry (1979): Pfadfinder erlebt. Berichte und Beiträge, Skizzen und Erinnerungen zum 50-jährigen Bestehen der Deutschen Pfadfinderschaft Sankt Georg. Augsburg: Brigg.

Molz, Günther (2004): »Die Jugend ist immer mitgegangen«. Katholische Jugendarbeit in Trier zwischen 1929 und 1960 und ihr Wegbegleiter »Prälat« Rudolf Oster. In: Neues Trierisches Jahrbuch 44, S. 161-171.

Oster, Rudolf: Weltpfadfindertum und kath. Pfadfindertum. Deutsche Pfadfinderschaft St. Georg. Trier 1931: Eigenverlag.

Schulze-Krüdener, Jörgen (Hg.) (2009): Lebensalter und Soziale Arbeit: Jugend. Bd. 3 Basiswissen Soziale Arbeit. Hg. von Homfeldt, Hans-Günther/Schulze-Krüdener, Jörgen. Baltmannsweiler: Schneider Verlag Hohengehren.

Schulze-Krüdener, Jörgen/Brümmer, Julia/Fehmer, Katja/Waschbüsch, Christoph (2011): Die bunte Welt der Pfadfinderinnen und Pfadfinder. Baltmannsweiler: Schneider Verlag Hohengehren.

Albert, Mathias/Hurrelmann, Klaus/Quenzel, Gudrun (2010): Jugend 2010. Eine pragmatische Generation behauptet sich. 16. Shell Jugendstudie. Frankfurt a.M.: Fischer.

Suthues, B. (2006): Umstrittene Zugehörigkeiten. Positionierungen von Mädchen in einem Jugendverband. Bielefeld: transcript.

The Scout Association (2007): Die offizielle Geschichte der weltweiten Bewegung. 100 Jahre Pfadfinder. Baunach: Spurbuchverlag.

Weide, Angelika (2004): Beratung in der außerschulischen Jugendbildung am Beispiel der DPSG im Diözesanverband. In: Sauer-Schiffer, Ursula (Hg.): Bildung und Beratung. Beratungskompetenz als neue Herausforderung für Weiterbildung und außerschulische Jugendbildung? Münster: Waxmann, S. 261-272.

Wippermann, Carsten/Calmbach, Marc (2007): Wie ticken Jugendliche? Sinus Milieustudie U 27. Hg. vom Bund der Deutschen Katholischen Jugend & Misereor. Düsseldorf: Haus Altenberg.

Die Zeit vom 9. August 2007: Fähnlein Unverzagt.

Autorinnen und Autoren

Peter Becker, Dr., bis 2008 Professor für Sportsoziologie, Institut für Sportwissenschaft und Motologie, Fachbereich Erziehungswissenschaften, Philipps-Universität Marburg.
Arbeitsschwerpunkte: Abenteuer- und Erlebnispädagogik, Anthropologie und Soziologie des Sports.

Eckart Conze, Dr., Professor für Neuere Geschichte, Fachbereich Geschichte und Kulturwissenschaften, Philipps-Universität Marburg.
Arbeitsschwerpunkte: Deutsche, europäische und internationale Geschichte des 19. und 20. Jahrhunderts.

Yvonne Niekrenz, Dr., Wissenschaftliche Mitarbeiterin am Lehrstuhl für »Soziologische Theorien und Theoriegeschichte«, Wirtschafts- und Sozialwissenschaftliche Fakultät, Universität Rostock.
Arbeitsschwerpunkte: Kultursoziologie, Gegenwartsdiagnosen sozialer Beziehungen, Soziologie des Körpers und des Jugendalters.

Jürgen Reulecke, Dr., bis 2007 Professor für Zeitgeschichte, Universität Giessen, bis 2008 Sprecher des SFB 434 »Erinnerungskulturen«.
Arbeitsschwerpunkte: Stadt- und Urbanisierungsgeschichte, Geschichte sozialer Bewegungen und Geschichte von Jugend und Alter, insbesondere Generationengeschichte.

Christoph Schubert-Weller, Dr., Autor, Übersetzer, Berater; u.a. Veröffentlichungen zur historischen Jugendforschung.
Arbeitsschwerpunkt: Militarisierung der männlichen Jugend im 19. und 20. Jahrhundert.

Jörgen Schulze-Krüdener, Dr., Wissenschaftlicher Mitarbeiter im Fach Pädagogik, Abteilung Sozialpädagogik, Universität Trier.
Arbeitsschwerpunkte: Theorie, Handlungsfelder und Methoden der Sozialen Arbeit, Professionsforschung, Kinder- und Jugend(hilfe)forschung, Fort- und Weiterbildung, Regionale Sozialpädagogische Forschung.

Bettina Suthues, Dr., Referentin für Bildung und Wissensmanagement in der Deutschen Sportjugend (dsj).
Arbeitsschwerpunkte: Bildung, Engagementförderung sowie soziale Integration für die Zielgruppe Kinder und Jugendliche.

Arndt Weinrich, Dr., Wissenschaftlicher Mitarbeiter am Deutschen Historischen Institut Paris. Leiter des Forschungsschwerpunktes »Erster Weltkrieg«.
Arbeitsschwerpunkte: Kulturgeschichte des Ersten Weltkriegs, der Weimarer Republik und des Nationalsozialismus; Geschichte der französischen Dritten Republik 1871-1918.

Matthias D. Witte, Dr., Professor für Pädagogik des Abenteuers und Jugendforschung, Institut für Sportwissenschaft und Motologie, Fachbereich Erziehungswissenschaften, Philipps-Universität Marburg.
Arbeitsschwerpunkte: Bildungs- und Jugendforschung, Jugendhilfeforschung, Abenteuer- und Erlebnispädagogik.

Das Grundlagenwerk für alle Soziologie-Interessierten

> in überarbeiteter Neuauflage

Werner Fuchs-Heinritz / Daniela Klimke / Rüdiger Lautmann / Otthein Rammstedt / Urs Stäheli / Christoph Weischer / Hanns Wienold (Hrsg.)

Lexikon zur Soziologie
5., grundl. überarb. Aufl.
2010. 776 S. Geb.
EUR 49,95
ISBN 978-3-531-16602-5

Das *Lexikon zur Soziologie* ist das umfassendste Nachschlagewerk für die sozialwissenschaftliche Fachsprache. Für die 5. Auflage wurde das Werk neu bearbeitet und durch Aufnahme neuer Stichwortartikel erweitert.

Das *Lexikon zur Soziologie* bietet aktuelle, zuverlässige Erklärungen von Begriffen aus der Soziologie sowie aus Sozialphilosophie, Politikwissenschaft und Politischer Ökonomie, Sozialpsychologie, Psychoanalyse und allgemeiner Psychologie, Anthropologie und Verhaltensforschung, Wissenschaftstheorie und Statistik.

„[...] das schnelle Nachschlagen prägnanter Fachbegriffe hilft dem erfahrenen Sozialwissenschaftler ebenso weiter wie dem Neuling, der hier eine Kurzbeschreibung eines Begriffs findet, für den er sich sonst mühsam in Primär- und Sekundärliteratur einlesen müsste."
www.radioq.de, 13.12.2007

Erhältlich im Buchhandel oder beim Verlag.
Änderungen vorbehalten. Stand: Juli 2011.

Einfach bestellen:
SpringerDE-service@springer.com
tel +49(0)6221 / 345 – 4301
springer-vs.de

VS Forschung | VS Research
Neu im Programm Soziologie

Ina Findeisen
Hürdenlauf zur Exzellenz
Karrierestufen junger Wissenschaftlerinnen und Wissenschaftler
2011. 309 S. Br. EUR 39,95
ISBN 978-3-531-17919-3

David Glowsky
Globale Partnerwahl
Soziale Ungleichheit als Motor transnationaler Heiratsentscheidungen
2011. 246 S. Br. EUR 39,95
ISBN 978-3-531-17672-7

Grit Höppner
Alt und schön
Geschlecht und Körperbilder im Kontext neoliberaler Gesellschaften
2011. 130 S. Br. EUR 29,95
ISBN 978-3-531-17905-6

Andrea Lengerer
Partnerlosigkeit in Deutschland
Entwicklung und soziale Unterschiede
2011. 252 S. Br. EUR 29,95
ISBN 978-3-531-17792-2

Markus Ottersbach /
Claus-Ulrich Prölß (Hrsg.)
Flüchtlingsschutz als globale und lokale Herausforderung
2011. 195 S. (Beiträge zur Regional- und Migrationsforschung) Br. EUR 39,95
ISBN 978-3-531-17395-5

Tobias Schröder / Jana Huck /
Gerhard de Haan
Transfer sozialer Innovationen
Eine zukunftsorientierte Fallstudie zur nachhaltigen Siedlungsentwicklung
2011. 199 S. Br. EUR 34,95
ISBN 978-3-531-18139-4

Anke Wahl
Die Sprache des Geldes
Finanzmarktengagement zwischen Klassenlage und Lebensstil
2011. 198 S. r. EUR 34,95
ISBN 978-3-531-18206-3

Tobias Wiß
Der Wandel der Alterssicherung in Deutschland
Die Rolle der Sozialpartner
2011. 300 S. Br. EUR 39,95
ISBN 978-3-531-18211-7

Erhältlich im Buchhandel oder beim Verlag.
Änderungen vorbehalten. Stand: Juli 2011.

Einfach bestellen:
SpringerDE-service@springer.com
tel +49(0)6221/345–4301
springer-vs.de

Printed in Germany
by Amazon Distribution
GmbH, Leipzig